Wilfried Barner
Produktive Rezeption

WILFRIED BARNER

PRODUKTIVE REZEPTION

Lessing und die Tragödien Senecas

Mit einem Anhang:
Lessings Frühschrift ‹Von den lateinischen Trauerspielen
welche unter dem Namen des Seneca bekannt sind› (1754)

VERLAG C. H. BECK MÜNCHEN

ISBN 3 406 00446 6

© C. H. Beck'sche Verlagsbuchhandlung (Oscar Beck) 1973
Umschlagentwurf: Walter Kraus, München
Gesamtherstellung: Passavia Passau
Printed in Germany

VXORI
IN MEMORIAM

„Lassen Sie uns hier bey den Alten in die Schule gehen. Was können wir nach der Natur für bessere Lehrer wählen?"

Lessing an Mendelssohn
(28. 11. 1756)

„Dichtung errettet ihren Wahrheitsgehalt nur, wo sie in engstem Kontakt mit der Tradition diese von sich abstößt"

Theodor W. Adorno,
Über Tradition (1966)

Vorbemerkung

Exemplarische Untersuchungen zu überschaubaren geschichtlichen Gegenständen sind innerhalb der Rezeptionsforschung der letzten Jahre verhältnismäßig selten geblieben. Das Thema ‹Lessing und Seneca› bietet einen besonderen Anreiz einerseits durch den Gegensatz zum herrschenden Lessingbild, andererseits durch das charakteristische Ineinander von Rezeption und Produktion.

Einige Grundzüge der vorliegenden Studie sind unter dem Titel ‹Lessing und die heroische Tradition (dargestellt am Beispiel seiner Auseinandersetzung mit den Tragödien Senecas)› im April 1972 auf dem Stuttgarter Germanistentag vorgetragen worden; der Text des Referats wird in den Kongreßakten erscheinen.

Lessings Abhandlung *Von den lateinischen Trauerspielen welche unter dem Namen des Seneca bekannt sind* aus dem Jahr 1754 bildet den Ausgangspunkt der Untersuchung. Da die Abhandlung aus noch darzulegenden Gründen in allen neueren Lessing-Ausgaben (einschließlich derjenigen Paul Rillas) fehlt, ist sie im Anhang vollständig abgedruckt.

Für die sorgfältige Betreuung des Manuskripts danke ich dem Verlag, insbesondere Herrn Ernst-Peter Wieckenberg. Frau Waltraut Wegener und Herr Rolf Kellner halfen bei der technischen Herstellung. Meine Frau förderte die Arbeit durch produktive Kritik bis zuletzt.

Tübingen, im Januar 1973   W. B.

Inhalt

I. Das Problem Seneca

Eine vor wenigen Jahren erschienene Einführung in die Tragödien Senecas beginnt mit folgendem Satz: «Man wird wohl mit einigem Recht behaupten können, vornehmlich Lessings geringe Einschätzung von Senecas Tragödien habe ihre weitgehende Unkenntnis, ja eigentlich Vergessenheit im deutschen Sprachgebiet zur Folge gehabt«[1]. Lessings Wort aus dem *Laokoon,* die Senecanischen Helden seien «Klopfechter [d.h. Fechtmeister] im Cothurne», ihr Autor sei «auf Bombast und Rodomontaden verfallen» (LM 9, S. 312)[2], dieses wenig zimperliche, typisch Lessingsche Urteil ist in der Geschichte der deutschen Seneca-Kritik immer wieder mit Genugtuung zitiert worden, vor allem von den Philologen des 19. Jahrhunderts. Das Urteil fügte sich aufs schönste in das Bild von Lessing als dem eigentlichen Begründer der deutschen dramatischen Nationalliteratur, dem Mann, der durch Kritik und eigene Produktion jene befreiende Augias-Arbeit geleistet habe, ohne die das Theater der deutschen Klassik und des 19. Jahrhunderts nicht zu denken gewesen wäre[3]. Sein entschiedenes Eintreten für Sophokles, Shakespeare und einen richtig verstandenen Aristoteles, gegen die Deformationen durch Corneille, Racine und Voltaire, schien nicht nur den Philhellenismus der Goethezeit vorzubereiten, sondern geradezu notwendigerweise auch die Verbannung Senecas aus dem Musterkanon der dramatischen Weltliteratur einzuschließen. Denn vieles von dem, was Lessing an der haute tragédie als «Unnatur», «Kälte» und «Schwulst» zu

[1] Theodor Thomann, Einführung in: Seneca, Sämtliche Tragödien. Lateinisch und deutsch. Übers. u. erläut. v. Th. Th., Bd. 1, Zürich u. Stuttgart 1961, S. 7. Zitate aus den Seneca-Tragödien im folgenden nach der kritischen Ausgabe von Umberto Moricca, 3 Bde., Torino [2]1947–1958. Da die Identität des Tragikers mit dem Philosophen Seneca jahrhundertelang – auch für Lessing – umstritten war, wird der Name ‹Seneca› vorerst nur in bezug auf die Tragödien verwendet.

[2] Näheres unten S. 86 ff. Lessing-Zitate, soweit nichts anderes angegeben, nach: Sämtliche Schriften. Hrsg. v. Karl Lachmann. Dritte, auf's neue durchges. u. verm. Aufl., besorgt durch Franz Muncker, 23 Bde., Stuttgart bzw. (ab Bd. 12) Leipzig 1886–1924 (zitiert unter der Sigle LM mit Band- und Seitenzahl).

[3] Charakteristische Zeugnisse hierzu enthalten jetzt die Bände: Lessing – ein unpoetischer Dichter. Dokumente aus drei Jahrhunderten zur Wirkungsgeschichte Lessings in Deutschland. Hrsg., eingeleit. u. komm. v. Horst Steinmetz, Frankfurt a. M./Bonn 1969; Lessing. Dokumente zur Wirkungsgeschichte 1755–1968. Hrsg. v. Edward Dvoretzky, 2 Tle., Göppingen 1971/72.

tadeln wußte, leitete sich offenkundig von Seneca her; ihn hatte namentlich Corneille mehrfach als sein prägendes Vorbild hervorgehoben[4].

Doch gerade die immense geschichtliche Wirkung Senecas[5], die über
den Kreis der französischen Klassik weit hinausreicht, stellte die Kritiker –
besonders in Deutschland – immer wieder vor ein Rätsel. Beruhte es etwa
auf einem bloßen Zufall der antiken Überlieferung, wenn fast überall in
Europa die lateinische wie die nationalsprachliche Tragödie im Zeichen
Senecas begann, von Mussatos *Ecerinis* im Jahr 1314 über Trissino, Jodelle und Garnier, Kyd und Marlowe bis hin zu Shakespeare und Calderón, bis hin auch zu Opitz, Gryphius und Lohenstein? Wie konnte es
geschehen, daß ein Kunstrichter vom Rang Scaligers die Seneca-Tragödien
an *maiestas* den drei großen Attikern gleichachtete, an *cultus* und *nitor*
sogar über Euripides stellte[6], und wie war es möglich, daß es noch gegen
Ende des 17. Jahrhunderts als Auszeichnung galt, ein ‹deutscher Seneca›[7]
zu heißen?

Ein gutes Jahrhundert später ist das Ausmaß der geschichtlichen Wirkung Senecas bereits zu einem fast unverständlichen Phänomen geworden. Sulzer vermag ihn 1794 nur noch als warnendes Beispiel dafür zu
empfehlen, wie es ein tragischer Poet *nicht* machen soll[8], und wenige Jahre
darauf heißt es in August Wilhelm Schlegels fünfzehnter *Vorlesung über*

---

[4] Neuere Forschungsliteratur bei Christiane Wanke, Seneca, Lucan, Corneille. Studien zum Manierismus der römischen Kaiserzeit und der französischen
Klassik, Heidelberg 1964, S. 184 ff.

[5] Zum folgenden vgl. Paul Stachel, Seneca und das deutsche Renaissance-
drama. Studien zur Literatur- und Stilgeschichte des 16. und 17. Jahrhunderts,
Berlin 1907; Otto Regenbogen, Schmerz und Tod in den Tragödien Senecas
(1930), in: O. R., Kleine Schriften, München 1961, S. 409 ff.; Les tragédies de
Sénèque et le théâtre de la Renaissance. Ed. par Jean Jacquot, Paris 1964. Wei-
terführende Literaturangaben in den drei genannten Publikationen und bei Karl
Alfred Blüher, Seneca in Spanien. Untersuchungen zur Geschichte der Seneca-
Rezeption in Spanien vom 13. bis 17. Jahrhundert, München 1969, S. 453 ff.;
Bernd Seidensticker, Die Gesprächsverdichtung in den Tragödien Senecas,
Heidelberg 1969, S. 201 ff.

[6] *Poetices libri septem,* (Lyon) 1561 (Nachdr. Hrsg. v. August Buck, Stutt-
gart-Bad Cannstatt 1964), S. 323 A.

[7] So wird Lohenstein von Birken bezeichnet: *Deutsche Rede-bind- und Dicht-
Kunst,* Nürnberg 1679, S. 332 («unser Teutscher Seneca / welcher in seinen
fürtrefflichen Teutschen Schauspielen ...»). Zur Konfrontation mit Gryphius
als dem ‹deutschen Sophokles› vgl. Verf., Gryphius und die Macht der Rede.
Zum ersten Reyen des Trauerspiels *Leo Armenius,* DVjs 42, 1968, S. 325 ff.
(hier: S. 357).

[8] *Allgemeine Theorie der Schönen Künste,* Vierter Theil, Neue vermehrte
zweite Aufl., Leipzig 1794, S. 357. Die Empfehlung gilt sogar nur für erfahrene
Dichter.

dramatische Kunst und Literatur: «In einer Geschichte der dramatischen Kunst hätte ich die Tragödien des Senecas ... ganz übergehen dürfen, wenn sie nicht bei dem blinden Vorurteil für alles, was wir aus dem Altertum überkommen haben, manche Nachahmungen nach sich gezogen hätten. Sie waren eher und allgemeiner bekannt als die griechischen Trauerspiele. Nicht bloß Gelehrte ohne Sinn für die Kunst haben günstig über sie geurteilt, ja sie den griechischen Tragödien vorgezogen; auch Dichter haben sie ihres Studiums wert geachtet»[9].

Im 19. Jahrhundert freilich wurde dieses Interesse der Dichter mehr und mehr zur Ausnahme. Tieck sprach vom ‹übertrieben manirierten› Seneca[10], Eichendorff äußerte sich ähnlich[11]. Uhland hat sich während seiner Tübinger Studentenzeit noch an einer freien, z.T. paraphrasierenden Übersetzung des Senecanischen *Thyestes* versucht, «zur Übung in der tragischen Diction», wie der Herausgeber Adelbert von Keller meinte[12], gefesselt durch «das Schaurige und Grelle», wie Heinrich Düntzer korrigierend hinzufügte[13]. Grillparzer übersetzte 1819, als Vorstudie zum *Goldenen Vließ*, den Anfang von Senecas *Medea*[14], orientierte sich im weiteren Verlauf der Arbeit aber mehr an dem Euripideischen Modell[15].

Dem offenkundigen Desinteresse der Dramatiker des 19. Jahrhunderts entspricht das fast einhellig negative Geschmacksurteil der Fachgelehrten, die sich mit Seneca wohl oder übel beschäftigen mußten. Seine Tragödien, von Philologen wie Justus Lipsius oder Daniel Heinsius einst mit höchstem Lob bedacht, galten nun als maßlos und abgeschmackt, als Schwulst, als Ausgeburten der Unnatur, als bombastisch und tiradenhaft, mit einem Wort: als versifizierte Rhetorik. In Otto Ribbecks vielgelesener *Geschichte der römischen Dichtung* heißt es mit wegwerfender Geste: «Die Tragödien des Seneca sind eben Deklamationen in dramatischer Form, Erzeug-

---

[9] *Vorlesungen über dramatische Kunst und Literatur.* Erster Teil (Kritische Schriften und Briefe. Bd. 5, hrsg. v. Edgar Lohner), Stuttgart usw. 1966, S. 235.

[10] Kritische Schriften, Bd. 1, Leipzig 1848, S. 369.

[11] Werke und Schriften. Hrsg. v. Gerhart Baumann in Verb. mit Siegfried Grosse, Bd. 4, Stuttgart 1958, S. 118 (Seneca als «Muster» für Gryphius).

[12] Uhland als Dramatiker, Stuttgart 1877 (Uhlands Text: S. 15 ff.; das Zitat von Kellers: S. 14).

[13] Uhlands Übersetzung des Thyestes von Seneca, Vierteljahresschrift f. Litt.-gesch. 6, 1893, S. 308 ff. (hier: S. 315). Düntzer vermutet, daß die Übersetzung 1802 entstanden ist (a. a. O., S. 314).

[14] Sämtliche Werke, ausgewählte Briefe, Gespräche, Berichte. Hrsg. v. Peter Frank u. Karl Pörnbacher, Bd. 2, München o. J., S. 1219 f.

[15] Julius Schwering, Franz Grillparzers hellenische Trauerspiele, auf ihre literarischen Quellen und Vorbilder geprüft, Diss. Paderborn 1891; Reinhold Backmann, Die ersten Anfänge der Grillparzerschen Medea-Dichtung, Diss. Leipzig 1910; Carl Heinemann, Die Medea von Euripides und Grillparzers Goldenes Vließ, ZfdU 30, 1916, S. 516 ff.

nisse einer auf die Spitze getriebenen überreizten Rhetorik»[16]. Hinter einer solchen Formel – der sich eine beliebige Reihe ähnlicher Urteile anfügen ließe[17] – steht nicht nur die These von der generellen Einwirkung der Rhetorenschulen auf die kaiserzeitliche römische Literatur; es geht im Fall Senecas auch um ein Musterbeispiel für rhetorische Unpoesie schlechthin. Alle Vorurteile der bürgerlich-idealistischen Bildungstradition gegen das Phänomen des Rhetorischen[18] findet man an dem Vertreter der römischen Tragödie glänzend bestätigt. So sieht Friedrich Leo, als Textphilologe um Seneca hochverdient[19], überall nur «Verstümmelungen und Aufblasungen, in denen der Dialog durch Prunkreden, die Charaktere durch Typen, das Ethos durch Affekt, die Handlung durch Momente, der Geist durch Witz ersetzt wird»[20].

Zwar sind hin und wieder, meist außerhalb der zünftigen Philologie, einzelne Autoren gegen das allgemeine Verdikt aufgestanden, etwa J. L. Klein in seiner *Geschichte des Dramas*[21] oder Leopold von Ranke in seiner 1882 verfaßten, wenig bekannten Abhandlung unter dem Titel *Die Tragödien Senecas*[22]. Rankes Versuch, die Stücke nicht länger als bloße rhetorisierte Abklatsche der griechischen Originale zu betrachten, sondern in ihnen «ein specifisch-römisches Gepräge»[23] zu erkennen, ist in unserem Jahrhundert allmählich auch von der Fachwissenschaft aufgenommen worden[24]. Aber die Vorurteile sitzen tief, und die 1966 erschienene Se-

---

[16] Geschichte der römischen Dichtung, Bd. 3, Stuttgart 1892, S. 72. Es ist derselbe Otto Ribbeck, der 1863 zur Feier des Geburtstags von König Frederik VII eine enthusiastische Rede über ‹Lessing als Alterthumsforscher› hält – ohne den Namen Seneca auch nur ein einziges Mal zu erwähnen (Schriften d. Univ. Kiel, Bd. 10, 1864, Abh. VI/3).

[17] Vgl. etwa Georg Bernhardy, Grundriss der römischen Litteratur, Braunschweig ⁵1872 (1830), S. 183: «geblähte Denkart», «gehaltleerer Schwulst», «Uebermaass von Seichtigkeit und Ungeschmack».

[18] Näheres bei Walter Jens, Art. ‹Rhetorik›, RL ²III (1971), S. 432 ff.

[19] Er hat die durch *recensio* und *emendatio* grundlegende Ausgabe der Seneca-Tragödien geschaffen (2 Bde., Berlin 1878/79).

[20] Die Composition der Chorlieder Senecas, Rhein. Museum f. Philol. 52, 1897, S. 509 ff. (hier: S. 510).

[21] Der zweite Band (Leipzig 1874) enthält eine mehr als hundertseitige Darstellung der Seneca-Tragödien (S. 351 ff.), die – durchaus nicht unkritisch – eine Bestimmung der historisch besonderen Leistung Senecas versucht.

[22] Enthalten in: Abhandlungen und Versuche. Neue Sammlung. Hrsg. v. Alfred Dove u. Theodor Wiedemann, Leipzig 1888, S. 19 ff.

[23] A. a. O., S. 26.

[24] Erinnert sei vor allem an die Arbeiten von Theodor Birt, Léon Herrmann, Otto Regenbogen und Wolf Hartmut Friedrich. Anregungen zu einem spezifischeren Verständnis der Seneca-Tragödien verdanke ich einem Seminar, das Ernst Zinn abgehalten hat.

neca-Studie von Otto Zwierlein[25] zeigt, daß – trotz aller Theorien vom ‹nicht-aristotelischen› Drama, vom epischen Theater, von offener und geschlossener Dramenform – für viele Interpreten noch immer nur die Kategorien jener Handlungs- und Spannungs-Dramaturgie gelten, die sich so gern auf Lessing beruft.

Aber darf sie sich gerade im Fall Senecas auf Lessing berufen? Bedeutet die eingangs zitierte Äußerung aus dem *Laokoon* die Summe seiner Beschäftigung mit diesem Repräsentanten der römischen Tragödie? Stellen ihre ‹steinharten Helden› für Lessing nichts anderes dar als den bequemen Kontrapost zur Menschlichkeit des Sophokleischen Philoktet? Die Frage ist in der Lessing-Forschung nie einer näheren Untersuchung für würdig befunden worden. Das mag zum Teil in den prinzipiellen Vorurteilen gegenüber Seneca begründet sein. Es erklärt sich jedoch auch aus der Tatsache, daß Lessings vielschichtiges Verhältnis zur Antike insgesamt seit langem von der Forschung vernachlässigt wird (im Gegensatz etwa zur Situation in der Goethe-, Schiller- oder Hölderlin-Forschung); die letzte Gesamtdarstellung stammt aus dem Jahr 1894[26]. Das von Kennern wie Nichtkennern hinreichend behandelte Einzelproblem ‹Lessing und Aristoteles› zog alle Aufmerksamkeit auf sich. Dagegen traten z. B. die Plautus- und Sophokles-Studien weitgehend in den Hintergrund. Fast unbekannt blieb dabei auch, daß Lessing sich bereits 1754 (also während seiner zweiten Berliner Zeit) in einer eigenen großen Abhandlung mit Seneca auseinandergesetzt hat, daß er sich sowohl in Breslau als auch in Wolfenbüttel weiter mit ihm beschäftigte und daß er selbst in seiner dramatischen Arbeit wichtige Anregungen daraus erhielt: produktive Rezeption, bestimmt durch eine paradigmatische, manches Vorurteil decouvrierende Dialektik.

[25] Die Rezitationsdramen Senecas. Mit einem kritisch-exegetischen Anhang, Meisenheim a. Glan 1966.

[26] Ignác Kont, Lessing et l'antiquité. Étude sur l'hellénisme et la critique dogmatique en Allemagne au XVIIIe siècle, 2 Bde., Paris 1894/99. Zur Ergänzung vgl. Eduard Norden, Lessing als klassischer Philologe (1929), in: E. N., Kleine Schriften zum klassischen Altertum, Berlin 1966, S. 621 ff. Alle anderen Arbeiten über Lessings Verhältnis zur Antike beschränken sich auf einzelne Aspekte. Dies gilt auch für den neueren Beitrag von Hellmut Sichtermann, Lessing und die Antike, in: Lessing und die Zeit der Aufklärung, Göttingen 1968, S. 168 ff. (er beschränkt sich im wesentlichen auf den *Laokoon*). Erst während der Korrektur wird mir bekannt Volker Riedel, Lessings Verhältnis zur römischen Literatur, Diss. Berlin (HU) 1970 (Masch.): umfassende, gründliche Aufarbeitung des Materials im Zusammenhang; Seneca wesentlich auf der Basis der geläufigen Antithese von bürgerlichem Trauerspiel und heroischer Tragödie behandelt, unter stärkerer Akzentuierung des Euripideischen ‹Einflusses›.

II. Seneca-Studium und produktive Kritik

Seneca gehört nicht von vornherein zu Lessings selbstverständlichem Bildungsbesitz wie etwa Plautus und Terenz, Aristoteles und Theophrast, Cicero und Horaz, deren Kenntnis seit der Meißener Schulzeit direkt oder indirekt bezeugt ist. Im Lehrplan von St. Afra war Seneca zu Lessings Zeit, soweit sich dies aus der Schulgeschichte von Theodor Flathe erschließen läßt[1], nicht vertreten, ebensowenig wie beispielsweise Sophokles, dessen frühe Lektüre durch Lessing von einzelnen Forschern allzu unbesehen vorausgesetzt wird[2]. «Theophrast, Plautus und Terenz waren meine Welt» (LM 5, S. 268), erinnert sich Lessing in der Vorrede zum dritten Teil seiner *Schrifften* (1754)[3]. Lustspiel und Charaktertypologie bestimmen auch seine ersten eigenen Versuche auf dem Gebiet des Dramas, vom *Jungen Gelehrten* über den nach Plautus gearbeiteten *Schatz* bis zum *Freygeist*[4].

Während sich also die Plautus-Abhandlung von 1750, Lessings erste selbständige literaturkritische Arbeit, mit innerer Logik aus den Interessen der Schulzeit und der frühen dramatischen Produktion entwickelt, ist die Beschäftigung mit Seneca nur im Zusammenhang von Lessings planmäßiger, umfassender Erschließungsarbeit auf dem Feld der dramatischen Weltliteratur zu verstehen. Seit dem Beginn seines ersten Berliner Auf-

[1] St. Afra. Geschichte der Königlich Sächsischen Fürstenschule zu Meißen 1543–1877, Leipzig 1879, S. 233 ff. (über die Reform der Schule in den Jahren 1713–1728). Im Lehrplan von 1667 sind auch Senecas Tragödien noch enthalten (a. a. O., S. 218). Etwas unklar ist die Äußerung Richard Newalds über die Meißener Schulzeit: «Bald lernte er französisch parlieren und lesen, sowie den Gebrauch der Muttersprache nach den Gesetzen der Rhetorik und Senecas» (Helmut de Boor u. R. N., Geschichte der deutschen Literatur, Bd. 6, Teil 1. München 1964, S. 48). Die Erwähnung des Namens Seneca in der Glückwunschrede zum Neujahrstag 1743 (Karl G. Lessing, Gotthold Ephraim Lessings Leben, Teil II, Berlin 1793, S. 103) besagt wenig; es handelt sich um eine Zusammenstellung klassischer Autoren, die über die vier Weltalter geschrieben haben.

[2] Etwa von Walther Rehm: Römisch-französischer Barockheroismus und seine Umgestaltung in Deutschland, GRM 22, 1934, S. 81 ff., 213 ff.; auch von Wolf Hartmut Friedrich, Vorbild und Neugestaltung. Sechs Kapitel zur Geschichte der Tragödie, Göttingen 1967, S. 199.

[3] Selbstverständlich ist diese Äußerung – ebenso wie die Schulordnung von St. Afra – kein stringentes negatives Indiz für den Lektürekreis Lessings.

[4] Hans-Ulrich Lappert, Gotthold Ephraim Lessings Jugendlustspiele und die Komödientheorie der frühen Aufklärung, Zürich 1968.

enthalts, dem Versuch einer Existenz als freier Schriftsteller, war ihm eine solche Erschließungsarbeit mehr und mehr als notwendige Voraussetzung für eine konkurrenzfähige nationale Theaterproduktion erschienen[5]; und dies bereits in deutlicher Opposition zu Gottsched, dessen einseitige Orientierung an Frankreich er für inadäquat und gefährlich, dessen vorgebliche Antiketreue er für bares Unverständnis hielt. Im übrigen war die von Gottsched angekündigte universale Historie des Theaters nicht zustande gekommen[6].

Auf diesem Hintergrund sind Lessings *Beyträge zur Historie und Aufnahme des Theaters* zu sehen, die 1749 in Berlin als Gemeinschaftsarbeit mit dem Vetter Christlob Mylius zu erscheinen beginnen. Grundsätzlich, so gibt die ausführliche Vorrede zu verstehen (LM 4, S. 49 ff.)[7], sollen alle dramatischen Nationalliteraturen zu Wort kommen: die griechische und römische ebensó wie die spanische, englische, holländische, italienische und französische. Doch weil das Feld ungleich erschlossen ist, weil zum Beispiel die Italiener in Riccoboni bereits einen vorzüglichen Historiker ihres Theaters besitzen und die Franzosen ohnehin im Mittelpunkt des Publikumsinteresses stehen[8], verlagert sich das Gewicht sehr bald auf die Spanier und Engländer und vor allem auf vergessene oder mißverstandene Texte der Antike.

«Wir wollen», heißt es schon in der Vorrede vom Oktober 1749, «zuweilen aus dem Sophokles, Euripides und Aeschylus ein Stück übersetzen; wozu wir allezeit ein solches wählen wollen, das von neuern Poeten ist nachgeahmet worden, oder von dessen Inhalte wenigstens ein ähnliches neueres Stück zu finden ist. Dies wollen wir auch mit dem Aristophanes, Plautus, Terenz und dem tragischen Seneca thun» (LM 4, S. 52)[9]. Daß Lessing nicht lediglich historisch-antiquarische Ziele verfolgt, sondern daß es ihm zugleich um die «Aufnahme», d. h. um Zunahme und Förde-

---

[5] Daß Lessing sich des Ausmaßes dieser Unternehmung durchaus bewußt war, zeigt der fingierte gottschedianische Brief, den er in die *Critik über die Gefangnen des Plautus* eingefügt hat (LM 4, S. 132 ff.).

[6] Sie war als konsequente Erweiterung der *Deutschen Schaubühne* (1740–45) und der dort vorgelegten Titellisten gedacht. Über die Schwierigkeiten eines solchen Projekts allein für den Bereich der Tragödie äußert sich Gottsched im *Versuch einer Critischen Dichtkunst,* Leipzig ⁴1751 (Nachdr. Darmstadt 1962), S. 629 f.

[7] S. 54 Erwähnung von Gottscheds Plan einer *Historie.*

[8] Hier bezieht sich Lessing deutlich auf die Aktivitäten Gottscheds und seiner Anhänger: «Die einzigen Franzosen hat man durch häufige Übersetzungen sich eigen zu machen gesucht» (LM 4, S. 50).

[9] Die auffällige Formulierung ‹tragischer Seneca› geht zurück auf die eingangs erwähnte Unterscheidung von *Seneca tragicus* und *Seneca philosophus.*

rung[10] des Theaters in seiner Gegenwart geht – nicht zuletzt um die Möglichkeiten der Modernisierung antiker Stoffe –, wird aus dem Zitat wie aus der gesamten Vorrede sofort erkennbar.

Lessing beginnt mit dem ihm geläufigsten, vertrautesten antiken Dramatiker, mit Plautus, dem alle vier Hefte des ersten Jahrgangs gewidmet sind und dessen *Captivi* er als eines der schönsten Stücke interpretiert, «die jemals auf den Schauplatz gekommen sind» (LM 4, S. 83). Seneca ist für ihn, soweit die Zeugnisse aus jenen Jahren Schlüsse gestatten, noch kaum mehr als ein großer Name, der bei der Durchforstung der antiken Überlieferung mit zu berücksichtigen ist. Dies gilt auch für eine Notiz vom Dezember 1751, in der Lessing über das präcornelianische französische Theater des 16. Jahrhunderts spricht: «Von dem Jodelle bis zu dem Robert Garnier war der Fortgang der dramatischen Werke in Frankreich nicht sehr merklich» (LM 4, S. 475)[11]. Und dann weiter zu Garnier: «Er bildete seinen Geschmack nach den Trauerspielen des Seneca. Er bemühte sich, diesen Dichter nachzuahmen, und es gelang ihm völlig» (ebda.). Das war *communis opinio* der Literaturkritik und beweist nicht notwendigerweise nähere Seneca-Kenntnisse bei Lessing. Aber die Äußerung ist, als lakonischer Hinweis auf einen ‹sklavischen› Imitator, charakteristisch für jene Jahre, in denen sich immer deutlicher Lessings große Auseinandersetzung mit der hohen französischen Tragödie ankündigt. Im literarischen Kampf gegen die erdrückende Übermacht Frankreichs auf dem Gebiet des Dramas[12] konnte eine fundierte Kenntnis der Senecanischen Muster nur von Nutzen sein (so wie etwa die Terenz-Kenntnis bei der Auseinandersetzung mit Molière und Voltaire in der *Hamburgischen Dramaturgie*). Unter diesem Aspekt ist es keineswegs verwunderlich, daß wenige Jahre darauf (mit der Jahreszahl 1754, ausgeliefert zur Ostermesse 1755)[13] im zweiten Stück der *Theatralischen Bibliothek* eine umfangreiche Abhandlung erscheint unter dem Titel: *Von den lateinischen Trauerspielen welche unter dem Namen des Seneca bekannt sind*[14].

---

[10] So, und nicht etwa im Sinn von ‹Rezeption›, ist «Aufnahme» nach dem Sprachgebrauch der Zeit zu verstehen; vgl. DWb 1, 1854, Sp. 695 s. v. ‹Aufnahme›, Nr. 3. Das Wort begegnet auch in der Vorrede (LM 4, S. 51, 53 u. ö.).

[11] Aus einem Beitrag zu *Das Neueste aus dem Reiche des Witzes*.

[12] Die divergierenden Auffassungen über die Art dieses ‹Kampfes› referiert Karl S. Guthke, Der Stand der Lessing-Forschung. Ein Bericht über die Literatur von 1932–1962 (Referate aus der DVjs), Stuttgart 1965, S. 72 ff. Hinzuzunehmen jetzt Werner Seeliger, Lessings Kritik an der französischen Klassik, Diss. Kiel 1965 (Masch.).

[13] So die editorische Angabe bei Lachmann-Muncker (LM 6, S. 2).

[14] Der vollständige Text ist im Anhang (unten S. 105 ff.) abgedruckt, nach diesem Abdruck wird im folgenden zitiert. Die Autorschaft ist bekanntlich nicht bei allen Beiträgen der *Theatralischen Bibliothek* geklärt (vgl. Curtis C. D. Vail,

Nicht Sophokles oder Corneille, nicht Shakespeare oder Calderón, sondern Seneca ist der erste Tragiker, mit dem sich Lessing in der Ausführlichkeit einer selbständigen Monographie befaßt. Die für den *Laokoon* wichtige intensivere Beschäftigung mit Sophokles folgt erst Jahre später. Lessing wiederholt für seine Person jenen Weg von der römischen zur griechischen Tragödie, den August Wilhelm Schlegel als für die Rezeption des antiken Dramas charakteristisch hervorgehoben hat[15]. In nahezu allen Arbeiten über Lessings Tragödientheorie und ihre Entwicklung wird übersehen, daß noch vor dem berühmten Briefwechsel mit Mendelssohn und Nicolai (der im November 1756 beginnt) die Abhandlung über Seneca liegt[16]. Wie leichtfertig man gelegentlich über sie urteilt, ohne sie näher zu kennen, zeigt exemplarisch die Äußerung René Welleks: «Unter Lessings frühen Schriften ist ein *Leben des Plautus,* eine Übersetzung von dessen *Captivi,* sowie eine Erörterung seiner Verdienste, ... eine Verteidigung des Horaz...; eine Verurteilung [!] Senecas als eines Vorfahren von Corneille. Doch ist kaum etwas da, was als literarische Erörterung bezeichnet werden könnte»[17]. Die von Karl S. Guthke 1964 in seinem Forschungsbericht monierte Vernachlässigung der frühen kritischen Schriften Lessings[18] gilt, wie man sieht, für die Seneca-Abhandlung ganz besonders; auch in der neuen Arbeit von Wolfgang Bender, *Zu Lessings frühen kritisch-ästhetischen Schriften* (1971)[19], wird sie mit keinem Wort erwähnt.

Unmittelbarer Anlaß für Lessings Abhandlung[20] scheint das abschätzige Urteil zu sein, das der französische Jesuitenpater Pierre Brumoy in seinem *Théâtre des Grecs* über Seneca geäußert hatte. Das Werk war 1730 zum erstenmal erschienen[21] und inzwischen auch ins Deutsche übersetzt worden. Es hatte die Aufgabe, die weithin unbekannte, mehr gelobte als gelesene griechische Tragödie einem breiteren Publikum zu erschließen.

Originality in Lessing's Theatralische Bibliothek, GR 9, 1934, S. 96 ff.). Im Fall der Seneca-Abhandlung ist sie für Lessing durch eine ausdrückliche spätere Bezugnahme gesichert: Brief an den Bruder Karl Gotthelf vom 14. Juli 1773 (LM 18, S. 86).

[15] Oben S. 2.

[16] Kurzer Hinweis z. B. bei Peter Michelsen, Die Erregung des Mitleids durch die Tragödie. Zu Lessings Ansichten über das Trauerspiel im Briefwechsel mit Mendelssohn und Nicolai, DVjs 40, 1966, S. 548 ff. (hier: S. 548 f. mit Anm. 5).

[17] Geschichte der Literaturkritik. 1750–1830, Darmstadt/Berlin-Spandau/Neuwied a. Rh. 1959, S. 164.

[18] Der Stand der Lessing-Forschung, S. 62.

[19] ZfdPh 90, 1971, S. 161 ff.

[20] Vgl. Theodor Wilhelm Danzel, Gotthold Ephraim Lessing, sein Leben und seine Werke, Bd. 1, Leipzig 1850, S. 185 f.; auch Michelsen, a. a. O., S. 549 Anm. 5.

[21] Zugrunde gelegt wird für das Folgende die dreibändige Ausgabe 1785/86.

Wie Lodovico Riccobonis *Histoire du Théâtre Italien* (1727) wurde es
rasch zu einem Standardwerk, das man mit Vorliebe ausschrieb oder zumindest konsultierte (auch Gottsched, Mendelssohn, Nicolai und Ramler
beispielsweise gehörten zu seinen ständigen Benutzern)[22]; es hat die
Kenntnis der attischen Tragiker im 18. Jahrhundert entscheidend ge-
fördert.

Brumoy bot jeweils zunächst allgemeine, historisch-materiale Einfüh-
rungen, dann Prosaübersetzungen ausgewählter Stücke, eingehende Werk-
analysen und schließlich Vergleiche mit neueren Stücken des gleichen oder
eines verwandten Sujets. Offenbar nach diesem Vorbild, jedenfalls nach
dem gleichen Schema, baut auch Lessing seine Abhandlung auf, und
mehrfach nimmt er kritisch auf Brumoy Bezug. Während jedoch die drei
großen Attiker in Brumoy einen verständnisvollen Interpreten gefunden
hatten, war Seneca nur nebenbei und höchst ungnädig, nach Lessings Ansicht auch ungerecht behandelt worden[23]. So ergibt sich aus seinem Plan,
die vernachlässigten und mißverstandenen Repräsentanten der dramatischen Weltliteratur neu vorzustellen, die Seneca-Abhandlung mit fast
selbstverständlicher Konsequenz[24]. Lessing hat im Blick auf seine kritischen Schriften mehr als einmal betont, «daß die Aufklärung so mancher
wichtigen Punkte dem bloßen Widerspruche zu danken» sei (LM 11, S. 3).
Der Geist des Widersprechens ist auch ein Ferment seines Interesses an
Seneca.

Doch aus Brumoy ergibt sich nur der Anlaß. Lessings eigentlicher
Kontrahent, nirgend mit Namen genannt und doch stets gegenwärtig, ist
Gottsched. Drei Jahre zuvor, 1751, war die *Critische Dichtkunst* in vierter
und abschließender Auflage erschienen. Hier hatte, im lebensnotwendigen
Kampf gegen den spätbarocken Lohenstein, den ‹deutschen Seneca›[25],
Gottscheds exkathedrale Leidenschaft mit voller Wucht auch den römi-
schen Tragiker getroffen. Gottsched wird nicht müde, seine normativen
Postulate in immer neuem Anlauf an diesen beiden, Seneca und Lohen-

---

[22] Die Fülle der Belege kann hier nicht im einzelnen verzeichnet werden. Lessing selbst hat das Werk auch bei der Arbeit an der *Hamburgischen Dramaturgie* und am *Laokoon* mehrfach benutzt.

[23] Vgl. den langen Abschnitt «Unbilliges Urtheil des Pater Brumoy» (u.
S. 124 f.).

[24] Dies ist mit Nachdruck hervorzuheben angesichts der allgemeinen Ratlosig-
keit darüber, was Lessing wohl zu einer Beschäftigung mit dem ‹schwülstigen›
Seneca veranlaßt haben könnte.

[25] Auf diesen Titel nimmt Gottsched ausdrücklich Bezug: «Nicht besser klin-
gen viele Stellen, ja ganze Tragödien des Seneca … Im Deutschen kann uns
Lohenstein die Muster einer so schwülstigen Schreibart geben. Seine Tragödien
sind überall damit angefüllt, und er verdienet deswegen der deutsche Seneca
zu heißen» *(Versuch einer Critischen Dichtkunst, S. 368 f.).*

stein, synoptisch zu exemplifizieren. Beider Schreibart sei «die unnatür-
lichste von der Welt»[26], sie sei in ihrer «falschen Hoheit ... ganz un-
erträglich»[27], sie entlarve sich paradigmatisch im Vergleich zwischen dem
Sophokleischen und dem Senecanischen Ödipus. Sophokles habe seinen
Helden «nichts schwülstiges sagen lassen», bei Seneca und Lohenstein
redeten die Personen «lauter Phöbus»[28].

Aber bei diesem Stilurteil läßt Gottsched es nicht bewenden. Wie Gra-
cián, als Spanier, den Schwulst der ‹hochtrabenden Schreibart› nach
Deutschland gebracht habe, so sei schon im alten Rom durch die Spanier
Lucan und Seneca «der gute Geschmack des güldnen Alters» verdorben
worden[29]. Bis hin zu Herder und ins 19. Jahrhundert hinein lassen sich
die Wirkungen dieser Theorie und dieses Urteils verfolgen, und mit schöner Regelmäßigkeit stehen dabei immer wieder Seneca und sein Neffe
Lucan zusammen. So heißt es 1775 in Herders Skizze über die *Ursachen
des gesunkenen Geschmacks bei den verschiedenen Völkern, da er ge-
blühet:* «Wie Seneka, der Tragiker, die Windsucht hat, weil er nehmlich
auf keiner Bühne eigentlich würken konnte, was Sophokles in Athen
gewürkt hatte; so hat Lukans Muse die Waßersucht, weil da wohl keine
Heldenzeit war»[30].

‹Windsucht› und ‹Wassersucht›, ‹Unnatur›, ‹Bombast› und ‹Schwulst› –
für die Literaturkritik des 18. Jahrhunderts in Deutschland leitet sich
dieses ganze Vokabular zu einem wesentlichen Teil von Gottsched her.
Und es gehört zum eigentümlichen Schicksal dieses Mannes, daß
zwar seine literaturpäpstliche Gestalt sehr bald vom «selbstgezimmerten
Sockel»[31] gestürzt wurde, daß manchem seiner Urteile aber ein um so
zäheres Weiterleben beschieden war, bis in unsere Tage. So war Seneca
um die Mitte des 18. Jahrhunderts für jeden, der auf Vernunft und Natur
setzte, als Autor erledigt. Gerade das aber machte ihn für Lessing interessant. «Auf wen alle zuschlagen, der hat vor mir Friede», erklärt Lessing
in einem seiner Briefe (LM 18, S. 109). Hier regt sich jener vieldiskutierte
«Geist der Untersuchung» (Moses Mendelssohn)[32], zu dem auch die Nei-

[26] A. a. O., S. 623.

[27] A. a. O., S. 621.

[28] Ebda. Die Anlehnung an die französische Terminologie (‹phébus›) ist
offenkundig. Auch bei Brumoy (Bd. 3) findet sich ein exemplarischer Vergleich
zwischen dem Sophokleischen und dem Senecanischen Ödipus.

[29] A. a. O., S. 281 (vgl. S. 367).

[30] Suphan, Bd. 5, S. 631.

[31] So resümiert Joachim Birke die Auffassung der ‹älteren Literaturwissen-
schaft› (Der junge Lessing als Kritiker Gottscheds, Euphorion 62, 1968, S. 392 ff.;
hier: S. 392).

[32] Richard Daunicht, Lessing im Gespräch. Berichte und Urteile von Freunden
und Zeitgenossen, München 1971, S. 583.

gung gehört, die Partei des Schwächeren, Mißverstandenen zu ergreifen[33].

Um die Eigenart des Lessingschen Vorgehens im Fall Seneca zu erklären, genügt es keineswegs, auf das prägende Vorbild der ‹Rettungen› seines Leipziger Lehrers Johann Friedrich Christ zu verweisen. Die Seneca-Abhandlung ist vielmehr – neben den *Rettungen des Horaz* aus dem gleichen Jahr – eines der aufschlußreichsten Beispiele, an denen sich einerseits die Herausbildung und Apostrophierung der neuen, breiteren literarischen ‹Öffentlichkeit› (im Sinn von Habermas)[34], andererseits die spezifisch Lessingsche Weise der Einbeziehung des Publikums beobachten läßt. Von der ersten Seite an ist der Leser, der durch die Abhandlung erreicht werden soll, präsent. Seine Vorstellungskraft wird angesprochen («Hier muß man sich vorstellen...», u. S. 147)[35], seine Theaterkenntnis wird mobilisiert («Wer das Theater ein wenig versteht, wird nunmehr gleich einsehen...», u. S. 131), seine Kritikfähigkeit wird postuliert («weil ich mich... sicher auf die Unterscheidungskraft der Leser verlassen kann», u. S. 156). In solchen imaginativen, bisweilen zum Tribunal ausgeweiteten Dialogen mit dem Leser bleibt immer auch der Präsentator und Argumentator Lessing gegenwärtig: als kenntnisreiches und engagiertes Ich, das sich hinreißen lassen kann («Ich begreife nicht, was der Dichter hierbey muß gedacht haben», u. S. 142), das sich auch einmal enttäuscht zurückzieht («ich gestehe es ganz gern...», u. S. 152) und im übrigen ausdrücklich von seiner «Pflicht» zur Richtigstellung redet (u. S. 124).

Grundlage des Ganzen und dringendstes Erfordernis jedoch ist, nicht anders als bei den *Rettungen des Horaz*, die Information über die Texte selbst. Denn im Original waren die Tragödien nur noch wenigen bekannt – es gibt spärliche Zeugnisse aus dem Jesuitenunterricht[36] –, und an Übersetzungen vermag auch der sorgfältig registrierende Gottsched nur die *Trojanerinnen* von Opitz (1625) zu nennen[37]. So referiert Lessing zu Beginn jeweils knapp den «Inhalt» des von ihm behandelten Stücks und gibt dann Akt für Akt einen Überblick über Bühnengeschehen und Fort-

---

[33] Hierzu Ingrid Strohschneider-Kohrs, Vom Prinzip des Maßes in Lessings Kritik, Stuttgart 1969, S. 9 ff.

[34] Jürgen Habermas, Strukturwandel der Öffentlichkeit, Neuwied u. Berlin [5]1971, S. 28 ff.

[35] Zum ‹theatralischen› Aspekt insbesondere in den Streitschriften vgl. Walter Jens, Von deutscher Rede, München 1969, S. 46 ff. und jetzt Jürgen Schröder, Gotthold Ephraim Lessing. Sprache und Drama, München 1972, passim.

[36] MGPaed. 16, S. 46 f. (Lektionsplan der Gymnasien der böhmischen Provinz vom Jahr 1753: in der obersten Klasse, der ‹Rhetorica›, wird Senecas *Medea* gelesen). Im 17. Jahrhundert sind die Zeugnisse erheblich zahlreicher.

[37] *Beiträge zur Critischen Historie Der Deutschen Sprache, Poesie und Beredsamkeit*, Bd. 1, Leipzig 1732, S. 40.

gang der Handlung. Mehrfach bringt er dabei längere Passagen in un-
prätentiöser prosaischer Übersetzung[38]. Als *poeta doctissimus* hat sich
Lessing selbstverständlich anhand der Seneca-Ausgabe von Johann Caspar
Schroeder (1728; sie basiert auf der großen Ausgabe von Gronovius und
enthält auch ausgewählte *notae* früherer Gelehrter) über die philologischen Vorfragen orientiert, insbesondere über das diffizile Verfasserpro-
blem des Senecanischen Tragödiencorpus. «Doch weil sich hiervon
schwerlich urtheilen läßt, wenn man die Stücke nicht schon selbst gelesen
hat», argumentiert er, «so will ich in dieser meiner Abhandlung eben der
Ordnung folgen, die jeder wahrscheinlicher Weise beobachten würde, der
sich selbst von diesen Dingen unterrichten wollte» (u. S. 105). Das heißt,
Lessing hält sich an die Reihenfolge der Tragödientitel in seiner Ausgabe (die
von der heutzutage üblichen differiert)[39] und beginnt mit *Hercules furens*
und *Thyestes*. Weiter ist die Abhandlung, wie so manches andere Lessingsche Unternehmen, nicht gediehen. Und doch ergibt sich selbst bei diesen
beiden Stücken eine solche Fülle an Einzelbeobachtung und prinzipieller
Einsicht, daß hier nur die wichtigsten Sachpunkte erörtert werden können.

Voraussetzung der gesamten Analyse ist die selbstverständliche Annahme Lessings, daß es sich um reale Theaterstücke handelt, die für die
Bühne bestimmt sind und in Rom tatsächlich aufgeführt wurden. Schon
damit befindet sich Lessing in einem Gegensatz zu den meisten späteren
Philologen, von denen Senecas Stücke als reine Lesedramen im Sinn der
bereits von Aristoteles erwähnten anagnostischen Tragödien betrachtet
wurden, bzw. als Rezitationsdramen, wie sie durch Tacitus und Quintilian für die römische Kaiserzeit bezeugt sind[40]. Die These hängt eng mit
der Etikettierung der Senecanischen Tragödien als ‹bloßer Rhetorik› zusammen, auch mit dem bühnentechnischen Problem der sogenannten
‹Greuelszenen›. Schon für August Wilhelm Schlegel sind die Stücke «über
alle Beschreibung schwülstig und frostig, ohne Natur in Charakter und
Handlung, durch die widersinnigsten Unschicklichkeiten empörend und
so von aller theatralischen Einsicht entblößt, daß ich glaube, sie waren nie
dazu bestimmt, aus den Schulen der Rhetoren auf die Bühne hervorzu-
treten»[41]. Und Grillparzer notiert, offenbar an Schlegel anknüpfend, in

---

[38] Zum theoretischen Hintergrund vgl. Thomas Huber, Studien zur Theorie
des Übersetzens im Zeitalter der deutschen Aufklärung 1730–1770, Meisenheim
a. Glan 1968, S. 46 ff.
[39] Die Anordnung der Titel in den älteren Ausgaben basiert auf der sog.
A-Klasse (die beiden ersten Stücke: *Hercules furens, Thyestes*). Seit Friedrich
Leo (s. o.) stützt man sich zumeist auf die durch den Etruscus repräsentierte E-
Klasse (die ersten beiden Stücke: *Hercules furens, Troades*).
[40] Das Problem ist mit den wichtigsten Zeugnissen und Literaturangaben in
der Kap. 1 Anm. 25 genannten Arbeit von Otto Zwierlein, S. 9 ff., dargelegt.
[41] *Vorlesungen über dramatische Kunst und Literatur,* Erster Teil S. 234.

sein Tagebuch (1857/58): «Es sind mehrere Zeichen, daß die Tragödien des Seneca gar nie zur Aufführung bestimmt waren»[42]. Grillparzer nennt einige solcher Anzeichen und resümiert schließlich: «alles Gründe zu glauben, daß ein in Deklamationen starker Philosoph sie in müßigen Stunden zu eigener Unterhaltung zusammengestellt hat»[43]. Die Frage ist seither von der Forschung immer wieder behandelt und nur selten ohne Zirkelschlüsse und vorschnelle Verallgemeinerungen beantwortet worden[44].

Wenn Lessing in diesem Punkt noch kaum voreingenommen ist, so entspricht das zwar dem Forschungsstand, wie er ihn bei Schroeder und in den Handbüchern verzeichnet findet. Eine spezifische Leistung aber liegt in der analytischen Schärfe und in der Unmittelbarkeit, mit der er seine praktische Theatererfahrung auch bei der Interpretation einsetzt. Das hebt ihn über die meisten seiner philologischen Vorgänger (und Nachfolger) hinaus, und er ist sich dessen sehr wohl bewußt. So bemerkt er etwa, nachdem er für den 4. Akt des *Thyestes* scharfsinnig die Notwendigkeit eines Doppelchors oder zweier Halbchöre nachgewiesen hat: «Es ist erstaunend, daß die Kunstrichter solcher Schwierigkeiten durchaus nicht mit einem Worte gedencken, und alles gethan zu haben glauben, wenn sie hier ein Wörtchen und da einen Umstand, mit Auskrahmung aller ihrer Gelehrsamkeit, erklären» (u. S. 144).

Daß es ihm selbst an solcher Gelehrsamkeit keineswegs mangelt[45], zeigt ein ausführlicher textkritischer «Versuch über das in Unordnung gebrachte Stück» *Hercules furens,* V. 1295 ff. (u. S. 130 ff.), wo Lessing gegen den *textus receptus* aus dramaturgischen Erwägungen eine interessante Konjektur vorschlägt; es sollte nicht seine einzige Seneca-Konjektur bleiben[46]. Wie hier, so realisiert Lessing mehrfach eine Textpartie bis in alle szenischen Details hinein, besonders im *Thyestes.* Dabei findet sich immer wieder, fast als eine Vordeutung auf den *Laokoon,* der schon erwähnte typisch Lessingsche Appell an die Vorstellungskraft, an die Phantasie des Lesers oder Zuschauers: «Man muß sich einbilden ...», «Hier muß man sich vorstellen ...» oder ähnlich (u. S. 133, 147). Selbst Stimmgebung und Mimik werden einbezogen – Lessing hat in Leipzig über die *Pantomimen der Alten* gearbeitet –, und fast das ganze analytische Handwerkszeug der *Hamburgischen Dramaturgie* ist bereits präsent. Das Sprechen à part

[42] Sämtliche Werke ... Hrsg. v. Peter Frank und Karl Pörnbacher, Bd. 3, S. 863.

[43] Ebda.

[44] Eine allgemein akzeptierte Lösung des Problems existiert nicht.

[45] Näheres über seine Kenntnisse und seine philologischen Leistungen bei Norden, Lessing als klassischer Philologe (s. o. Kap. 1, Anm. 26) und bei Kont, Lessing et l'antiquité, Bd. 2, S. 107 ff.

[46] Vgl. unten S. 84 f.

wird erörtert, die Veränderung der Stimme beim Nähertreten, und bei dem berühmten *agnosco fratrem* im Schlußakt des *Thyestes* (V. 1006) muß nach Lessings Meinung die «Würckung in dem Munde des Schauspielers vortreflich gewesen seyn, wenn er das dazu gehörige starrende Erstaunen mit gnug Bitterkeit und Abscheu hat ausdrucken können» (u. S. 147). Die Stimmkunst der antiken Schauspieler hat Lessing mehrfach als noch immer unerreicht dargestellt, nicht zuletzt wegen der Übung, die der Unterricht der Rhetorenschulen bot[47]. Auch von den Eigenheiten des antiken Bühnenwesens besitzt Lessing genauere Vorstellungen[48], wie schon in der Plautus-Abhandlung. Beim *Hercules furens* analysiert er im einzelnen die Funktion der Theatermaschinen und den Wechsel von vorder- und hinterszenischem Spiel. Und zur Öffnung des Palastes im Schlußakt des *Thyestes* bemerkt er nach näherer Erläuterung: «Es muß dieses ein ganz anderer Anblick gewesen seyn, als wenn ein jetziger Dichter in gleichen Fällen den hintern Vorhang muß aufziehen lassen» (u. S. 150).

In der minutiösen, fast pedantischen Nachrechnung der drei Einheiten steht Lessing noch deutlich unter dem Einfluß Gottscheds und der französischen Theoretiker. Von dieser Position ist er später bekanntlich abgerückt. Immerhin, das positive Resultat im Falle Senecas – nur der *Thyestes* bereitet, bei der Einheit der Zeit, gewisse Schwierigkeiten (u. S. 150 f.)[49] – bildet eine wichtige Voraussetzung für das dramaturgische Gesamturteil: «Daß unser Verfasser ... die Regeln der Bühne gekannt, und sich ihnen mit vieler Klugheit zu unterwerfen gewußt habe, ist nicht zu leugnen» (u. S. 122). Als Urteil eines Theaterkenners vom Rang Lessings sollte dieses Resultat auch heute noch die Aufmerksamkeit der Seneca-Interpreten beanspruchen dürfen.

Ganz von der Bühne, vom Gang der Handlung und von der Wirkung auf den Zuschauer her ist auch der Sprachstil der Stücke beurteilt. Lessing bewundert die «kurzen Gegenreden» (Stichomythien) zwischen Lycus und Megara im *Hercules furens* (V. 422 ff.)[50] ebenso wie das eingeschobene Motiv von der Blendung des Cerberus (Hf., V. 826 f.), das «gewiß wenige seines gleichen» habe (u. S. 111, 115). In einer brillanten Musteranalyse (u. S. 124 f.) verteidigt er gegen Brumoy's Tadel eine Klimax aus

[47] So schon in der Vorrede zu den *Beyträgen zur Historie und Aufnahme des Theaters* vom Oktober 1749 (LM 4, S. 54).
[48] Vgl. Kont, a. a. O., Bd. 1, S. 182 ff. Später, bei der Interpretation des Terenz in der *Hamburgischen Dramaturgie* (72. Stück), bezieht er sich ausdrücklich auf den Kommentator Donat. Bei Seneca dürfte er die einschlägigen Kompendien zugrunde gelegt haben.
[49] Lessing löst für seine Zwecke das Problem mit Hilfe einer etwas gewundenen Konstruktion; ganz zufriedengestellt scheint er nicht zu sein.
[50] Es handelt sich um Stichomythien mit zahlreichen Antilabai. Hierzu jetzt ausführlich die oben Kap. 1, Anm. 5 genannte Arbeit von Seidensticker.

der Konsolationsrede des Theseus (Hf., V. 642 ff.), und das lakonische *agnosco fratrem* des Thyest (V. 1006) rühmt er als einen «Meisterzug» (u. S. 147)[51].

Bedenklich dagegen erscheint ihm immer wieder die Tendenz des Autors zum ‹Malen› und ‹Schildern›, wie er es nennt, d. h. jene Neigung zum Deskriptiv-Ekphrastischen, die sowohl beim Chor wie bei den Einzelfiguren begegnet und von der späteren Forschung oft aus den Praktiken der Rhetorenschulen hergeleitet worden ist. Für sich selbst genommen, sind diese Partien nach Lessings Empfinden oft geradezu meisterhaft zu nennen, so die Beschreibung von Theseus' Unterweltsabenteuern im *Hercules furens* (V. 762 ff.)[52]. Nur kommen sie, wie er befremdet feststellt, fast immer «zur Unzeit», sie lenken ab, halten auf. Dies gilt etwa für die lange Beschreibung des heiligen Hains im *Thyestes* (V. 641 ff.), kurz vor der Opferung der Kinder. «Ich begreife nicht», kritisiert Lessing, «was der Dichter hierbey muß gedacht haben; noch vielweniger begreife ich, wie sich die Zuschauer eine solche Verzögerung können gefallen lassen» (u. S. 142).

Ähnlich wirkt auf Lessing die – wie er es nennt – «öftere Auskrahmung einer zimlich gesuchten geographischen und astronomischen Gelehrsamkeit» (u. S. 156); hier befindet er sich auch in Übereinstimmung mit Gottsched[53]. Wo freilich eine solche deskriptive Einlage mit synchron ablaufendem Geschehen gekoppelt ist wie bei der Beschreibung des Tagesanbruchs im ersten Chorlied des *Hercules furens* (V. 125 ff.), findet sie durchaus seine Billigung (u. S. 108); die *Laokoon*-These vom Schild des Achill kündigt sich an. Und bei aller sachlichen Entschiedenheit, mit der er Senecas ekphrastische Tendenz kritisiert, gibt er zuletzt doch zu bedenken: «Seine Stärke war im Schildern, und welcher Dichter läßt sich nicht gerne von der Begierde, seine Stärke zu zeigen, dahin reissen» (u. S. 127).

Ausschlaggebend ist bei der Beurteilung solcher Tendenzen immer wieder die Frage, ob der Autor zu fesseln versteht. Manche Partien oder auch räsonierende Einlagen sind namentlich dann abzulehnen, wenn sie den Zuschauer «kalt» lassen – das gleiche Argument, das später vor allem

---

[51] Vgl. auch S. 164. Der Passus wird auch von Nicolai in seiner *Abhandlung vom Trauerspiele* (1757) als Muster zitiert für eine «Zeile die uns einen ganzen Charakter einsehen läßt», (Lessing/Mendelssohn/Nicolai, Briefwechsel über das Trauerspiel. Hrsg. u. komment. v. Jochen Schulte-Sasse, München 1972, S. 41 f.; dort in der Variante *Cognosco fratrem*).

[52] Die Beschreibung ist «von einer ausserordentlichen Stärke» und würde «an einem jeden andern Orte Bewunderung verdienen» (u. S. 114).

[53] *Versuch einer Critischen Dichtkunst*, S. 623 (Seneca und Lohenstein); auch dort das Argument, diese Gelehrsamkeit könne «an bequemere Oerter versparet werden» (ebda.).

gegen Corneille gewendet wird[54]. Wirkungspoetik bildet schon in der
Seneca-Abhandlung die selbstverständliche Basis der Kritik, und Lessing
weist an mehreren Stellen auf die Gefahr der «Kälte» hin, so bei der
Darstellung der Tantalusqualen im ersten Chorlied des *Thyestes* (V.
147 ff.; u. S. 134).

Im Blick auf das Ganze der beiden Stücke jedoch hebt er gerade die
Stärke und die Vielfalt der Leidenschaften hervor, die der Autor vorzu-
führen und zu erregen verstehe. Aus dem *Hercules furens* stellt Lessing
sogar einen ganzen Musterkatalog zusammen, der dem Affektenkapitel
eines Rhetoriklehrbuchs entnommen sein könnte: «Das Zornige, das Klagende, das Stolze, das Erfreute, das Rasende, das Zärtliche, das Gesetzte,
das Freundschaftliche, wechselt unaufhörlich ab, und oft treffen sie so
glücklich zusammen, daß sie der schönsten Abstechungen unter einander
fähig sind» (u. S. 126). «Ueberhaupt werde ich mich», fügt Lessing an
anderer Stelle mit unüberhörbar werbendem Unterton hinzu, «hoffentlich
auf die Empfindung der Leser zum Vortheile meines Dichters berufen
können. Starke Schilderungen von Leidenschaften können unsre Leidenschaften unmöglich ganz ruhig lassen. Und diese wollen wir vornehmlich
in den Trauerspielen erregt wissen» (u. S. 121).

Von hier aus, von der durchaus ungottschedianischen Verabsolutierung
der Leidenschaften, wäre die Entwicklung der Tragödientheorie Lessings
neu zu verfolgen. An ihrem Beginn steht nicht, wie es üblicherweise dargestellt wird, der Briefwechsel mit Mendelssohn und Nicolai[55], sondern
die Abhandlung über Seneca. Durchaus unorthodox, ja antigottschedia-
nisch ist auch, auf dem Hintergrund der Pathosauffassung, die Gesamtbe-
urteilung des *Hercules furens*. Ist es erst einmal gelungen, unsere Leidenschaften zu fesseln, meint Lessing, «so kann der Dichter gewiß seyn, daß
man ihm seine Fehler willig vergeben wird. Und was sind es denn endlich
auch für Fehler? Er ist mit den poetischen Farben allzuverschwenderisch
gewesen; er ist oft in seiner Zeichnung zu kühn; er treibt die Grösse hier
und da bis zur Schwulst; und die Natur scheinet bey ihm allzuviel von
der Kunst zu haben. Lauter Fehler, in die ein schlechtes Genie niemals
fallen wird!» (ebda.).

Auswahl und Kombination der kritischen Vokabeln, bis hin zum
‹Schwulst›-Begriff, weisen auch hier auf Gottsched, von ihm wiederum
auf die französischen Theoretiker (wie Boileau) und vor allem auf Horaz.
Das *turgidum* als stets drohendes *vitium* eines Strebens nach dem *grande*

[54] «Der einzige unverzeihliche Fehler eines tragischen Dichters ist dieser, daß
er uns kalt läßt» (*Hamburgische Dramaturgie,* 16. Stück; LM 9, S. 250).
[55] Michelsen beispielsweise (Die Erregung des Mitleids durch die Tragödie,
S. 550) beginnt seine Erörterung des Punktes ‹Erregung der Leidenschaften› mit
Nicolais Abhandlung von 1757.

(vgl. «Schwulst», «Fehler», «Grösse») gehört zu den Kernpunkten der Horazischen Poetik[56] und war Lessing nicht erst seit den Horaz-Arbeiten des Jahres 1754 bekannt. Den Römer Seneca mit Horazischen Kategorien zu messen und zu kritisieren, mußte ihm überdies als besonders legitim erscheinen, denn es entsprach einem Grundprinzip der ‹Rettungen›, das er für Seneca in die überspitzte Frageform gekleidet hat: «ist es billig einen Dichter anders, als nach den Umständen seiner Zeit zu beurtheilen?» (u. S. 122). Da Gottsched offenbar nicht nach diesem Billigkeitsgrundsatz verfahren war, sieht Lessing sich zur Apologie aufgerufen. Wie später in der *Hamburgischen Dramaturgie* versucht er, dem «Genie» ein begrenztes, aber gesichertes Recht freizukämpfen[57]. Und wiederum fungiert hierbei als entscheidende Instanz: die Erregung der Leidenschaften.

Den schärfsten, weil grundsätzlichsten Widerspruch gegen Gottsched erhebt Lessing in der Frage der tragischen Moral, und zwar vor allem beim *Hercules furens* (u. S. 128 ff.). Die Tatsache, daß hier ein tugendhafter und segensreicher Held der reinen Eifersuchts-Willkür einer Göttin zum Opfer fällt, ist alles andere als ermutigend im Sinn aufklärerischer Protreptik. Brumoy's sonderbarer Versuch, die Freundschaft zwischen Hercules und Theseus ins Zentrum des Stücks zu rücken (u. S. 129), bestärkt Lessing nur noch in seiner prinzipiellen Skepsis gegenüber einer vordergründigen, abziehbaren Moral. «Eigentlich», gibt er mit erstaunlicher Offenheit zu überlegen, «halte ich es eben für keine Nothwendigkeit, daß aus der Fabel eines Trauerspiels eine gute Lehre fliessen müsse, wenn uns nur einzelne Stellen von nützlichen Wahrheiten unterrichten» (u. S. 128)[58]; und dies gilt ihm besonders beim antiken Drama. Ödipus beispielsweise, das so gern zitierte Muster, kann den denkenden Zuschauer nachgerade «zur Verzweiflung» bringen (ebda.). Gottsched hat sich hier mit Hilfe der Aristoteleschen Kategorie des ‹mittleren Charakters› mehr schlecht als recht aus der Affäre ziehen müssen[59]. Das Tragödien-

---

[56] Wichtigste Stelle: *De arte poetica*, V. 27. Zum literaturkritischen Kontext des ‹Schwulst›-Begriffs (der von Lessing z. T. noch in der alten Form als Femininum verwendet wird) vgl. Manfred Windfuhr, Die barocke Bildlichkeit und ihre Kritiker, Stilhaltungen in der deutschen Literatur des 17. und 18. Jahrhunderts, Stuttgart 1966, S. 312 ff. Bei Lessing wird als antikes Äquivalent für ‹Schwulst› neben *turgidum* gelegentlich auch ὄγκος aus der Aischylos-Kritik erkennbar, so in der Abhandlung über Sophokles (1760): «was Plutarch die Schwulst des Aeschylus (τὸν Αἰσχύλου ὄγκον) nennet» (LM 8, S. 320; vgl. das Aristophanes-Zitat S. 324 und die gesamte Partie S. 321 ff.).
[57] Pierre Grappin, La théorie du génie dans le préclassicisme allemand, Paris 1952, S. 166 ff.
[58] Ähnlich prinzipiell in der Sophokles-Abhandlung (LM 8, S. 324).
[59] *Versuch einer Critischen Dichtkunst*, S. 607.

kapitel der *Critischen Dichtkunst*[60] bildet offensichtlich den Ausgangspunkt für Lessings detaillierte Argumentation über die «Moral des rasenden Herkules» (u. S. 128 ff.)[61], bei der auch das Euripideische Stück einbezogen wird. Wie in der *Hamburgischen Dramaturgie* ist es Lessings
kaum verhohlene Absicht, die angebliche Antike-Orientiertheit des ortho-
doxen Klassizismus als Unwissen, ja als Unverstand bloßzustellen. So
heißt es schließlich mit spürbarer Ironie: «Alles, was man also zur Entschuldigung dieser beyden alten Muster [sc. Seneca und Euripides] anführen kann, ist dieses, daß sie es für ganz unnöthig gehalten haben, an
die Moral des Ganzen zu denken, und daß sie ihre Tragödien nicht so
gemacht haben, wie sie uns eine sogenannte *critische Dichtkunst* zu
machen lehret. Erst eine Wahrheit sich vorzustellen, und hernach eine
Begebenheit dazu zu suchen, oder zu erdichten, war die Art ihres Verfahrens gar nicht» (u. S. 129)[62].

Joachim Birke, der kürzlich verstorbene Gottschedkenner, hat in einem
temperamentvollen Aufsatz über den *jungen Lessing als Kritiker Gottscheds* (übrigens ohne Berücksichtigung der Seneca-Abhandlung) den kritischen Spieß einmal umzudrehen versucht und Lessing Unsachlichkeit,
Anmaßung, ‹schillernde Eloquenz›, Methodenlosigkeit und Unkenntnis
vorgeworfen[63]. Im Fall der Moral der antiken Tragödie dürfte die Wahrheit mehr auf Lessings als auf Gottscheds Seite sein. Bei anderen Thesen
zur antiken Tragödie braucht man Lessing keineswegs zu folgen, etwa
bei der Behauptung, die Alten hätten genau «bey der hergebrachten Geschichte», d. h. dem tradierten Mythos bleiben müssen (u. S. 129). Gerade
Euripides und Seneca werden heute als Meister des Abweichens und der
vielsagenden Variation gewürdigt[64]. Für Lessing aber ist die These
von der Verbindlichkeit des Mythos wesentlich bei dem Problem der
Thyestes-Greuel. Da Seneca sie nur berichten läßt, sich also an die
berühmte Horazische Regel hält − Lessing zitiert sie ausdrücklich (u.

---

[60] 1. Abschnitt, 10. Hauptstück (a. a. O., S. 603 ff.).

[61] Den *Hercules Oetaeus* des Senecanischen Tragödiencorpus hat Lessing
offenbar, seinem eigenen Arbeitsplan entsprechend, zunächst ausgeklammert;
das Stück wird an keiner Stelle erwähnt.

[62] Gottsched, *Versuch einer Critischen Dichtkunst,* S. 611: «Der Poet wählet
sich einen moralischen Lehrsatz, den er seinen Zuschauern auf eine sinnliche
Art einprägen will. Dazu ersinnt er sich eine allgemeine Fabel, daraus die
Wahrheit eines Satzes erhellet. Hiernächst suchet er in der Historie solche berühmte Leute, denen etwas ähnliches begegnet ist . . .» etc.

[63] Der junge Lessing als Kritiker Gottscheds, S. 392 ff.

[64] Auch auf Aristoteles (*Poetik,* Kap. 9) könnte sich Lessing nur sehr bedingt
stützen. Möglichkeit, Erfindung und Wirkung sind dort die entscheidenden Kri-
terien; nicht etwa Verbürgtheit.

S. 141)[65] –, hat er alles getan, um die unmenschliche Fabel in einer eben noch erträglichen Weise darzubieten[66]. Schon hier werden von Lessing im Sinn des *Laokoon* poetische Erzählung und optische Präsentation in ihrer prinzipiellen Differenz bewertet.

Problematischer noch erscheint die Ermordung der Kinder im *Hercules furens,* ein alter Streitpunkt der Seneca-Deutung. Hier bietet Lessing seinen ganzen philologisch-dramaturgischen Scharfsinn auf, um mit Hilfe einer minutiösen Analyse die entscheidende Partie (V. 995 ff.) als ein teils vorderszenisches, teils hinterszenisches Spiel zu interpretieren, das vor der strengen Horazischen Regel bestehen kann[67]. Und er hebt sogar hervor, daß erst Seneca hier die Gewichte angemessen verteilt habe; denn Euripides lasse im *Rasenden Herakles* die Ermordung der Kinder nur referieren, den viel weniger bedeutungsvollen Tod des Lykos dagegen hinterszenisch miterleben (u. S. 123).

Diese angehängten synkritischen Partien nach dem Muster Brumoy's gehören zum Interessantesten der ganzen Abhandlung. Dabei werden immer wieder auch Verbindungslinien zu Methodik und Thematik der *Hamburgischen Dramaturgie* sichtbar, so bei den Erörterungen über die Einfachheit der Fabel (u. S. 149) und vor allem über die Prologe (u. S. 155). Euripides habe im *Rasenden Herakles* die Handlung «offenbar verdoppelt» (u. S. 122; heute würde man von ‹Diptychonstil› sprechen)[68], indem er das Schicksal der Familie und das des Herakles nacheinander darstelle: durch das Erscheinen von Iris und Lyssa in der Mitte des Stücks werde das Neuanheben der Handlung sogar noch unterstrichen. Erst Seneca habe durch den vorgezogenen, das Künftige antizipierenden Juno-Prolog dem Stück Einheit und Geschlossenheit gegeben (u. S. 123)[69]. Oder mit

---

[65] *De arte poetica,* V. 185. In der *Medea* hat sich Seneca nicht an die Horazische Regel gehalten, doch geht Lessing darauf nicht ein.

[66] Bei den beiden Thyestes-Stücken des Sophokles reichen die Zeugnisse nicht aus, um Genaueres über die szenische Realisation zu ermitteln. Lessing spricht aber in der Sophokles-Abhandlung kurz von «dem sonderbarsten schrecklichen Inhalte» und von der «abscheulichen Mahlzeit», nicht ohne eine gewisse Bewunderung für die Fabel zu äußern («Welche Situationen! welche Scenen!»); LM 8, S. 363.

[67] Das Resultat: «der Dichter hat, durch Hülfe der römischen Bühne, deren Bauart von den unsrigen ganz unterschieden war, ein vortrefliches Spiel hier angebracht» (u. S. 117).

[68] Dieser Begriff ist seit T. B. L. Webster vor allem bei der Interpretation der Sophokleischen *Trachinierinnen* verwendet worden, eines Stücks, das zum Euripideischen *Herakles* in enger Beziehung steht.

[69] Zu dieser Diagnose und zum Einfluß Diderots auf Lessings spätere Prologtheorie vgl. Olga Franke, Euripides bei den deutschen Dramatikern des achtzehnten Jahrhunderts, Leipzig 1929, S. 91 ff.

den Erkenntnissen der *Hamburgischen Dramaturgie* (48./49. Stück) zu
sprechen: Seneca habe sich hier eines Kunstgriffs der Alten bedient, der
sogar als Signum einer «höhern Vollkommenheit» dramatischer Poesie
gelten darf (LM 9, S. 389).

Aufgrund mehrerer solcher Beobachtungen fällt der abschließende Vergleich mit dem griechischen Vorbild denkbar positiv aus: «Daß sich der
Römer dasselbe zum Muster vorgestellet habe, ist nicht zu leugnen. Allein
er hat nicht als ein Sklave, sondern als ein Kopf, welcher selbst denkt,
nachgeahmt, und verschiedne Fehler, welche in dem Vorbilde sind, glücklich verbessert» (u. S. 122). Auch mit diesem bemerkenswerten Urteil über
den «Kopf, welcher selbst denkt», ist Lessing der späteren Forschung
weit voraus[70]. Denn gerade die Vorstellung, bei den Senecanischen Tragödien handele es sich lediglich um unselbständige, vergröbernde Abklatsche der griechischen Originale, hat die Perspektive der Forschung bis
in unsere Tage weitgehend bestimmt und beginnt sich erst allmählich auf-
zulösen[71].

Aber wer ist dieser selbständig denkende römische Kopf? Die Klärung
der Verfasserfrage bildet von vornherein eine philologische Nebenabsicht
Lessings, und zwar in einem bestimmten Sinn. Es geht ihm nicht etwa,
wie in den Abhandlungen zu Plautus, Horaz oder Sophokles, um die
Aufhellung einzelner biographischer Probleme. Auch geht es ihm nicht um
die Identifikation des Tragikers mit dem Philosophen Seneca, die seit
der Spätantike (Sidonius) fragwürdig geworden und erst zur Zeit des
Humanismus (Erasmus, Delrio) wieder ausdrücklich vertreten worden
war[72]; diese Frage bleibt bei Lessing, wie es scheint, in allen kritischen
Schriften offen[73]. Es geht vielmehr um das bis heute kontroverse Problem

---

[70] Um so eigenartiger mutet es an, wenn Wellek (Geschichte der Literaturkritik, S. 160) Lessings klassisch-philologische Leistungen rundheraus als «ver-
altet» bezeichnet.

[71] Zum Problem der ‹gewollten Andersartigkeit› in der neueren Forschung,
unter besonderer Berücksichtigung Senecas, jetzt Manfred Fuhrmann, Die Funktion grausiger und ekelhafter Motive in der lateinischen Dichtung, in: Die nicht
mehr schönen Künste. Grenzphänomene des Ästhetischen. Hrsg. v. Hans Robert
Jauß (Poetik und Hermeneutik. III), München 1968, S. 23 ff. (dort einleitend
auch zu Lessings *Laokoon*).

[72] Die Testimonien hierzu verzeichnet Moricca in seiner Ausgabe, Bd. 1,
S. XXXII ff.

[73] Das Resultat bezieht sich auf alle expliziten Erwähnungen, die in der
Lachmann-Munckerschen Ausgabe enthalten sind. Daß unabhängig vom Identi-
tätsproblem thematische Zusammenhänge zwischen den beiden Überlieferungs-
komplexen *Seneca tragicus* und *Seneca philosophus* bestehen, ist evident. Doch
sind solche Zusammenhänge bei der Erforschung der Wirkungsgeschichte meist
ausgeklammert worden. Dies gilt auch für die Untersuchung von Doris Fulda

der Zuschreibung der Stücke innerhalb des Senecanischen Tragödiencorpus. Justus Lipsius hatte bis zu vier, Daniel Heinsius sogar fünf verschiedene Verfasser angenommen.

Lessing ist, wie meist, über den Philologenstreit gut orientiert und
entscheidet sich vorab für eine Methode, zu der die Forschung heute,
nach manchen Irrwegen, im wesentlichen wieder zurückgekehrt ist: das
Fahnden nach fragwürdigen biographischen Anhaltspunkten in den Stük-
ken aufzugeben und «bloß aus ihren innern Kennzeichen so viel zu
schliessen suchen, als in der Folge nöthig seyn wird..., um es mit Einsicht diesem oder jenem beylegen zu können» (u. S.154). Dementsprechend
vermeidet Lessing nach Möglichkeit den Namen Seneca und benutzt Be-
zeichnungen wie ‹der Römer›, ‹unser Dichter› oder auch nur ‹der Dichter›,
‹der Verfasser›[74]. Dies gilt auch für den Schlußabschnitt mit der Über-
schrift: «Wahrscheinlicher Beweis, daß der rasende Herkules und der
Thyest *einen* Verfasser haben» (u. S. 154 ff.)[75]. Hauptargumente dieses
zunächst auf die beiden genannten Stücke beschränkten Beweises sind
drei Punkte: 1. die «Schreibart», die in beiden Stücken «gleich kurz, gleich
starck, gleich kühn, gleich gesucht» ist, wobei die Übereinstimmung bis in
Details der Wortwahl reicht (z. B. *errare* im Sinn von *subesse*)[76]; 2. die
problematische Neigung zum Malen und Schildern sowie zur Entfaltung
geographischer und astronomischer Gelehrsamkeit (u. S. 156)[77]; 3. die
«Oekonomie» der Stücke bei der Kontrastierung der Charaktere (besonders der Tyrannenfiguren) und bei der Prolog-Technik (u. S. 155 f.).

Lessings wichtigstes Ziel jedoch, die Erschließung der dramatischen
Überlieferung für das moderne Theater, kann durch solche Analysen nur
vorbereitet werden. Schon im Programm vom Oktober 1749 war die
Gegenüberstellung mit neueren Stücken des gleichen Sujets als Haupt-
aufgabe hervorgehoben worden. Bei ihrer Realisierung bedient sich Lessing offenbar zunächst der einschlägigen Handbücher seiner Zeit; er gibt
zu, daß er manche der dort registrierten Titel nicht gelesen hat, kann aber
diejenigen, die er kennt, nur als mehr oder weniger gelungene Übersetzungen der beiden Senecanischen Originale bezeichnen (u. S. 126 und
S. 157 ff.).

Das einzige Stück, das ihm nach einer langen Reihe von Namen und
Titeln als eigenständig und daher untersuchenswert erscheint, ist *Atrée et*

Merrifield, Senecas moralische Schriften im Spiegel der deutschen Literatur des
achtzehnten Jahrhunderts, DVjs 41, 1967, S. 528 ff. (dort scheint das Problem
als solches nicht einmal bewußt zu sein).

[74] Ausnahmen sind überaus selten und geschehen offenbar unbeabsichtigt
(etwa u. S. 127).

[75] Hervorhebung vom Verf.

[76] Lessing vergleicht *Hercules furens*, V. 1193 mit *Thyestes*, V. 473.

[77] Es ist eine Gemeinsamkeit in den ‹Fehlern›.

Thyeste von Crébillon dem Älteren, aus dem Jahr 1707. Von einzelnen Kritikern war dieser Autor sogar an die Seite eines Corneille und Racine gerückt worden[78], andere hatten Bedenken dagegen erhoben. Lessing schaltet sich mit seiner neu erworbenen Seneca-Kenntnis sogleich in die Diskussion ein, denn gerade aufgrund des *Atrée* hatte Crébillon den Beinamen ‹le terrible› erhalten. «Ce cruel sujet, traité par *Seneque*, n'a pas été adouci par Mr. de *Crebillon*», zitiert Lessing aus dem *Dictionaire portatif des Theatres* und setzt hinzu: «Wie sehr sich diese Herren aber betriegen, werden wir bald sehen. Es ist wahrscheinlich genug, daß sie das lateinische Original gar nicht mögen gelesen haben» (u. S. 158). Zum Beweis gibt er einen ausführlichen Überblick über das Crébillonsche Stück, woraus sich von selbst ergibt, daß Crébillon die Fabel nicht nur erheblich – z. T. inadäquat – verändert, sondern in ihrer Grausamkeit auch abgemildert hat. Vor allem hat er, wie Lessing nicht ohne Ironie verzeichnet, «die Haupthandlung mit einer unnöthigen ... verliebten Episode, geschwächt»; im übrigen hat er die «Gedanken» des Originals «oft ziemlich gewässert, und die Stärcke gar nicht gezeigt, mit welcher der ältere *Corneille* die schönsten und prächtigsten Gedanken der römischen Trauerspiele in seine zu übertragen wußte» (u. S. 164)[79].

Noch dürftiger ist das Resultat bei den Imitatoren des Hercules-Stoffs, hier erscheint Lessing kein einziges Stück einer näheren Betrachtung wert. Andererseits haben gerade die dramaturgischen Schwierigkeiten der Fabel, mit denen sich Euripides und Seneca konfrontiert sahen, offenbar Lessings produktives Interesse geweckt. Und so wagt sich der junge Theaterpraktiker selbst an einen «Vorschlag für einen heutigen Dichter» (u. S. 126 ff.), ähnlich wie er später in der Sophokles-Abhandlung (1760) mit der Geschichte von Athamas verfährt[80]. Obwohl, im Fall des Hercules, Seneca bereits glücklich das Auseinanderbrechen der Handlung verhindert hat, befremdet Lessing noch immer jene Zweigleisigkeit von göttlicher und immanent-psychologischer Motivation, die für Euripides charakteristisch ist und die auch das Senecanische Stück weitgehend bestimmt. Die Raserei des Hercules sollte, so ist Lessings Plan, als «eine natürliche Folge» aus dem Charakter des Helden selbst hervorgehen mit der Stufensequenz von Tapferkeit, übergroßen Erfolgen, Hochmut, Verachtung der Götter

---

[78] Lessing selbst hat sich mehrfach mit ihm beschäftigt, den *Catilina* hat er bereits 1749 zu übersetzen begonnen (LM 3, S. 258 ff.; vgl. LM 4, S. 15 ff.).

[79] Bemerkenswert ist hier die relative Hochschätzung Corneilles unter dem Gesichtspunkt der Seneca-Nachahmung.

[80] LM 8, S. 362 f.: «die Geschichte ist ungemein, und sehr werth, von einem neuen Dichter behandelt zu werden ... Ich erzähle die Geschichte nicht völlig so wie sie sich zugetragen haben soll ...; sondern so, wie ich sie zu brauchen gedächte».

und schließlich Wahnsinn (u. S. 129 f.)[81]. Ein Schmeichler könnte, als zusätzlich eingeführte Figur, die Entwicklung beschleunigen, die Erscheinung der Juno als Prologsprecherin sollte durch einen Priestertraum ersetzt werden. Die «mechanische Einrichtung» des Stücks aber »würde man gänzlich dem Seneca absehen können» (u. S. 127). Den Gedanken, aus dem Stoff eine Oper zu machen, stellt Lessing nach kurzer Skizzierung zurück[82]. Ein Einzelzug des ausführlichen Plans sei noch erwähnt, da er für Lessing wie für seine Zeit signifikant ist. Bei Euripides und Seneca treten die Kinder des Herkules lediglich als stumme Personen auf. Der «neure Dichter» sollte vielleicht eines der Kinder auch sprechen lassen. «Er müßte den Charakter desselben aus Zärtlichkeit und Unschuld zusammen setzen, um unser Mitleiden desto schmerzlicher zu machen, wenn wir es von den blinden Händen seines geliebten Vaters sterben sehen» (u. S. 127 f.). Inmitten des heroischen Stoffs deutet sich die Atmosphäre der Miß Sara Sampson an.

Es dürfte schwierig sein, mit wenigen Worten Vielfalt und Bedeutung der eigentümlichen und fast vergessenen Frühschrift Lessings zu umreißen. Nicht nur, daß schon in dieser ersten Abhandlung über ein Thema aus dem Bereich der Tragödie der ganze Lessing präsent zu sein scheint: mit seiner immensen Gelehrsamkeit und seiner z.T. heute noch vorbildhaften philologischen Methode, mit seiner kritischen Offenheit und seiner analytischen Schärfe, mit seiner brillanten Formulierungskunst und nicht zuletzt seiner unstillbaren Streitlust. Auch eine Reihe von zentralen Themen der späteren Jahre finden sich hier angesprochen oder gar im Ansatz konzipiert, oft bereits mit deutlicher Wendung gegen Gottsched und den französischen Klassizismus: Moral und Zweckhaftigkeit der Tragödie, psychologische Motivation, Prologtechniken, ‹malende› Poesie, Schwulst und tragischer Kothurn, Einbildungskraft des Lesers oder Zuschauers, und immer wieder – als kritische Instanz – Wirkungspoetik mit ihren Kategorien Leidenschaft und Mitleiden. Vielleicht am reizvollsten aber ist das ganz und gar Unpedantische des Zugriffs, das mitunter fast naiv anmutende Ineinander von kenntnisreich-historischer Analyse und produktivem Theatersinn. Auf dieser Basis ergibt sich nicht nur mit aller Selbstverständlichkeit die Verbindung zu Lessings weiterer literarkritischer Schriftstellerei, sondern auch, wie der Plan eines Rasenden Herkules andeutet, zu seiner dramatischen Produktion.

[81] Auch in der Athamas-Geschichte geht es um Raserei und gottgeschickte Verblendung; Lessing interessiert hierbei der psychologische Prozeß.

[82] Ebda. (Grund: «da die Oper mehr in das musikalische, als in das poetische Fach gehöret»).

III. Eine neue Medea

Im zweiten Quartalsheft des Jahrgangs 1754 der *Theatralischen Bibliothek* erscheint die Abhandlung über Seneca. Die letzten eigenen Versuche auf dem Gebiet des Dramas (*Die Juden, Der Freygeist* und *Samuel Henzi*) liegen schon fast fünf Jahre zurück. Im Februar 1755, kaum ein Jahr nach der Arbeit an der Seneca-Schrift[1], ist Lessing bereits intensiv mit der *Miß Sara Sampson* beschäftigt, Ende März ist das Stück fertiggestellt[2]. Bei aller zeitlichen Nähe scheinen Welten zwischen den beiden Arbeitsgebieten zu liegen; die Kreation des bürgerlichen Trauerspiels in Deutschland mußte, so möchte man annehmen, mit der Konsequenz der Sache den Senecanischen Tragödienstil aus Lessings unmittelbarem Interessenbereich verdrängen. Lillo und Richardson, das englische Bürgertum in Drama und Roman, stellen jetzt die beherrschenden Muster. Wieviel Lessing von dorther unmittelbar in die *Miß Sara Sampson* übernommen hat, ist spätestens seit Paul Albrechts erschreckendem Monumentalwerk über *Lessings Plagiate* hinreichend bekannt[3]. Auch auf französische confident-Technik und ähnliches hat man hingewiesen, und man hat gelegentlich vermerkt, daß Marwood sich im 7. Auftritt des 2. Akts dem untreuen Mellefont gegenüber als «eine neue Medea» in Szene setzt (LM 2, S. 295).

Das könnte eine Anspielung auf das berühmte *Medea nunc sum* der Senecanischen Medea sein (V. 910; vgl. *Medea fiam,* V. 171)[4], dessen Tradition sich bis hin zu Grillparzer und Anouilh verfolgen läßt[5]. Aber abgesehen davon, daß man zu der Lessing-Stelle auch eine Parallele aus Richardsons *Grandison* nennen könnte[6], stellt sich die Frage, welchen

---

[1] Danzel, Gotthold Ephraim Lessing, Bd. 1, S. 185 vermutet, daß der Seneca-Aufsatz «seiner Entstehung nach vielleicht der früheren Periode angehört», nennt jedoch keine plausiblen Gründe hierfür.

[2] Die Materialien jetzt bei Karl Eibl, Gotthold Ephraim Lessing, Miss Sara Sampson. Ein bürgerliches Trauerspiel, Frankfurt a. M. 1971, S. 135 ff.

[3] Von diesem Werk (6 Teile, Berlin 1890/91) ist der ganze 5. Teil der *Sara* gewidmet, außerdem Teil 4, S. 1872 ff. Wichtig für die Quellenfrage weiterhin Paul P. Kies, The sources and basic model of Lessings Miss Sara Sampson, Mod. Philol. 24, 1926/27, S. 65 ff.

[4] «Man glaubt den grausamen Seneca zu vernehmen und steht so auf der richtigen, zuerst von Scherer beleuchteten Spur» (Erich Schmidt, Lessing. Geschichte seines Lebens und seiner Schriften, Bd. 1, Berlin 1884, S. 257).

[5] Wolf Hartmut Friedrich, Vorbild und Neugestaltung, S. 46 ff.

[6] Waldemar Oehlke, Lessing und seine Zeit, Bd. 1, München 1919, S. 294.

funktionalen und welchen historischen Sinn eine solche Zitation des Mythos im bürgerlichen Trauerspiel Lessings besitzen kann. Die Analogie
der Personenkonstellation als solcher scheint nicht unplausibel. Wenn
Marwood als »neue Medea« erscheint, rückt Mellefont in die Position
Jasons, Sara in diejenige Kreusas und der alte Sampson in diejenige Kre-
ons. Die naheliegende Feststellung, daß Marwood eine sehr «bürgerliche
Medea» sei, traf schon Erich Schmidt[7]. Doch die Frage nach der inneren
Bedeutung der Identifikation ist damit noch nicht beantwortet. Karl Eibls
eben erschienener *Sara*-Kommentar interpretiert sie als «Zitierung des
Archetypus» im Sinn «des Mannes zwischen zwei Frauen»[8]. Damit scheinen
Stoffhuberei und sterile Einflußphilologie glücklich umgangen. Aber bei
einem so grundlegend traditional denkenden und arbeitenden Autor des
18. Jahrhunderts wie Lessing kann diese anthropologische Deutung unmöglich genügen.

Auf die Rolle der Marwood hat sich von Anfang an die Kritik immer
wieder konzentriert, sie reicht vom Vorwurf der «indeklamabeln Stellen»[9]
bis zu der Behauptung, diese Figur sei uneinheitlich gezeichnet, ja in sich
gespalten – nicht etwa nur ‹gemischt› – und widerspreche somit Lessings
eigener Theorie. Einer der entschiedensten neueren Tadler in diesem Sinn
ist Emil Staiger. In seinem Aufsatz *Rasende Weiber in der deutschen Tragödie des achtzehnten Jahrhunderts* (1961)[10] bemerkt er zu Marwoods
Verhalten in der entscheidenden Szene IV, 8: «Niemals sind einer verlassenen Geliebten, auch nicht der kältesten Intrigantin, solche Satzgefüge
und Konjunktionen über die Lippen gekommen»[11]. Und weiter zu Marwoods Monolog IV, 9: «Sie wird ihre Intelligenz nicht los, so sehr sie uns
auch, im Auftrag Lessings, vom Gegenteil überzeugen möchte»[12].

Die Offenheit des Tadels ist nützlich, denn sie deutet auf den entscheidenden Punkt des Mißverstehens. Die meisten Interpreten – und Staiger
ist nur einer ihrer Repräsentanten – gehen von der kaum reflektierten Prämisse aus, daß sich die einzelnen Handlungen und sprachlichen Äußerun-
gen der Marwood einlinig und unmittelbar auf ein organisierendes Zen-

---

[7] Lessing, Bd. 1, S. 258.

[8] Eibl, a. a. O., S. 126. Ähnlich Ursula Frieß, Buhlerin und Zauberin. Eine
Untersuchung zur deutschen Literatur des 18. Jahrhunderts, München 1970,
S. 31 ff. (zu den Medea-Beziehungen bes. S. 38 ff.).

[9] So formuliert Lessing selbst den vor allem von Mendelssohn erhobenen
Vorwurf (LM 17, S. 121), der sich freilich nicht nur auf Passagen der Marwood
bezieht.

[10] ZfdPh 80, 1961, S. 364 ff. (auch in: E. St., Stilwandel. Studien zur Vor-
geschichte der Goethezeit, Zürich 1963, S. 25 ff.); Zitate im folgenden nach der
Erstveröffentlichung.

[11] Staiger, a. a. O., S. 377.

[12] Staiger, a. a. O., S. 383.

trum rückbeziehen lassen müßten, welches ‹Charakter› heißt. Bei Sara, dem alten Sampson und den verschiedenen confidents des Stücks mag ein solches Verfahren allenfalls noch realisierbar sein. Im Fall der Marwood, partiell auch des Mellefont, bedeutet es ein sicheres Verfehlen der geschichtlichen Eigenart jenes bürgerlichen Trauerspiels, das schon von den Zeitgenossen als ein säkularer «Einschnitt»[13] empfunden wurde.

Ein Rückgriff auf Seneca kann dazu beitragen, die Besonderheit dieses ‹Einschnitts› genauer zu fassen. Denn Marwoods Hinweis auf die «neue Medea» ist nichts weniger als eine lediglich gelehrte Anspielung. Er ist die Benennung eines heroischen Modells, das der junge Lessing sich am Beispiel Senecas erarbeitet hat, das er selbst zu überwinden und zu ersetzen sucht und das gerade zu diesem Zweck, als von der Marwood angenommene und gespielte ‹Rolle›, in seinem ersten bürgerlichen Trauerspiel gegenwärtig bleiben soll.

Daß Lessing sich bei der Gestaltung dieser Rolle primär an Seneca und nicht so sehr an Euripides oder Corneille orientiert, wird durch eine Reihe äußerer und innerer Indizien nahegelegt. In der Abhandlung von 1754 hat Lessing, seinem methodischen Plan entsprechend, zunächst *Hercules furens* und *Thyestes* als die beiden ersten Stücke des Senecanischen Corpus eingehend behandelt. Der Medea-Stoff rückt nur auf dem Umweg über die Horazische ‹Greuel›-Regel mit ins Blickfeld. Aber gerade dieser Punkt, die szenische Präsentation des Tötens, beschäftigt ihn so intensiv, daß man annehmen kann, er habe sich wenigstens in großen Zügen auch mit der Senecanischen *Medea* vertraut gemacht. Wichtiger noch ist sein mehrfach formuliertes spezielles Interesse an einem solchen antiken Stück, «das von neuern Poeten ist nachgeahmet worden, oder von dessen Inhalte wenigstens ein ähnliches neueres Stück zu finden ist» (LM 4, S. 52). Und die Analyse der Abhandlung hat gezeigt, daß Lessing die so erworbene Kenntnis vor allem zur Relativierung und präziseren Beurteilung der französischen Klassiker verwendet. Unter diesem Gesichtspunkt aber muß ihn – neben *Oedipus* und *Phaedra*[14] – kein anderes Senecanisches Stück so unmittelbar interessieren wie das Vorbild für Corneilles tragisches Erstlingswerk *Médée* (1635).

Am 11. Dezember 1755, noch im Jahr der *Miß Sara Sampson,* schreibt Lessing an Ramler, mit dem er die Herausgabe einer Sammlung von Theaterstücken plant: «Die Medea des Corneille mag immer wegbleiben, wenn

---

[13] Eibl, a. a. O., S. 95. Zur ‹revolutionären› Bedeutung dieses Stücks auch Manfred Durzak, Äußere und innere Handlung in ‹Miß Sara Sampson›. Zur ästhetischen Geschlossenheit von Lessings Trauerspiel, DVjs 44, 1970, S. 47 ff.; abgedruckt in: M. D., Poesie und Ratio. Vier Lessing-Studien, Bad Homburg v. d. H. 1970, S. 44 ff.

[14] Corneilles *Oedipe* (1659) und Racines *Phèdre* (1677) waren schon früh die beliebtesten Objekte des Vergleichs mit Seneca geworden.

Sie anders bey einer zweyten Lesung nicht wichtige Gründe für ihre Aufnahme finden. Es sind viele schöne Stellen darin ...; allein das Ganze
taugt nichts. Die schönen Stellen hat er größten Theils dem Seneca zu
danken, welches man ihnen auch anmerkt» (LM 17, S. 49)[15]. Das klingt
nach nicht weit zurückliegender Lektüre und zeigt erneut, wie wenig es
sich bei Lessings Seneca-Studium um ein bloß antiquarisches Interesse
handelt. Positiv formuliert und speziell auf den Medea-Stoff bezogen: im
produktiven Wettstreit mit der tragédie classique scheint es den jungen
Lessing gereizt zu haben, das antike Muster gegen den modernen Imitator auszuspielen und zugleich das heroische Modell als solches in sein
eigenes erstes bürgerliches Trauerspiel zitathaft zu integrieren.

Zitat bedeutet Evokation, und Evokation ist vor allem ein Problem
des Anfangs, der Introduktion. Keine Figur des Stücks wird bei ihrer ersten
namentlichen Nennung so scharf durch ein charakterisierendes Epitheton
festgelegt wie Marwood[16]. Norton spricht von ihr in I, 3 als von der
«bösen Marwood», bei der zweiten Nennung, durch Mellefont in I, 7, ist
sie die «buhlerische Marwood». Als Mellefont in I, 9 ihren Brief empfängt,
erkennt er die «verruchte Hand»: «Ah, Freund, ein Brief von der Marwood! Welche Furie, welcher Satan hat ihr meinen Aufenthalt verrathen?»
(das ‹Furien›- und ‹Ungeheuer›-Motiv wird diese Figur bis zuletzt be-
gleiten). Bei ihrem ersten Auftreten in II, 1 wird Marwood, gewissermaßen abgeschirmt durch die einzig anwesende Vertraute Hannah, als die
kalt Berechnende und zugleich tief Verletzte vorgestellt:

> «*Marwood*. Kaum kann ich es erwarten, was er [sc. der Brief] für
> Wirkung haben wird. – Scheine ich dir nicht ein wenig unruhig, Han-
> nah? Ich bin es auch. – Der Verräther! Doch gemach! Zornig muß
> ich durchaus nicht werden. Nachsicht, Liebe, Bitten, sind die einzigen
> Waffen, die ich wider ihn brauchen darf, wo ich anders seine schwache
> Seite recht kenne.
> *Hannah*. Wenn er sich aber dagegen verhärten sollte? –
> *Marwood*. Wenn er sich dagegen verhärten sollte? So werde ich nicht
> zürnen – ich werde rasen. Ich fühle es, Hannah; und wollte es lieber
> schon itzt» (LM 2, S. 281).

Gleich vier Elemente des Senecanischen Tragödienstils scheinen in dieser
kurzen Partie angedeutet, und eine breit angelegte Analyse würde sie für
das ganze Stück als Konstituenten der Marwood-Rolle erweisen: das

---

[15] Vgl. Herders Urteil aus dem Jahr 1771 (Suphan, Bd. 5, S. 314): «Lasse sich
einbilden, wer da will, daß Corneille Römer geschildert und sie gar veredelt
habe: Spanier, Abenteurer hat er geschildert und von den Römern nichts als
die Stelzen des Seneca geborgt».

[16] Die nachfolgend genannten drei Stellen: LM 2, S. 271, 279, 280.

rasche An- und Abschwellen der Pathoskurven; die Thematisierung von Gestik und Mienenspiel; das Benennen und bewußte Vorausplanen der eigenen Affekte; die kommatische (oft abrupt mit ausgefeilten Perioden abwechselnde) Sprache. Wesentlich diese Züge sind es auch, die Lessing den Vorwurf der ‹indeklamabeln Stellen› eingetragen haben. Zu ihnen gehört, gleichsam als exemplarische Ausfaltung des Senecanischen Modells, der große Monolog Marwoods IV, 5:

> «*Marwood* (Indem sie um sich herum sieht.)
> Bin ich allein? – Kann ich unbemerkt einmal Athem schöpfen, und die Muskeln des Gesichts in ihre natürliche Lage fahren lassen? – Ich muß geschwind einmal in allen Mienen die wahre Marwood seyn, um den Zwang der Verstellung wieder aushalten zu können. – Wie hasse ich dich, niedrige Verstellung! Nicht weil ich die Aufrichtigkeit liebe, sondern weil du die armseligste Zuflucht der ohnmächtigen Rachsucht bist. Gewiß würde ich mich zu dir nicht herablassen, wenn mir ein Tyrann seine Gewalt, oder der Himmel seinen Blitz anvertrauen wollte. – Doch wann du mich nur zu meinem Zwecke bringst! – Der Anfang verspricht es; und Mellefont scheinet noch sicher werden zu wollen. Wenn mir meine List gelingt, daß ich mit seiner Sara allein sprechen kann: so – Ja, so ist es doch noch sehr ungewiß, ob es mir etwas helfen wird. Die Wahrheiten von dem Mellefont werden ihr vielleicht nichts neues seyn; die Verleumdungen wird sie vielleicht nicht glauben; und die Drohungen vielleicht verachten. Aber doch soll sie Wahrheit, Verleumdung und Drohungen von mir hören. Es wäre schlecht, wenn sie in ihrem Gemüthe ganz und gar keinen Stachel zurück ließen. – – Still! sie kommen. Ich bin nun nicht mehr Marwood; ich bin eine nichtswürdige Verstoßene, die durch kleine Kunstgriffe die Schande von sich abzuwehren sucht; ein getretner Wurm, der sich krümmet und dem, der ihn getreten hat, wenigstens die Ferse gern verwunden möchte» (LM 2, S. 324 f.).

Das ist gewiß keine ‹bürgerliche› Marwood in dem Sinn, wie die meisten anderen Figuren des Stücks ihre ‹Bürgerlichkeit› durch Tugendhaftigkeit und Larmoyanz dokumentieren. Aber es ist auch keine unnahbare Heroine, die dem Zuschauer – in der Terminologie des Briefwechsels über die Tragödie gesprochen – lediglich ‹Bewunderung› entlocken könnte[17]. Marwood verstellt sich. Und gerade die überdeutliche Mechanik, mit der Lessing diese ihre Verstellung inszeniert («Ich muß geschwind einmal in allen Mienen die wahre Marwood sein . . . Ich bin nun nicht mehr Marwood»),

---

[17] Dabei ist der Begriff im Sinn Lessings gemeint, nicht im Sinn Mendelssohns, der gerade für *Miß Sara Sampson* auch die ‹Bewunderung› als positiven Effekt zu verteidigen sucht.

weist auf den Kern seiner dramatischen Absicht, der von den modernen Interpreten immer wieder mißverstanden wird. Die Figur der Marwood ist nicht etwa direkt auf ein anthropologisches oder archetypisches Medea-Modell zu beziehen (‹verlassene Geliebte›, ‹Mann zwischen zwei Frauen›), sondern sie *spielt* die Medea-Rolle, und sie spielt diese Rolle bis zur Identifikation.

Als Mellefont sie in IV, 4 zur vorzeitigen Abreise überreden will, gibt sie ihm zu verstehen: «ich spiele meine Rollen nicht gern halb» (in diesem Fall die Rolle der Lady Solmes; LM 2, S. 324)[18]. Und nachdem sie ihn in II, 4 durch den Appell an die Vaterliebe nur mit Mühe zum Einlenken bewogen hat, erklärt sie ihrer Vertrauten: «Eben war es die höchste Zeit, als er sich ergab; noch einen Augenblick hätte er anstehen dürfen, so würde ich ihm eine ganz andre Marwood gezeigt haben» (LM 2, S. 292). Als Sara in IV, 8 bittend vor ihr niederfällt, kostet sie ihren größten Triumph aus, indem sie sich als die, die sie in Wahrheit ist, zu erkennen gibt[19]. Von Marwoods erstem Auftreten bis zu ihrem rätselhaften Verschwinden gibt es keinen Zweifel daran, daß sie nicht nur durch ihre Rationalität und durch ihre fast ‹höfische› Metamoralität[20] den bürgerlichen Durchschnitt überragt, sondern auch durch ihre bezwingend-gefährliche schauspielerische Kraft. Sie besitzt einen «Blick, aus welchem … eine ganze Hölle von Verführung schreckt», und eine «giftige Zunge»; sie hat schon «bezaubert» (!), ehe Sara in Mellefonts Gesichtskreis trat (LM 2, S. 285, 334, 284). Sie besitzt – so hat sie Lessing gezeichnet – alle Voraussetzungen, um die Rolle der Medea überzeugend und siegreich zu spielen. Sie muß diese Rolle spielen, um ihr Ziel zu erreichen. Aber dies geschieht nicht in problemloser Leichtigkeit, sondern als eine einzige gewaltige Anstrengung. Fast zu betont weist Lessing den Zuschauer immer wieder darauf hin, welche physische Energie es sie kostet, die Rolle durchzuhalten; so in dem großen Monolog IV, 5 («… um den Zwang der Verstellung wieder aushalten zu können»; LM 2, S. 324), so nach dem Sieg in II, 4/5 («ich fühle mich ganz abgemattet»; LM 2, S. 291). Dieses theatralische Präsentieren[21] ist jedoch, Lessings eigener Regel entsprechend, nur physischer Ausdruck der eigentlichen Rollen-Problematik: Marwood muß die Medea-Rolle erst annehmen, sie muß in das vorgezeichnete Modell hineinwachsen, bis es ihr zur zweiten Natur geworden ist. So, und nicht nur

---

[18] Der Druck ‹1755c› (sechster Teil der *Schrifften*) hat hier die singuläre Lesart «Rolle», vgl. auch die Ausgabe von Eibl, a. a. O., S. 63 und 93.

[19] Die Szene (LM 2, S. 336) gehört zu den theatralischen Höhepunkten des Stücks.

[20] Unter diesem Gesichtspunkt steht sie einer Orsina oder einem Marinelli näher als ihren Mitspielern in der *Miß Sara Sampson*.

[21] Hierzu ausführlich Theodore Ziolkowski, Language and mimetic action in Lessing's Miss Sara Sampson, GR 60, 1965, S. 261 ff.

als beiläufig erläuternde Nennung eines Archetypus oder gar als schlechter Scherz[22], ist ihre Selbstvorstellung als «neue Medea» in II, 7 zu verstehen.

Damit aber hat Lessing ein zentrales Gestaltungsmoment aufgenommen, das nicht etwa durch Euripides oder Corneille, sondern durch Seneca in die Tradition des Medea-Stoffs eingeführt worden ist: *Medea fiam* (V. 171), *Medea nunc sum* (V. 910) – zwischen diesen beiden Fixpunkten spannt sich der Bogen des Senecanischen Stücks. Es ist ein Prozeß der Selbstintegration oder auch der «Restauration», wie es Wolf Hartmut Friedrich genannt hat: «Senecas Medea lebt ihr Bühnenleben nach einem ästhetischen Prinzip, sie gelobt, sich zu verwirklichen, wie der Dichter eine Dramengestalt durch die ihr gemäßen Handlungen verwirklicht ... So macht Medea sich bei Seneca selbst zum Kunstwerk»[23]. Gerade dieser ‹modern› anmutende Zug mußte die Neugestalter des Medea-Stoffs reizen, und der Senecanische Ursprung wird oft durch wörtliche Anklänge evident[24], so bei Klinger, Grillparzer, Anouilh und – wie sich jetzt zeigt – auch bei Lessing[25].

Freilich heißt die Figur bei Lessing nicht Medea, sondern Marwood. Medeas Rolle wird nur gespielt, noch dazu von einer ‹Bürgerlichen›[26]. Lessing hat also die von Seneca thematisierte Rollenhaftigkeit der Medeagestalt bis ins Extrem vorgetrieben, und man tut ihm gewiß nicht Unrecht, wenn man hier auch seine Experimentierfreude am Werk sieht. Das Experiment stellt vor schwierige Probleme. Vom dramatischen Problem der Evokation war bereits die Rede. Lessing versteht es, von der ersten Erwähnung der Marwood an durch direkte und indirekte Charakteristik das schauspielerische Medea-Modell vorzubereiten und zu entfalten, bis hin zur Fähigkeit des Bezauberns und des bösen Blicks. Eine Reihe weiterer signifikanter Einzelzüge kommen hinzu. Der schon erwähnten ‹giftigen Zunge› (sie selbst droht mit «Gift und Dolch») entspricht das Bild der «Schlange», einmal sogar der «Wespe»; im Monolog IV, 5 bezeichnet sie sich als ‹getretnen Wurm›, «der sich krümmet und dem, der ihn getreten hat, wenigstens die Ferse gern verwunden möchte» (LM 2, S. 295, 285, 321, 325). Ihre Herkunft bleibt eigentümlich im Dunkel, nur im Gespräch

[22] Danzel, Gotthold Ephraim Lessing, Bd. 1, S. 310 (Fußnote): «und nun macht es ihr [sc. der Marwood] einen besonderen Spaß, ihn [sc. Mellefont] gerade mit einer classischen Anspielung in's Bockshorn zu jagen».

[23] Friedrich, Vorbild und Neugestaltung, S. 49.

[24] Friedrich, a. a. O., S. 46 ff.

[25] Bei Corneille tritt der Aspekt der Selbstwerdung vergleichsweise weniger in den Vordergrund. Friedrich (der übrigens auf Lessing in diesem Zusammenhang nicht eingeht), weist beiläufig darauf hin, daß Corneille «die Lesart *fiam* in seinem Seneca schwerlich las» (a. a. O., S. 47).

[26] Relativität und Unschärfe des ‹Bürgerlichkeits›-Begriffs wurden hier und im folgenden stets vorausgesetzt.

mit Sara (unter der Maske der Lady Solmes; IV, 8) behauptet sie einmal, sie stamme «aus einem guten Geschlechte» (LM 2, S. 330)[27]. Bei der ersten Wiederbegegnung mit Mellefont (II, 3) ist sie ganz die betrogene Kolcherin: «Arm, verachtet, ohne Ehre und ohne Freunde, ... eine Elende ..., die Geschlecht, Ansehen, Tugend und Gewissen für Sie aufgeopfert hat» (LM 2, S. 288)[28]. Für Mellefont aber ist sie in der darauf folgenden Szene, als das gemeinsame Kind ins Spiel gebracht wird, die «barbarische (!) Marwood» (LM 2, S. 290). Ein ganzes Netz solcher z.T. versteckten Hinweise auf das Medea-Modell zieht sich durch das Stück – die fundamentalen Parallelen in der Personenkonstellation und in der Handlung selbst immer vorausgesetzt[29]. Marwoods Flucht ruft dann noch einmal das Bild der im Drachenwagen entschwindenden Medea ins Gedächtnis (V, 5):

> «*Norton.* Marwood ist fort – –
> *Mellefont.* Und meine Flüche eilen ihr nach! – Sie ist fort? – Wohin? – Unglück und Tod, und wo möglich, die ganze Hölle möge sich auf ihrem Wege finden! Verzehrend Feuer donnre der Himmel auf sie herab, und unter ihr breche die Erde ein, der weiblichen Ungeheuer größtes zu verschlingen! – –
> *Norton.* So bald sie in ihre Wohnung zurück gekommen, hat sie sich mit Arabellen und ihrem Mädchen in den Wagen geworfen, und die Pferde mit verhängtem Zügel davon eilen lassen» (LM 2, S. 342 f.).

‹So pflege ich zu fliehen› (*sic fugere soleo*, V. 1022), ruft die Senecanische Medea dem verzweifelten Jason triumphierend zu, ihrer Medea-Rolle bis zuletzt bewußt. «Diese Medea hat offenbar die Medea des Euripides gelesen», meinte Wilamowitz sarkastisch zu *Medea fiam*[30]. ‹Diese Marwood hat offenbar die Medea des Seneca gelesen›, könnte man zu ihrer Flucht und zu ihrer Selbstvorstellung als «neue Medea» sagen. Kaum einer der bedeutenden neueren Autoren von Medea-Dramen hat dieses Moment der betonten Literarisierung, den Zitatcharakter ganz eliminiert; fast stets bleibt auch eine gewisse Bemühtheit der Allusion spürbar, etwa bei Klinger[31]. Das Problem verschärft sich noch, wenn, wie bei Lessing, die Bearbeitung in die Nähe der Kontrafaktur rückt, wenn also die Figur nicht

---

[27] Von Mellefont behauptet sie, er sei unter «reichen und vornehmen Anbetern» aufgetreten (ebda.).

[28] In «Elende» schwingt möglicherweise noch etwas von der alten Bedeutung ‹Fremde› mit.

[29] Hierzu gehört vor allem das taktische Ins-Spiel-Bringen des gemeinsamen Kindes, aber auch etwa die vorgetäuscht freundliche Annäherung an die Rivalin.

[30] Ulrich von Wilamowitz-Moellendorff, Griechische Tragödien, Bd. 3, Berlin 1906, S. 162. Dazu auch Friedrich, Vorbild und Neugestaltung, S. 49.

[31] Friedrich, a. a. O., S. 48. Vgl. ferner Achim Block, Medea-Dramen der Weltliteratur, Diss. Göttingen 1957, S. 142 ff.

mehr Medea, sondern Marwood heißt. Man könnte überlegen, ob der Versuch nicht an künstlerischer Plausibilität gewonnen hätte, wenn Lessing auf eine ausdrückliche Nennung des mythischen Exempels, noch dazu an exponierter Stelle (II, 7), verzichtet hätte. Doch dann wäre die Gesamtkonzeption in die Richtung einer reinen postfiguralen Gestaltung gedrängt worden (wie etwa bei Virginia/Emilia), und gerade der Rollencharakter, auf den es Lessing ankam, hätte sich abgeschwächt.

Für diese Rolle hat Seneca das entscheidende Vorbild gegeben. Damit soll keineswegs behauptet werden, daß Lessing den einen oder anderen Einzelzug – beispielsweise den des ‹Fluchtwagens› – nicht auch aus anderen Autoren (Euripides, Corneille) oder gar aus Handbüchern entnommen haben könnte. Doch interessiert ihn Medea nicht so sehr als eine bestimmte Gestalt der antiken Mythologie, sondern als heroisches Modell, als faszinierendes Beispiel einer klassischen Tragödienheldin, das bereits andere neuere Poeten zur Nachahmung gereizt hat. Genauer gesagt: erst im Horizont der Seneca-Abhandlung von 1754 läßt sich angemessen verstehen, in welcher Weise Lessing die Medea-Gestalt rezipiert und gedeutet hat und weshalb in der *Miß Sara Sampson* die Zitation des klassischen Modells so viele typisch Senecanische Züge trägt. Diese sind um so signifikanter, als sie sich, über die *Medea* hinaus, auch auf die beiden von Lessing analysierten Stücke *Hercules furens* und *Thyestes* beziehen.

Zu den Änderungen, die Lessing für eine moderne Bearbeitung des *Hercules furens* vorschlägt, gehört die Einführung eines der beiden (bei Euripides und Seneca stummen) Kinder als sprechender Person; klar ausgesprochenes Ziel dieser Neuerung ist die Aktivierung des «Mitleidens» (u. S. 127). Mit der Einführung der Arabella hat Lessing diesen Vorschlag, wenngleich in ganz anderem Stoffzusammenhang, selbst realisiert. Und zumindest der Tendenz nach ist Arabellas Charakter aus jener «Zärtlichkeit und Unschuld» zusammengesetzt, die Lessing für das Kind des Herakles forderte (ebda.). Wenn die Sprache des Mädchens trotzdem, nach heutigen Maßstäben, weithin als «frühreife Diktion» erscheint[32], so mag man über Absicht oder Unvermögen des Autors streiten; in jedem Fall steht Lessing auch hier innerhalb einer klassischen, bis zu den attischen Tragikern zurückreichenden Bühnentradition.

«Doch würde es wohl unsre Bühne zulassen, in Ansehung der Ermordung selbst, das Kunststücke des Römers anzubringen?», fragt Lessing gleich im Anschluß an den genannten Vorschlag (u. S. 128)[33]. Während er sich in der Abhandlung Gedanken darüber macht, wie der zur Fabel gehörige Kindermord hinter die Bühne verlagert werden kann, läßt er ihn

---

[32] Eibl, Gotthold Ephraim Lessing, Miss Sara Sampson, S. 125.

[33] Mit dem «Kunststücke» ist das teils vorderszenische, teils hinterszenische Spiel gemeint, das Lessing hier voraussetzt.

innerhalb des bürgerlichen Trauerspiels nur noch als kaltblütig-leiden-
schaftliche Drohung der ‹barbarischen Marwood› existieren (II, 7)[34]. Ihren
Dolch lenkt Mellefont zuletzt auf sich selbst (V, 10)[35], und ihr Gift wirkt
erst, als die Mörderin sich bereits davongemacht hat. Die Horazische
‹Greuel›-Regel, die dem Analytiker Lessing in der Seneca-Abhandlung so
eingehende dramaturgische Überlegungen abgefordert hat, scheint angemessen erfüllt. Ein zeitgenössischer Rezensent attestiert es ihm ausdrücklich: «Wiederum hat auch der Dichter nach der Vorschrift des Horaz den
Wohlstand beobachtet, daß man vor den Augen der Zuschauer einen
Vatermord, oder sonst eine entsezliche That nicht begehen lassen solle . . .
Der Zuschauer ist durch das Unglük der Heldin zu sehr gerühret, und
durch die Kunst des Dichters . . . an ihrem Schiksahle so sehr intereßiret,
daß er mißvergnügt werden würde, wenn er nicht alle ihre Handlungen,
und den lezten feyerlichen Augenblik, wo sie sich in ihrer rechten Grösse
zeiget, heranrükken und gegenwärtig sähe»[36].

Beziehungsvoll vieldeutig vorweggenommen wird dieses Ende in dem
nächtlichen Traum, den Sara im ersten Akt (I, 7) dem Geliebten erzählt.
«Wachend fühlte ich noch alles, was ein tödlicher Stich schmerzhaftes
haben kann; ohne das zu empfinden, was er angenehmes haben muß: das
Ende der Pein in dem Ende des Lebens hoffen zu dürfen» (LM 2, S. 275)[37].
Auch hier realisiert Lessing einen Vorschlag, den er für eine Modernisierung des *Hercules furens* erwogen hat. Da die neuere Bühne nach seiner
(und Gottscheds)[38] Ansicht «die Gottheiten nicht mehr leiden» mag, sondern «in die allegorischen Stücke» verweist, sollte an die Stelle des drama-
turgisch wichtigen Juno-Prologs der Traum eines Priesters treten (u. S. 127).
«Er müßte selbst kommen, und es dem Herkulischen Hause erzehlen, was
er in seiner Entzückung gesehen, und welche schreckliche Drohungen er
gehöret. Diese Drohungen aber müßten in allgemeinen Ausdrücken abgefaßt seyn; sie müßten etwas orakelmäßiges haben, damit sie den Ausgang so wenig, als möglich verriethen, und den *Amphitryo* und die *Megara* nicht verhinderten, den *Herkules* bey seiner Zurückkunft mit aller
Zärtlichkeit zu empfangen» (u. S. 127)[39]. Nicht nur das ‹Orakelmäßige› des

---

[34] Vgl. den Textausschnitt unten S. 48.

[35] Daß es Marwoods Dolch ist, hebt Mellefont ausdrücklich hervor (LM 2,
S. 351).

[36] Anonym (= Daniel Heinrich Thomas und Johann Ehrenfried Jacob Dahl-
mann), *Vermischte critische Briefe*, Rostock 1758, zitiert nach Eibl, a. a. O.,
S. 199.

[37] Mit Überlegung läßt Lessing dann in V, 1 «Traum» und «Stich» unmittelbar aufeinander folgen (LM 2, S. 338).

[38] *Versuch einer Critischen Dichtkunst*, S. 624 f.

[39] Zur dramatischen Bedeutung dieses Traum-Motivs vgl. Durzak, Äußere
und innere Handlung in ‹Miß Sara Sampson› (s. Anm. 13, Abdruck), S. 51.

Traums, auch das zuletzt angesprochene psychologische Detail hat bei Lessing seine Entsprechung: in der Arglosigkeit, ja ‹Zärtlichkeit›, mit der Sara ihre spätere Mörderin empfängt (III, 5; IV, 6 ff.).

Als sich Marwood zuletzt ihrer Rivalin zu erkennen gibt (IV, 8), erinnert sich Sara sogleich an den schrecklichen Traum und läßt dadurch blitzartig die Exposition aufleuchten. Lessing hat jedoch diesen kurzen Anagnorismos noch vielschichtiger angelegt:

> «*Marwood* . . . Erkennen Sie, Miß, in mir die Marwood, mit der Sie nicht verglichen zu werden, die Marwood selbst fußfällig bitten.
> *Sara.* (die voller Erschrecken aufspringt, und sich zitternd zurückzieht.) Sie, Marwood? – Ha! Nun erkenn' ich sie – nun erkenn' ich sie, die mördrische Retterinn, deren Dolche mich ein warnender Traum Preis gab. Sie ist es!» (LM 2, S. 336).

Hier soll, in den Worten der Marwood, nicht nur das «Sieh in mir eine neue Medea!» anklingen, sondern auch, in den Worten der Sara, das von Lessing selbst als «Meisterzug» gerühmte *agnosco fratrem* (V. 1006) des Senecanischen Thyest[40]. Es ist in beiden Fällen, bei Seneca wie bei Lessing, ein mittelbares, beziehungsreich vermitteltes Erkennen, und es dürfte Lessing gereizt haben, aus eigenen Kräften einen solchen Meisterzug zu versuchen, «der alles auf einmal dencken läßt, was *Thyest* hier kann empfunden haben» (u. S. 147)[41]. Auch die *pronuntiatio* dürfte von Lessing im Fall der Sara ähnlich intendiert sein; so muß die «Würckung in dem Munde des Schauspielers vortreflich gewesen seyn, wenn er das dazu gehörige starrende Erstaunen mit gnug Bitterkeit und Abscheu hat ausdrucken können» (ebda.).

Der auf die Erkennungsszene folgende Monolog, der Marwoods letzte Bühnenpartie darstellt (IV, 9), schließt mit den Worten: «Fort! Ich muß weder mich, noch sie zu sich selbst kommen lassen. Der will sich nichts wagen, der sich mit kaltem Blute wagen will. (gehet ab.)» (LM 2, S. 337). Danach redet sie nur noch durch den Brief, den sie für Mellefont hinterläßt. Ebenfalls durch einen Brief an Mellefont hat sie zu Anfang des Stücks ihr Kommen angekündigt, und bei ihrem ersten Auftreten in II, 1 ist sie damit beschäftigt, die «Wirkung» dieses Briefs abzuschätzen: «Wenn er sich dagegen verhärten sollte? So werde ich nicht zürnen – ich werde rasen» (LM 2, S. 281). ‹Kaltes Blut› und ‹Raserei›: diese beiden nicht ohne Vorbedacht an signifikanter Stelle verwendeten Stichworte deuten auf den eigentlichen Kernpunkt des Interesses, das die Seneca-Abhandlung mit der

---

[40] Oben S. 26.
[41] Ein agonales Moment im Hinblick auf die neueren Imitatoren kommt hinzu: das *Agnosco fratrem* gehört zu den wenigen Senecanischen Wendungen, deren Übertragung durch Crébillon Lessing als «gelungen» anerkennen muß (u. S. 25).

Miß Sara Sampson verbindet. Zwei Jahrzehnte später noch, in einem Brief an den Bruder Karl vom 14. Juli 1773, erinnert sich Lessing, daß ihn bei der Analyse des *Hercules furens* vor allem das Phänomen der «Raserey» beschäftigt habe, insbesondere deren «allmähliche Entwickelung», die «Seneca ganz verfehlt zu haben schien» (LM 18, S. 86)[42].

Der Haupteinwand, den Lessing in der Abhandlung von 1754 formulierte, richtet sich gegen die Initiation der Raserei von außen, durch die von Juno gesandte Furie, und gegen die erste Manifestation des *furor* in der Form eines Gebets (u. S. 116)[43]. Die Modernität einer Bearbeitung könnte sich gerade darin beweisen, daß die Furien-Konstruktion überflüssig wird und der *furor* von innen heraus erwächst, als «eine natürliche Folge» aus dem Charakter des Helden. Der Psychologe Lessing hat, wie bereits dargestellt, sogleich auch einen dramatischen Plan bereit, nach dem sich die Raserei aus einer Sequenz von «Stafeln» entwickelt (u. S. 129).

«Starke Schilderungen von Leidenschaften können unsre Leidenschaften unmöglich ganz ruhig lassen. Und diese wollen wir vornehmlich in den Trauerspielen erregt wissen» (u. S. 121)[44]. Mit diesen Sätzen eröffnet Lessing seine «Beurtheilung» des *Hercules furens,* und sie gelten auch für die *Miß Sara Sampson.* Freilich unter veränderten Vorzeichen. Denn im bürgerlichen Trauerspiel verengt sich für Lessing der Kreis der zu präsentierenden Leidenschaften auf solche, die ein Mit-Leiden im bürgerlichen Sinn ermöglichen[45]. Nicht als ob ein Held von der Art des Hercules den Zuschauer in völliger admirativer Distanz ließe; immerhin ist er mit allen Kräften bemüht, «ein tugendhafter und der Welt nützlicher Mann zu seyn, und wird mitten unter diesen Bestrebungen, durch die Eifersucht einer obern Macht, der Elendeste» (u. S. 128). Aber seine weltweiten Großtaten überschreiten, ebenso wie sein furchtbares Wüten, alles bürgerlich-menschliche Maß. Es ist bezeichnend, wie Lessing das Moment des «Mitleidens» zusätzlich von den Kindern des Hercules her zu verstärken sucht (u. S. 127).

Hiervon zu unterscheiden bleibt das psychologische Problem der inneren «Entwickelung» des *furor.* Leidenschaft in höchster Potenz muß auch integraler Bestandteil des bürgerlichen Trauerspiels sein, wenn es seinen Zweck erreichen soll. Lessing ist nicht engstirnig genug, um nicht auch in

---

[42] Das Urteil fällt hier im Abstand schärfer aus, als es in der Abhandlung von 1754 tatsächlich gelautet hatte. Zum Kontext der Stelle, dem Plan eines *Masaniello,* vgl. unten S. 69 f.

[43] Die Besonderheit der Senecanischen Darstellung, auch die – von Lessing kritisierten – makrokosmischen Phantasien des rasenden Herkules erläutert Friedrich, Vorbild und Neugestaltung, S. 88 ff.

[44] Über die spätere, an Nicolai anknüpfende Diskussion dieser These: Michelsen, Die Erregung des Mitleids durch die Tragödie, S. 550 ff.

[45] Für *Miß Sara Sampson* ist in diesem Zusammenhang vor allem auf das 14. Stück der *Hamburgischen Dramaturgie* zu verweisen (LM 9, S. 239 ff.). Aus-

dieser Hinsicht von den großen *exempla* der theatralischen Überlieferung zu lernen. Wozu sonst hat er jene mühsame Erschließungsarbeit geleistet, die ihn unter anderem mit Seneca vertraut machte? In der Lessing-Forschung ist man gelegentlich allzu rasch geneigt, ein bestimmtes Phänomen, das einem Lessingschen Prinzip scheinbar widerspricht, hinter diesem Prinzip verschwinden zu lassen. So ist es mit der ganzen Seneca-Abhandlung geschehen. Da Lessing als der ‹Überwinder› der heroischen Tragödie in Deutschland gilt, *konnte* er sich gar nicht positiv mit dem Prototyp Seneca auseinandergesetzt haben. Es gehört zur Erscheinungsform seiner subjektiven, ‹bürgerlichen› Freiheit und seines sicheren kritischen Zugriffs, daß er es trotzdem tat. Mit dem gleichen sicheren Griff hat er aus dem Fundus der hohen Tragödie eine weibliche Figur gewählt, und zwar eine solche, die seit Euripides zu den psychologisch differenziertesten gehört: Medea[46]. Lessing schafft sich damit die Möglichkeit, einerseits die heroische Tradition zitierbar zu machen, andererseits genügend bürgerlich-affektives Interesse zu wecken.

Diese Besonderheit der Medeagestalt (die übrigens auch Nicolai in seiner *Abhandlung vom Trauerspiele* hervorhebt)[47] hat Lessing später, im 30. Stück der *Hamburgischen Dramaturgie,* durch die Kontrastierung mit Cleopatra genauer beschrieben, und es ist legitim, den Passus indirekt auch auf sein erstes bürgerliches Trauerspiel zu beziehen: «Die Cleopatra des Corneille, die so eine Frau ist, die ihren Ehrgeiz, ihren beleidigten Stolz zu befriedigen, sich alle Verbrechen erlaubt, die mit nichts als mit machiavellischen Maximen um sich wirft, ist ein Ungeheuer ihres Geschlechts, und Medea ist gegen ihr tugendhaft und liebenswürdig. Denn alle die Grausamkeiten, welche Medea begeht, begeht sie aus Eifersucht. Einer zärtlichen, eifersüchtigen Frau, will ich noch alles vergeben; sie ist das, was sie seyn soll, nur zu heftig» (LM 9, S. 309 f.).

Daß Marwood eine tief verletzte, beleidigte Frau ist, demonstriert Lessing von ihrem ersten Auftreten an, und genau an diesem Punkt beginnt er

---

führliche Behandlung des gesamten Komplexes (mit weiterer Literatur) bei Alois Wierlacher, Das bürgerliche Drama. Seine theoretische Begründung im 18. Jahrhundert, München 1968, S. 44 ff.

[46] Auf die psychologische Ergiebigkeit gerade dieser Figur hat die Forschung immer wieder hingewiesen, vgl. etwa die in Anm. 31 zitierte Arbeit von Block, Medea-Dramen der Weltliteratur; ferner Kurt von Fritz, Die Entwicklung der Iason-Medea-Sage und die Medea des Euripides (1959), in: K. v. F., Antike und moderne Tragödie, Berlin 1962, S. 322 ff.; Werner Kleinhardt, Medea. Originalität und Variation einer Rache, Diss. Hamburg 1962.

[47] Unter die ‹rührenden› Trauerspiele rechnet er «so wohl alle *bürgerliche* Trauerspiele, als diejenigen, worinnen ein bloß bürgerliches Interesse herrschet, z. B. *Medea, Thyest, Merope, Zaire*» (Ausgabe Schulte-Sasse, S. 25).

auch, die Medea-Rolle ins Spiel zu bringen (die verstoßene Kolcherin)[48]. Als eifersüchtige Frau ist Marwood «das, was sie seyn soll, nur zu heftig», und sie spricht die Typik ihres weiblichen Schicksals selbst aus – auch dies ein charakteristischer Zug der Medea-Tradition[49]. Im Gegensatz also zum Senecanischen Hercules geht ihre Raserei als nachvollziehbare Konsequenz aus ihrer Situation und ihrem Charakter hervor. Freilich ist es zweifelhaft, ob «der Zuschauer», wie Lessing sich in der Seneca-Abhandlung wünscht, «die völlige Raserey ... als einen ganz natürlichen Erfolg anzusehen» bereit ist (u. S. 130). Denn eine gewisse Mechanik in der Inszenierung des Rollenspiels und der ‹Raserei› bleibt unverkennbar. Von Anfang an weiß Marwood genau: «Wenn er sich dagegen verhärten sollte? So werde ich nicht zürnen – ich werde rasen» (LM 2, S. 281).

Und so praktiziert sie es auch. Als sie (in II, 7) erkennt, daß Mellefont entschlossen ist, einer «würdigern Gattin» den Vorzug zu geben, spielt sie ihre Senecanische Schauspieler-Rolle voll aus:

> «*Marwood.* Ha! nun seh' ichs, was dich eigentlich so trotzig macht. Wohl, ich will kein Wort mehr verlieren. Es sey darum! Rechne darauf, daß ich alles anwenden will, dich zu vergessen. Und das erste, was ich in dieser Absicht thun werde, soll dieses seyn – Du wirst mich verstehen! Zittre für deine Bella! Ihr Leben soll das Andenken meiner verachteten Liebe auf die Nachwelt nicht bringen; meine Grausamkeit soll es thun. Sieh in mir eine neue Medea!
> *Mellefont.* (erschrocken.) Marwood – –
> *Marwood.* Oder wenn du noch eine grausamere Mutter weißt, so sieh sie gedoppelt in mir! Gift und Dolch sollen mich rächen. Doch nein, Gift und Dolch sind zu barmherzige Werkzeuge! Sie würden dein und mein Kind zu bald tödten. Ich will es nicht gestorben sehen; sterben will ich es sehen! Durch langsame Martern will ich in seinem Gesichte jeden ähnlichen Zug, den es von dir hat, sich verstellen, verzerren und verschwinden sehen. Ich will mit begieriger Hand Glied von Glied, Ader von Ader, Nerve von Nerve lösen, und das kleinste derselben auch da noch nicht aufhören zu schneiden und zu brennen, wenn es schon nichts mehr seyn wird, als ein empfindungsloses Aas. Ich – ich werde wenigstens dabey empfinden, wie süß die Rache sey!
> *Mellefont.* Sie rasen, Marwood – –» (LM 2, S. 295 f.)[50].

[48] Oben S. 42.

[49] Vgl. etwa die Zwiesprache mit Sara in IV, 8: «Wir Frauenzimmer sollten billig jede Beleidigung, die einer einzigen von uns erwiesen wird, zu Beleidigungen des ganzen Geschlechts und zu einer allgemeinen Sache machen...» (LM 2, S. 328).

[50] Der Text gehört zu den sogenannten «indeklamabeln Stellen», Lessing nennt ihn in seiner Verteidigung als erstes Exempel. Die Erläuterung entspricht

Was den Zeitgenossen Lessings in dieser Partie als der eigentliche Gipfelpunkt, als unmißverständliches Symptom der ‹Raserei› erscheinen sollte, ist die kalte Genüßlichkeit, mit der die verstoßene Geliebte ihre eigenen Rache-Phantasien auskostet. Gerade damit aber nimmt Lessing ein charakteristisches Moment des Senecanischen Tragödienstils[51] auf: *ut duos perimam tamen / nimium est dolori numerus angustus meo* (V. 1010 f.), verkündet die Heldin unersättlich, als sie den ersten Kindermord begangen hat; und bevor sie zum zweiten ansetzt: *Perfruere lento scelere, ne propera, dolor* (V. 1016). Es ist einer der letzten Sätze Medeas, und durch diese Stellung, geradezu als Coda-Motiv, erhält der Gedanke bei Seneca ein Gewicht, das er später in Corneilles *Médée* nicht mehr besitzt[52]. Auch hier hat Lessing deutlich hinter den französischen Imitator auf das grellere, wildere antike Modell zurückgegriffen, dessen Zitation nach seiner historischen und dramaturgischen Einsicht notwendig ist, um die Medea-Rolle in ihrer Besonderheit kenntlich zu machen.

Diese Marwood in der Rolle der Medea ist in der Tat eine «Furie», wie Mellefont sie nennt (LM 2, S. 296)[53]; aber im Gegensatz zu Hercules, den der Wahnsinn von außen befällt und bannt, vermag sie ihr Rasen mit Beherrschtheit und Rationalität einzusetzen. Es ist die gleiche Beherrschtheit, mit der sie sich bei Mellefont Zugang verschafft, an seine Vatergefühle appelliert, ihn erpreßt, die Rolle der Lady Solmes spielt und schließlich das Gift verwendet. Doch was sich dabei als «Kälte» und «Verstellung» präsentiert, wird von Lessing immer wieder betont instrumental gedeutet, nicht als Wesenskern, sondern als Waffe und Panzer: «Wie hasse ich dich, niedrige Verstellung! ... Doch wann du mich nur zu meinem Zwecke bringst!» (LM 2, S. 324 f.). Noch Marwoods Schlußsatz (IV, 9)

51 Regenbogen, Schmerz und Tod in den Tragödien Senecas (s. Kap. 1, Anm. 5), S. 434 ff.

bis in die Einzelheiten des theoretischen Vokabulars dem Senecanischen Vorbild (LM 17, S. 121): «da ich in ihrem Gesichte gern gewisse feine Züge der Wuth erwecken möchte, die in ihrem freyen Willen nicht stehen, so gehe ich weiter, und suche ihre Einbildungskraft durch mehr sinnliche Bilder zu erhitzen, als freylich zu dem bloßen Ausdrucke meiner Gedanken nicht nöthig wären. Sie sehen also, wenn diese Stelle tadelhaft ist, daß sie es vielmehr dadurch geworden, weil ich zu viel, als weil ich zu wenig für die Schauspieler gearbeitet».

52 Vgl. den Gesamteindruck bei Friedrich, Vorbild und Neugestaltung, S. 36: «So eng sich auch Corneille, namentlich in den Medea-Szenen seiner ersten Akte, an Seneca anschließt, zügelt er doch die Raserei, ernüchtert den Blutrausch». Einen ausführlichen Vergleich zwischen Corneille und Seneca bietet Block, Medea-Dramen der Weltliteratur, S. 134 ff.

53 Die Wortfelder von *furor, furere, saevire, ira* etc. sind konstitutiv für die Affektdarstellung in Senecas *Medea*. Die Heldin selbst wird u. a. *furiosa, maenas, saeva* genannt.

ist so zu verstehen: «Der will sich nichts wagen, der sich mit kaltem Blute wagen will» (LM 2, S. 337). Und auf dem Zettel, den sie Mellefont hinterläßt, steht: «Rache und Wut haben mich zu einer Mörderinn gemacht» (LM 2, S. 349). Sie ist – um noch einmal die Medea-Interpretation der *Hamburgischen Dramaturgie* zu zitieren – keine Cleopatra, sondern eine Verstoßene, Beleidigte, Eifersüchtige: «sie ist das, was sie seyn soll, nur zu heftig».

Damit stellt sich unter einem neuen Gesichtspunkt die Frage nach der Integration dieser Rolle in das Ganze des bürgerlichen Trauerspiels *Miß Sara Sampson*. Marwood spielt keine beliebige Rolle der heroischen Tradition, die nur «Bewunderung» verdiente. Wenn sie, verglichen mit Sara, vielleicht kein eigentliches «Mitleiden» erregen kann – im Spiel selbst versucht sie es durchaus[54] –, so ist doch ihr Verhaltensmodell sorgfältig auf psychologische Verstehbarkeit hin angelegt und bedeutet schon insofern kein völlig unvermitteltes heroisches Relikt. Ein weiterer, das Trauerspiel als Ganzes betreffender Aspekt kommt hinzu. Untersuchungen zur *Miß Sara Sampson* haben mehrfach betont, wie relativ und eingeschränkt die ‹Bürgerlichkeit› dieses Stücks zu interpretieren ist[55]. Bei Sara, der «Heiligen» (LM 2, S. 351)[56], steht das martyriologische Modell mit dem Prinzip der Standhaftigkeit[57] unverkennbar im Hintergrund. Schon Mendelssohn wollte sie, Lessing gegen Lessing ausspielend, lediglich bewundern, nicht aber «bedauern»[58]. Die verschiedenen confidents wachsen über die Funktion, die das klassische französische Drama gestattete, nicht prinzipiell hinaus, sondern nur graduell, indem sie die empfindsame Selbstaussprache befördern. Und die «Architektonik der *Sara* fügt sich, betrachtet man nur ihre Grundzüge, durchaus den klassizistischen Vorbildern»[59].

Diese kurzen, zwangsläufig vereinfachenden Hinweise sollen lediglich dazu dienen, das oft zu ausschnitthaft betrachtete Problem der Marwood-Gestalt auf seine realen Verhältnisse zu reduzieren. Was an ihr als fremdartig-Senecanisch erscheint, ist in Wahrheit durch ein engmaschiges Netz von traditionalen und typologischen Beziehungen mit dem Ganzen des Dramas verklammert. Der figuralen Zeichnung nach steht ihr Mellefont zweifellos am nächsten. Vergleicht man ihn etwa mit Barnwell in Lillos

---

[54] Etwa in den Szenen II, 3/4 (gegenüber Mellefont) oder in dem Monolog IV, 5.

[55] Besonders scharf neuerdings Lothar Pikulik, ‹Bürgerliches Trauerspiel› und Empfindsamkeit, Köln/Graz 1966, S. 155 ff.

[56] Mellefonts Äußerung ironisch antizipiert durch Marwood (LM 2, S. 286).

[57] «Die bewährte Tugend» (LM 2, S. 350) wird von Sara als Richtschnur genannt, nicht anders als in der hohen Barocktragödie eines Bidermann, Vondel oder Gryphius.

[58] Brief an Lessing vom Dezember 1756 (LM 19, S. 56).

[59] Eibl, a. a. O., S. 149.

The London Merchant, so könnte man fast sagen, Lessing habe ihn auf das Senecanische in Marwood zugeschnitten, um für sie einen halbwegs ebenbürtigen Partner zu gewinnen. Bei der ersten Wiederbegegnung mit ihr (II, 3) tritt er «mit einer wilden Stellung herein» (LM 2, S. 283)[60]; in seinem großen Monolog IV, 2 spricht er fast die gleiche Sprache wie sie (die Verbindungen zu ihren beiden Monologen IV, 5 und IV, 9 sind evident); auch er argumentiert mit seiner Leidenschaft, um seine metamoralische Position zu verteidigen[61]; auch er erscheint schließlich als ein «Ungeheuer» (LM 2, S. 318; vgl. 294). Aber in der Unbedingtheit des Wollens ist er Marwood unterlegen, auch in der Konstanz seiner Empfindungen und in der Fähigkeit, «bey kaltem Blute» zu bleiben (LM 2, S. 340)[62]. Als Schuldbeladener wählt er zuletzt den eigenen Tod, während Marwood nach vollzogener Rache entschwindet.

Lessing hat klar differenziert, ohne die Bühnenfigur Marwood zu isolieren. Die Medea-Rolle sollte erkennbar bleiben, aber nicht als Fossil, sondern als modernisiertes Modell. Was einer solchen Verwandlung im Wege stand, und sei es noch so fest in der Medea-Tradition verankert, hat Lessing mit Entschlossenheit ausgeschieden: so den grausigen Hexenzauber, der bei Seneca die Rache vorbereitet (V. 670 ff.) und der bei Corneille als Szene in der «grotte magique» (4. Akt) wiederkehrt[63]. Auf der anderen Seite hat Lessing sich für seine Zwecke auch einer Neuerung Corneilles bedient. Dadurch, daß bei Corneille – im Gegensatz zu Euripides und Seneca – auch Medeas Gegenspielerin (Kreusa) aufgetreten und dem Publikum als Bühnenfigur vertraut geworden ist[64], kann es Lessing um so leichter wagen, die Rolle der Medea in die Sara-Handlung zu integrieren. Die strukturellen Konsequenzen sind oft diskutiert worden. Sara ist die Titelfigur, aber Marwood ist die «prächtigste und vom Theaterstandpunkt aus dankbarste Rolle»[65]. Lessings erstes bürgerliches Trauerspiel trägt auch in dieser Hinsicht die Merkmale des Übergangs (wenngleich sich das

[60] Die Szene steht in kalkuliertem Kontrast zu Mellefonts erstem Erscheinen in I, 3 («unangekleidet in einem Lehnstuhle», LM 2, S. 270). Erst Marwood fordert ihn auch als Bühnenfigur ganz.
[61] Hierzu Hans M. Wolff, Mellefont: unsittlich oder unbürgerlich? MLN 61, 1946, S. 372 ff.
[62] Die Souveränität und die Übersicht, die er sich hier (V, 4) zuschreibt, werden sich bald darauf als trügerisch erweisen.
[63] Nicht einmal die Zubereitung des Gifts geschieht auf der Bühne.
[64] Vgl. Block, Medea-Dramen der Weltliteratur, S. 136 ff. Ob die (im Vergleich zur Antike) zunehmend sympathische Zeichnung Kreusas bei de la Péruse (1555) und de Longepierre (1694) ebenfalls auf Lessing eingewirkt hat, ist hier von sekundärer Bedeutung.
[65] Elisabeth Brock-Sulzer, Gotthold Ephraim Lessing, Velber b. Hannover 1967, S. 32.

Problem der Titelfigur, mit anderer Akzentuierung, noch einmal bei der
Emilia Galotti ergibt). Grundsätzlich zu Recht stellt Emil Staiger fest:
«Rasende Weiber sind nun eigentlich nur noch in den Nebenrollen berech-
tigt»[66]. Ob die Rolle der Marwood im strengen Sinn als ‹Nebenrolle› bezeichnet werden kann, ist eine Frage der Definition. Die Titelrolle jedenfalls, die der Medea seit Euripides zukam, ist es nicht mehr, und die
Bühnenpräsenz der Marwood hat Lessing streng auf die drei mittleren
Akte begrenzt – bei einem so formbewußten Dramatiker wie Lessing eine
signifikante Entscheidung. Auch vergoß das zeitgenössische Publikum
seine Tränen nicht über Marwood, sondern über Sara[67].

Der Typus der Marwood war dem Publikum aus der antiken, französischen und deutschen Tragödien-Tradition vertraut und selbstverständlich. Lessing brauchte ihn nur zu evozieren. Er durfte vor allem darauf
rechnen, daß sich das positive Interesse, ja die Neugier, ähnlich wie – unter
umgekehrten Vorzeichen – bei J. E. Schlegels *Canut* ein Jahrzehnt zuvor
(1746), dem ungewohnt ‹Bürgerlichen› des Stücks zuwenden und es zugleich an dem sinnfällig präsentierten ‹Heroischen› messen werde. So
konnte das Senecanische Medea-Modell, durchaus auch ohne dem Publikum als ‹Senecanisch› bewußt zu werden, seine legitime historische
(und dramatische) Funktion erfüllen. Später jedoch kehrte sich die Perspektive geradezu um. Nachdem einmal das bürgerliche Trauerspiel,
unter maßgebender Mitwirkung Lessings, etabliert und zu einem hervor-
ragenden Exempel bürgerlichen Literaturbewußtseins geworden war, erschien der Marwood-Typus mehr und mehr als Fremdkörper. Er störte
die postulierte Reinheit der bürgerlichen Konzeption, sein Stellenwert
wurde nicht mehr unmittelbar empfunden und erkannt. Andere Einwände,
das Stück als Ganzes betreffend, kamen hinzu, so der nicht unberechtigte
Vorwurf der «Redseligkeit»[68]. Friedrich Schlegels abwertendes Geschmacksurteil über die *Sara* war ebenso charakteristisch wie folgenreich[69].
Das Stück, das von den Zeitgenossen noch als der Durchbruch eines
Neuen gefeiert worden war, rückte nun in den Schatten der *Minna von
Barnhelm* und der *Emilia Galotti*.

[66] Rasende Weiber in der deutschen Tragödie des achtzehnten Jahrhunderts,
S. 380.
[67] Den vorliegenden Berichten nach gilt dies namentlich für den Schlußakt.
Daß bereits das Erscheinen der Arabella zu Tränen rührte, gesteht Lessings
späterer Gegner Klotz, vgl. Oehlke, Lessing und seine Zeit, Bd. 1, S. 301.
[68] Wilhelm Dilthey, Das Erlebnis und die Dichtung, Göttingen [15]1970, S. 52.
[69] Vgl. die Zeugnisse in: Lessing – ein unpoetischer Dichter (s. Kap. 1,
Anm. 3), S. 169 ff.; auch Eibl, Gotthold Ephraim Lessing, Miss Sara Sampson,
S. 166 ff.

IV. Heroisch-dramatische Experimente

Es hat sich eingebürgert, die als ausgemacht geltende mindere Qualität der *Miß Sara Sampson* genetisch bzw. evolutionistisch zu deuten: Lessing habe in diesem frühen Stück noch nicht die volle Reife seiner dramaturgischen Meisterschaft erreicht. Über solche meist sehr allgemein gehaltenen Diagnosen läßt sich schwer streiten. Wo freilich die besondere These hinzukommt, Lessing habe sich mit der *Miß Sara Sampson* noch nicht von der heroischen Tradition lösen können[1], ist entschieden zu widersprechen. Die hier vorgelegte Analyse hat gezeigt, wie überlegt Lessing das Senecanische als das ‹Heroische› zitathaft in sein erstes bürgerliches Trauerspiel zu integrieren wußte. Gerade dem jungen Lessing wird man erst dann gerecht, wenn man ihm – auch in seinem Verhältnis zur heroischen Tradition – jene kreative Beweglichkeit konzediert, die das Fundament seiner geschichtlichen Leistung war.

Unter dieser Voraussetzung stellt sich auch der Sprung zum *Philotas* (1759) geringer dar, als er gemeinhin erscheint. Vom bürgerlichen Trauerspiel zum heroischen Einakter – das mutete schlechthin widersinnig an. Der selbstgewählte Heldentod eines monomanischen patriotischen Jünglings, dargestellt in einer epigrammatisch hochgespannten Sprache, noch dazu in antikischem Gewand: was sollte dies nach der empfindsamen Tränenflut der *Miß Sara Sampson* und nach Lessings so dezidiertem Eintreten für «Mitleid» und «bürgerliches Interesse» in dem Briefwechsel über die Tragödie? Die allgemeine Verlegenheit der Literarhistoriker und der wenigen Interpreten, die sich überhaupt mit dem *Philotas* befaßt haben, ist unverkennbar[2]. Das Stück sei eben, wie in anderer Weise *Minna von Barnhelm,* ein Beitrag Lessings zum Siebenjährigen Krieg, erklären die einen. Andere betrachten es in erster Linie als eine jugendpsychologische Studie[3].

Wer Lessings produktive Auseinandersetzung mit dem Senecanischen

[1] Dies suggeriert etwa die Interpretation Staigers, Rasende Weiber in der deutschen Tragödie des achtzehnten Jahrhunderts, S. 375 ff.

[2] Guthke, Der Stand der Lessing-Forschung, S. 49. Über die verschiedenen älteren Deutungen ausführlich Leonello Vincenti, Il *Philotas* di Lessing, Studi Germanici 2, 1937, S. 505 ff.; jetzt deutsch in: Gotthold Ephraim Lessing. Hrsg. v. Gerhard und Sibylle Bauer (Wege der Forschung. 211), Darmstadt 1968, S. 196 ff.

[3] H. H. J. de Leeuwe, Lessings Philotas. Eine Deutung, Neophilologus 47, 1963, S. 34 ff.; Bernhard Ulmer, Another look at Lessing's Philotas, in: Studies

Tragödienstil verfolgt hat, wird zunächst auf die Züge aufmerksam werden, die den *Philotas* mit der Seneca-Abhandlung und mit der *Miß Sara Sampson* verbinden. Der jugendliche Held stellt sich im Eingangsmonolog vor als ein ‹Rasender›, und wie bei Hercules oder Medea/Marwood erhitzt sich sein *furor* an den Bildern seiner (nicht nur erinnernden) Phantasie:

> «O der grausamen Barmherzigkeit eines listigen Feindes! Sie [sc. die Wunde] ist nicht tödtlich, sagte der Arzt, und glaubte mich zu trösten. – Nichtswürdiger, sie sollte tödtlich seyn! – Und nur eine Wunde, nur eine! – Wüste ich, daß ich sie tödtlich machte, wenn ich sie wieder aufriß, und wieder verbinden ließ, und wieder aufriß – Ich rase, ich Unglücklicher! – Und was für ein höhnisches Gesicht – itzt fällt es mir ein – mir der alte Krieger machte, der mich vom Pferde riß! Er nannte mich: Kind! – . . .» (LM 2, S. 355).

Erst die letzte Steigerung seines *furor,* kurz bevor er sich den Tod gibt, zeigt ihn in völliger Besinnungslosigkeit, im Herkulischen Verfolgungswahn:

> «Nein, mein Vater, nein! Heut sparet dir ein Wunder das schimpfliche Lösegeld für deinen Sohn; künftig spar' es dir sein Tod! Sein gewisser Tod, wenn er sich wieder umringt siehet! – Wieder umringt? – Entsetzen! – Ich bin es! Ich bin umringt! Was nun? Gefährte! Freunde! Brüder! Wo seyd ihr? Alle todt? Ueberall Feinde? – Ueberall! – Hier durch, Philotas! Ha! Nimm das, Verwegner! – Und du das! – Und du das! (um sich hauend)» (LM 2, S. 374).

Es genügt, eine kurze Partie aus dem *Hercules furens* in Lessings Übersetzung zu zitieren, um im Grundriß der Wahnsinnsdarstellung sogleich die Verwandtschaft mit dem Senecanischen Typus zu erkennen:

> «Doch wie? Welche Finsternisse umhüllen den Mittag? Warum schießt Phöbus so trübe Blicke, ohne von einer Wolke verdunkelt zu seyn? Wer treibet den Tag zu seiner Demmerung zurück? Welche unbekannte Nacht breitet ihr schwarzes Gefieder aus? Woher diese zu frühen Sterne, die den Pol erfüllen? Seht, dort durchglänzet das erste der von mir gebändigten Ungeheuer, der Löwe, ein weites Gefielde! Er glüet vor Zorn, und drohet tödliche Bisse. Er speiet aus dem offenen Rachen Feuer, und schüttelt die röthliche Mähne. Jezt wird er ein Gestirn herab reissen . . .» (u. S. 116)[4].

in Germanic languages and literatures (Festschr. f. Jost Nolte), St. Louis 1963, S. 35 ff.

[4] Vgl. *Hercules furens,* V. 939 ff. Bezeichnend ist auch die Ähnlichkeit der Weise, wie das Gegenüber an diesem Punkt des Wahns reagiert: Amphitryo «erstaunet über diesen plötzlichen Wahnwitz», umschreibt Lessing den Seneca-

Der Vergleich mit dem Senecanischen Tragödienstil ließe sich auf zahl-
reiche charakteristische Einzelzüge ausdehnen, auf die langen Zwiespra-
chen des Helden mit sich selbst (1., 4., 6. Auftritt), auf die Form der
pathetischen Selbstaufreizung (besonders im 4. Auftritt), die sententiös
zugespitzte Argumentationsweise, den Masochismus des Schmerzenertra-
gens[5]. Bei alledem geht es nicht so sehr um den direkten ‹Einfluß› Senecas,
sondern um das Weiterwirken von Elementen der heroischen Tradition,
die sich Lessing nachweislich im Rückgriff auf Seneca bewußt gemacht hat.

Philotas ist «ein Held» (LM 2, S. 362 u. ö.)[6]. Alles, was Lessing an
‹Senecanischer› Dramatik einsetzt, dient primär dem Zweck, das Heroische dieser Figur zu konstituieren. Aber Philotas ist kein Held mit der
Selbstverständlichkeit eines Hercules, auch spielt er keine kalkulierte
Helden-Rolle wie Marwood. Er hat sich zum Heldentum entschlossen[7],
und dies mit einer wilden, ‹rasenden› Unbedingtheit, die seinen Partnern
auf der Bühne bisweilen mehr Schrecken als Bewunderung abnötigt. Er
besitzt ein heroisches Programm, gewissermaßen einen Fürstenspiegel, aus
dem er sich und seinen Partnern immer wieder zitiert, um seine kompro-
mißlose Haltung zu rechtfertigen; und sie versuchen vergebens, ihn auf
das Maß seiner Jugendlichkeit zurückzulenken: «Mein lieber frühzeitiger
Held, laß dir das sagen: Du bist noch ein Kind!» (LM 2, S. 365). Und
manches in den Gesprächen mit Aridäus, Strato und Parmenio erinnert an
die «frühreife Diktion» der Arabella aus der *Miß Sara Sampson*.

Die eigentliche Funktion dieser Gespräche jedoch besteht im Aufweis
der prinzipiellen, tragischen Isolation des Helden. Conrad Wiedemann
hat gezeigt, wie durch die Kontrastierung mit dem «Intellektuellen»,
Aridäus, und dem Vertreter der Humanität, Parmenio, das «Prinzip
Philotas» als das einer überwundenen Vergangenheit decouvriert wird[8].
Durch sein starres Soldatenethos, seine verschüttete Verstandesbildung
und sein «Feuer der Ehre» (LM 2, S. 356) stellt sich Philotas außerhalb
jeder aufgeklärten Wertnorm. Er ist einer jener Helden, die man, wie
Lessing an Mendelssohn schreibt, «für schöne Ungeheuer, für mehr als

---

nischen Text (ebda.); und Strato: «Prinz! Was geschieht dir? Fasse dich!» (LM 2,
S. 375.) In beiden Fällen ist die ‹Intervention› ohne Erfolg.

[5] Zu diesen Charakteristika sei wieder generell verwiesen auf Regenbogen,
Schmerz und Tod in den Tragödien Senecas, S. 430 ff.

[6] Vgl. schon den zweiten Auftritt: «*Strato.* Immer heldenmütiger!» (LM 2,
S. 356).

[7] «Alles, was ich werden können, muß ich durch das zeigen, was ich schon
bin. Und was könnte ich, was wollte ich werden? Ein Held» (LM 2, S. 362).

[8] Ein schönes Ungeheuer. Zur Deutung von Lessings Einakter *Philotas*, GRM
N. F. 17, 1967, S. 381 ff. (bes. S. 388 ff.). Ähnlich jetzt Klaus Briegleb, der das
Stück als ‹logikkritische Studie› interpretiert (Lessings Anfänge 1742–1746. Zur
Grundlegung kritischer Sprachdemokratie, Frankfurt a. M. 1971, S. 13 ff.).

Menschen, aber gar nicht für gute Menschen halten» sollte (LM 17, S. 73)[9]. Diese Tatsache verbindet ihn auf den ersten Blick mit der meta-moralischen Position der Medea/Marwood. Aber der Kern, der Aus-gangspunkt von Marwoods Handeln ist Kränkung, Eifersucht und inso-fern ‹menschlich› und verstehbar. Philotas hingegen wird von vornherein als übermenschlich und hybride gezeichnet, die insistierende Betonung seiner Kindlichkeit, im Kontrast zu seinen gereiften Gesprächspartnern, verfolgt vor allem diesen Zweck. In den beiden Figuren Aridäus und Parmenio verkörpert sich zugleich eine aufgeklärt humane Gegenwelt von eigenem Gewicht. Durch den anachronistischen Tod des Philotas wird das aufgeklärte Geschichtsbewußtsein namentlich des Aridäus (Hans Mayer bezeichnet ihn sogar als den «Sprecher Lessings») auf die Probe gestellt, und nicht ohne Recht – wenn auch etwas überspitzt – resümiert Wiedemann: «Das heroische Drama ist unversehens ein Drama des füh-lenden, oder nach Lessing, mitleidenden und bemitleidenswerten Men-schen geworden»[10].

Unter dem Gesichtspunkt der heroischen Tradition gewinnt somit die Abfolge von *Sara* und *Philotas* eine innere Plausibilität, die bisher kaum gesehen wurde. Der Zitatcharakter des heroischen Modells, in der *Sara* durch die gespielte Rolle dokumentiert, erfährt im *Philotas,* durch die prinzipielle geschichtliche Isolation des Helden, seine letzte Steigerung. Diese typisch Lessingsche Weise, mit Tradition umzugehen, kann nur dialektisch verstanden werden. Das gilt auch für ein dramaturgisches Charakteristikum der beiden Stücke: jeweils wird die Position der Titel-figur durch eine Gegenfigur relativiert, ja in ihrer theatralischen Über-zeugungskraft gefährdet (Sara durch Marwood, Philotas durch Aridäus)[11]. Daß dabei die Titelrolle von der ‹Bürgerlichen› Sara auf den ‹Helden› Philotas übergeht, ist von der Lessingschen Dialektik her nur konsequent: Negation vollzieht sich nicht durch Ignorierung, sondern durch Zitation und steigernd-aufhebende Verwandlung. Erst danach ist der Weg frei für eine Gestalt wie Tellheim oder Appiani, aber auch wie Nathan und den Tempelherrn.

Philotas ist das einzige antikisierende Trauerspiel, das Lessing voll-endet hat. Doch selbst hier wirkt das Antikische eigentümlich schwebend, ja ‹utopisch› im strengen Sinn des Ortlosen, des nicht an einen bestimmten Raum Gebundenen: aus der Alexandergeschichte stammen die Personen-

[9] Brief vom 28. November 1756
[10] Wiedemann, a. a. O., S. 397. Zu Aridäus s. Hans Mayer, Lessings poetische Ausdrucksform, in: Lessing und die Zeit der Aufklärung (s. Kap. 1, Anm. 26), S. 130 ff. (hier: S. 140).
[11] Vgl. die Überlegungen bei Brock-Sulzer, a. a. O., S. 32 («Die prächtigste und vom Theaterstandpunkt aus dankbarste Rolle, die Marwood») und S. 39 («Der eigentliche Held des *Philotas* ist doch Aridäus»).

namen, aber der Held spricht von der ‹männlichen Toga› (LM 2, S. 357); Ortsnamen aus Kleinasien und Italien tauchen auf, aber die Fabel ist eine Erfindung Lessings; «der Weltweise», auf den sich Philotas beruft (LM 2, S. 363)[12], kann Aristoteles sein, aber ebensogut Christian Wolff oder ein anderer Philosoph der Aufklärung. Jeder Versuch der einseitigen Fixierung solcher Elemente stößt immer wieder auf unüberwindliche Hindernisse, und eben das ist bezeichnend für den dialektisch-peripetalen Charakter dieser Tragödie, mit der Lessing den tradierten «Heroismus» (LM 17, S. 73) auf seine äußerste Spitze treibt. Vom Stoff her ist das Stück – um es abgekürzt zu sagen – weder Mythos noch Historie.

Beide Bereiche sind unter den heroisch-antikisierenden Fragmenten und Plänen Lessings reich vertreten, und zwar von der frühesten Zeit an. Aber es dürfte kaum Zufall sein, daß keiner dieser Pläne von Lessing je zuende geführt wurde. Der Anreiz, sich in diesem Metier zu versuchen, war nicht gering, bedenkt man die stattliche Reihe der Stücke, die zu Lessings Lebenszeit in Deutschland entstanden und diskutiert wurden, von Gottscheds *Sterbendem Cato* (1730) über J. E. Schlegels *Hekuba* (1736)[13] und *Geschwister in Taurien* (1739)[14] bis hin zu Cronegks *Codrus* (1757) und Weißes *Atreus und Thyest* (1767).

Bei einer Reihe von Plänen Lessings, die dieser Gruppe zuzuordnen sind, ist der agonale Anlaß noch deutlich erkennbar. 1754, im Jahr der Seneca-Abhandlung, erscheint aus der Feder des Freiherrn von Creutz ein Trauerspiel *Seneca,* in dem das von Nero erzwungene Sterben des Philosophen dargestellt wird. Lessing beginnt seine Rezension des Stücks mit den Sätzen: «Ein sterbender Philosoph ist kein gemeines Schauspiel; und das Unternehmen eines deutschen Dichters, ihn auf die Bühne zu bringen, kein gemeines Unternehmen. Gesetzt, daß es auch nicht auf das vollkommenste ausfiele, so wird jener doch immer noch rühren; und dieses doch noch immer lobenswürdig seyn» (LM 5, S. 433). Aber Lessing ist von der Durchführung enttäuscht, sie ist ihm zu sehr «in der Eil' gemacht», wie z. B. die überaus mechanischen Aktschlüsse zeigen. Auch die «schönen Stellen», die Lessing anerkennt (ebda.), vermögen das Ganze nicht zu retten. Was Lessing aus der umfangreichen theatralischen Seneca-Nero-Tradition[15] im einzelnen gekannt hat, läßt sich nicht mehr ermitteln. Zu den frühesten Zeugnissen dieser Tradition gehört immerhin die *Octavia,* die im Senecanischen Tragödiencorpus überliefert ist und den

---

[12] Dazu auch Wiedemann, a. a. O., S. 388, der hier nur an einen neueren Philosophen denkt. Aristoteles erscheint auch sonst bei Lessing als «der Weltweise», etwa in einem Brief vom 2. Mai 1757 an Nicolai (LM 17, S. 98).

[13] Später *Trojanerinnen* genannt.

[14] Später *Orest und Pylades* genannt.

[15] Einen gut orientierenden Überblick (mit weiterer Literatur) gibt Elisabeth Frenzel, Stoffe der Weltliteratur, Stuttgart 1962, S. 461 ff.

Philosophen als Bühnenfigur auftreten läßt. Lessings Rezension des Creutzschen Trauerspiels ist auf den 10. Oktober 1754 datiert, liegt also zumindest in zeitlicher Nähe zur Seneca-Abhandlung.

Wie dort, beim Plan eines verbesserten *Rasenden Herkules,* scheint Lessing auch an einen eigenen *Seneca* gedacht zu haben. Diesen Titel nennt der Bruder Karl Gotthelf 1786 in der Vorrede zum zweiten Teil des theatralischen Nachlasses[16], auch Herder erwähnt ihn als Plan Lessings[17]. Nähere Umstände sind nicht bekannt, auch Fragmente sind nicht erhalten. Erst drei Jahre nach der Abhandlung taucht die Spur wieder auf. Am 14. Juni 1757 übersendet Lessing aus Leipzig seinem Freund Gleim in Halberstadt den Entwurf einer Ode auf den Tod des Marschalls von Schwerin, die er Ewald Christian von Kleist widmen möchte. Darin heißt es an einer Stelle fast orakelhaft: «Klatschendes Lob betäubt mich, und überall murmelt die Bewundrung: Seneka und Kleist!» (LM 1, S. 152)[18]. Am Tag darauf schreibt Kleist, ebenfalls von Leipzig aus, an Gleim: «In H. Lessing's Ode werden Sie eine Stelle, wo er vom Seneca redet, nicht verstehen. Er will nämlich, daß ich ein Trauerspiel von diesem Sujet machen soll, und glaubt, ich könne es machen, und will mich dadurch encouragiren. Ich habe aber noch nicht Zeit gehabt, daran zu denken»[19]. Ein halbes Jahr später, mit Datum vom 19. Januar 1758, erhält Gleim von Kleist die Nachricht: «Heute habe ich meinen ‹Seneca› zu Ende gebracht und bin vergnügt wie ein Sultan, daß ich die Last vom Halse los bin. Herr Lessing sagt, er sei gut, und will absolut, daß ich ihn soll drucken lassen»[20].

Ob bei Lessings Urteil auch das Bewußtsein einer gewissen Verpflichtung gegenüber Kleist mitgespielt hat, mag dahingestellt bleiben. Das knappe, dreiaktige, prosaische Trauerspiel vom Sterben Senecas[21] wurde jedenfalls, wie man seit langem weiß, für Lessing selbst zu einem wichtigen Stimulans bei seiner Arbeit am *Philotas*[22]. Eine frühe Rezension wollte den zunächst anonym gedruckten *Philotas* sogar dem Autor des

---

[16] LM 3, S. 360 Anm. 2.

[17] Suphan, Bd. 18, S. 392. Herder setzt hinzu: «Schade, daß ers nicht gethan hat».

[18] Der Brief: LM 17, S. 104 ff.

[19] Daunicht, Lessing im Gespräch, S. 118 f.

[20] A. a. O., S. 128 f.

[21] Daß Kleists Stück «sehr einfach» sei, betont bereits Herder (Suphan, Bd. 18, S. 392).

[22] Fulda Merrifield, Senecas moralische Schriften im Spiegel der deutschen Literatur des achtzehnten Jahrhunderts (s. Kap. 2, Anm. 73), S. 534 Anm. 12 kehrt ohne Angabe von Gründen das Verhältnis um: «Dieser Einakter soll E. v. Kleist zu seiner Tragödie ‹Seneca› angeregt haben».

Seneca zuschreiben[23]. *Vivere militare est*, dieser (durchaus unmilitärisch gemeinte) Satz gehörte zu den Maximen des Philosophen und erfahrenen Staatsmanns Seneca[24], ebenso wie die Forderung nach steter Bereitschaft zum Tode. Die Stilisierung der historischen Gestalt Seneca zum stoischen Muster eines opferwilligen Patrioten fand eben in jener Zeit des Siebenjährigen Krieges einen ihrer Höhepunkte[25]. Lessing blieb davon nicht unberührt, ohne sich damit identifizieren zu können. Enttäuscht von dem dramatisch mißlungenen Creutzschen Stück, vielleicht nach eigenen tastenden Versuchen, meinte er in dem leidenschaftlichen Soldaten und Patrioten Ewald Christian von Kleist den Mann zu finden, der dem dramatischen Vorwurf gewachsen wäre. ‹Rührende› Momente gesteht der Rezensent von 1754 dem Seneca-Stoff durchaus zu. Doch was Lessing von der Welt des unbedingten Todesmuts trennte, zeigt in ihrer Übersteigerung die Gestalt des Philotas. Der *Philotas* steht zeitlich fast genau in der Mitte zwischen dem Jahr 1754 und der Arbeit an der *Minna von Barnhelm,* dem typischen ‹Nachkriegswerk›. Es scheint nicht ohne tieferen Sinn, daß auch an diesem Stück Ewald Christian von Kleist seinen Anteil hat, nun aber als biographisches Modell für den Major von Tellheim, den Soldaten, der «an Tugend und Vorsicht» glaubt (LM 2, S. 240)[26].

Kritik und der Wunsch, es «besser machen zu können»[27], stehen am Anfang von Lessings Beschäftigung mit dem Seneca-Stoff. Ähnliches gilt für den vielleicht bedeutendsten unter den erhaltenen antikisch-heroischen Entwürfen, *Kleonnis* aus dem Jahr 1758, Lessings ersten Versuch im Blankvers (LM 3, S. 360 ff.). Zwei Jahre zuvor hatte Nicolai im Rahmen eines Preisausschreibens fünfzig Taler für die beste Tragödie ausgesetzt, und Cronegk hatte (anonym) seinen *Codrus* eingesandt. Lessing erhielt den Text zur Begutachtung und deutete am 23. August 1757 Nicolai gegenüber an, sein Urteil werde «nicht allzu gut ausfallen» (LM 17, S. 119). In einem Brief vom 22. Oktober an Mendelssohn erklärt er dann: «Wenn ich ein Paar ruhige Stunden finde, so will ich einen Plan aufsetzen, nach welchem ich glaube, daß man einen bessern Codrus machen könnte» (LM 17, S. 126). Damit ist der entscheidende produktive Anstoß gegeben, der schließlich, über den Codrus-Stoff hinweg, zum *Kleonnis* führen wird. Den Zusammenhang mit den dramaturgischen Interessen des Seneca-Studiums zeigt zunächst noch der Plan, den Lessing in einem Brief vom 18. Februar 1758 an Mendelssohn entfaltet (LM 17,

---

[23] Oehlke, Lessing und seine Zeit, Bd. 1, S. 276.

[24] *Epistulae morales* 96, 5.

[25] Fulda Merrifield, a. a. O., S. 532 f.

[26] «Vorsicht» hier (in Minnas Worten) im Sinn von ‹Vorsehung› zu verstehen.

[27] Zum Prinzipiellen vgl. die Skizze aus dem Nachlaß: *Der Recensent braucht nicht besser machen zu können, was er tadelt* (LM 15, S. 62 ff.).

S. 138)[28]. Cronegk wirft er vor, er habe «ganz unnöthige Erdichtungen mit eingemischt». Was ihn selbst demgegenüber reizt, ist die Simplizität der Fabel, das Auskommen «ohne alle Episoden», wie er es am Senecanischen *Thyestes* gerühmt hat (LM 17, S. 139)[29]. Ein weiteres Hauptproblem ist die Weise, wie die Titelfigur ihre «verstellte Rolle» zu spielen hat (ebda.), und dies auf dem Hintergrund des beiderseits bekannten Orakels; die Nähe zum Rollenspiel der Medea/Marwood ist unverkennbar.

Aber es fehlte, im Gegensatz zur *Sara,* der entscheidende Ansatz für jenes mitleidende Interesse, mit dessen theoretischer Verteidigung Lessing gerade eben (im Briefwechsel mit Mendelssohn und Nicolai) beschäftigt war. Dadurch, daß er zur Erreichung größerer Simplizität «die ganze Begebenheit in dem Dorischen Lager vorgehen» lassen wollte (LM 17, S.138), verstärkte er noch die Dominanz des todesbereiten, spartanischharten Soldatenethos. Lessing mußte offenbar erkennen, daß ihn hier der Impetus des Bessermachens in eine Sackgasse gelockt hatte. Der Kleonnis-Stoff[30] hingegen bot, bei verwandter Thematik (Orakel, Opfer, Tod fürs Vaterland) einen Ausweg durch die Jugendlichkeit des Demaratus, der sich opfert, und durch die erzwungene Passivität des verwundeten Vaters, des messenischen Königs Euphaes.

Mit der Exposition der gespannten, bangen Erwartung am Königshof beginnt das Trauerspiel, dessen zwei erste Auftritte Lessing ausgeführt hat (vom dritten sind einige Zeilen erhalten). Von Schmerzen und dem Bewußtsein der Unterlegenheit gegenüber Sparta gepeinigt, lehnt sich der Heraklide Euphaes auf:

«Das Recht und wir! Wir; gegen Hunger, Pest
Und Feind und Göttern. Götter wären wir
Wenn wir noch siegten; beßre Götter, als
Die ungerechten – – – Unsinn! Raserey!
Ersticke Lästerung! Empörer! Staub!
Bin ich ein Heraklide? Bin ichs? – Wenn
Hat Herkules – Sieh nicht im Zorn auf mich
Herab, du meines Bluts vergötterter
Quell! Wenn hast du, der du im ruhigsten

---

[28] Vgl. a. a. O., S. 133.

[29] Wörtliche Übereinstimmung mit der Formulierung in der Seneca-Schrift, u. S. 149.

[30] Lessing referiert ihn kurz: LM 3, S. 360 f. Beide Stoffe gehören in den Zusammenhang der spartanischen Geschichte, das hat offenbar den Wechsel erleichtert. Seine Quellen nennt Lessing a. a. O., S. 362. Die Materialien sind zusammengetragen in: Vierundfünfzig zum Theil noch ungedruckte Dramatische Entwürfe und Pläne Gotthold Ephraim Lessing's. Hrsg. v. Robert Boxberger, Berlin 1876, S. 665 ff.

Der Augenblicke deines Lebens, mehr,
Unendlich mehr, mehr thatst, mehr littst, als ich
In Jahren nicht gelitten und gethan,
Nicht thun nicht leiden werde; wenn hast du
Ein rasches Wort des Murrens dir vergönnt?
Und ich dein schlechter Enkel murre?» (LM 3, S. 365 f.).

Nicht von ungefähr spielt Lessing bei der Introduktion des Euphaes das Herakliden-Motiv so weit aus. Was am Charakter des Senecanischen Hercules als übermenschlich und damit unfaßlich erschienen war: das gewaltige Ausmaß seiner Taten und vor allem die unendliche Fähigkeit zum Leiden und Ertragen, ist hier, beim ‹schlechten Enkel›, auf ein menschliches Maß reduziert. Euphaes murrt. Das macht ihn im wörtlichen Sinn sympathisch, ermöglicht Mitleiden. Aber dieses Mitleiden bleibt nicht in der Ebene des bloßen Empfindens, sondern wird – ganz im Sinn des Briefwechsels über die Tragödie[31] – durch verstehbare moralische Prinzipien gestützt. Euphaes sieht das Recht nicht nur von den Feinden gebeugt, sondern auch von den Göttern. Genau dies war der Punkt, an dem Lessings Nachdenken über die «Moral des rasenden Herkules» eingesetzt hatte: «ist denn überhaupt ein Held, den eine hassende Gottheit, in einer plötzlichen Raserey, Grausamkeiten begehen läßt, ein würdiges Schauspiel?» (u. S. 128). Die unlösbare Verkettung von Hybris und Raserei, die der *Hercules furens* demonstriert, leuchtet auch in der Partie des Euphaes blitzartig auf: «Götter wären wir Wenn wir noch siegten; beßre Götter, als Die ungerechten – – – Unsinn! Raserey!». Im Gegensatz zum Senecanischen Stück vermag der Held sich zu zügeln, er wütet nicht, sondern er murrt nur.

Das ist Lessings Weise, mit der heroischen Tradition umzugehen. Er schiebt sie nicht beiseite, sondern zitiert sie fast überdeutlich (Hercules ist für ihn der Extremfall des heroischen Dulders), um sie desto signifikanter zu verwandeln. Daß die Seneca-Abhandlung vier Jahre zurück und sein erstes bürgerliches Trauerspiel dazwischen liegt, mag noch einmal daran erinnern, wie wenig das frühe Studium Senecas ein abgeschlossener oder bloß antiquarischer Vorgang war. Einzelnes, wie die beständige väterliche Sorge des Euphaes, weist auf die *Miß Sara Sampson*[32]. Noch deutlicher aber sind die Linien, die zum *Philotas* hinführen: der Opfertod des jugendlichen Demaratus für das Vaterland, die Vater-Sohn-Bindung, die Abschattierung von König und Feldherr, die Situation der Gefangenen (hier sind es zwei Spartaner). Die Titelfigur selbst aber, der verschollene

---

[31] Michelsen, Die Erregung des Mitleids durch die Tragödie, S. 558 ff.
[32] Schmidt, Lessing, Bd. 1, S. 341: «der Heraklide hegt die zärtlichen Gefühle eines Sir William Sampson».

Kleonnis, sollte nach Lessings Plan die Bühne gar nicht betreten, ebensowenig wie sein Bruder Demaratus, der im Feindesland den Tod findet[33].

Durch die dramatischen Konsequenzen, die sich daraus ergeben, wird
die eigentümliche Zwischenstellung dieses Entwurfs vielleicht am deutlichsten. Vom *Philotas* her liegt es nahe, ihn als bloße Vorstudie zu betrachten, und so ist es zumeist auch geschehen. Daß jedoch die Verbindungen nach rückwärts, zur Seneca-Abhandlung, nicht weniger bedeutsam
sind, hat sich bereits gezeigt. Der heroische Dulder Hercules ist durch den
leidenden, Mitleid ermöglichenden Herakliden Euphaes abgelöst. Die
physischen Schmerzen des Euphaes sind dabei nur steigernder Hintergrund. Der eigentliche Gegenstand seines Leidens ist das ungewisse
Schicksal seines todesmutigen Sohnes. Diese Möglichkeit, das Bild des
jugendlichen Helden primär vom König her zu entwickeln (also gewissermaßen Philotas und Aridäus noch in einer Person zu konzentrieren)[34],
ist es wohl, was Lessing dazu gereizt hat, Demaratus nicht auftreten zu
lassen.

Damit war ein entscheidender Ansatz zur Psychologisierung des heroischen Stoffs gegeben, und es wird erkennbar, wie Lessing hier Vorstellungen aus der Seneca-Abhandlung weiterverfolgt. Als das zentrale psychologische Problem des *Hercules furens* war ihm die Vorbereitung und
«Entwickelung» des *furor* erschienen, die den Helden schließlich in den
Mord an den eigenen Kindern treibt. Auch Euphaes sollte vermutlich
seinen Sohn Kleonnis umbringen, aus rasendem Schmerz darüber, daß
dieser unwissend seinen Bruder Demaratus getötet hat[35]. So ließe sich
auch das aus Ovid stammende Motto zum *Kleonnis* verstehen:

> – – – – *qui ferrum, ignemque Jovemque*
> *Sustinuit toties, unam non sustinet iram,*
> *Invictumque virum vincit dolor.* – (LM 3, S. 364 Anm. 1)[36].

Während im Senecanischen Stück *ira* und *dolor* von außen, von der Göttin her initiiert werden, sollten sie im *Kleonnis* – nicht anders als in der
Miß Sara Sampson[37] – als nachvollziehbare Konsequenz aus Charakter
und Situation hervorgehen. Wie zielbewußt Lessing seinen Entwurf auf

---

[33] Vgl. die Angaben LM 3, S. 362 und 364.

[34] Die chiastische Konstellation der beiden Vater-Sohn-Paare im *Philotas* ist
hierbei schon berücksichtigt.

[35] Schmidt, a. a. O., S. 341.

[36] Es handelt sich um eine Notiz aus Lessings Kollektaneenbuch: «Das Lemma
zu dieser meiner Tragödie ... in Ansehung des Hauptcharakters, des Vaters
nehmlich, könnte seyn, was Ovidius von dem Ajax sagt». Der Text: Ovid, *Meta-
morphosen* 13, V. 384 ff.

[37] Bemerkenswert ist die Nähe zu Marwoods Schlußapologie: «Rache und
Wut haben mich zu einer Mörderinn gemacht» (LM 2, S. 349).

diesen Punkt hin ausgerichtet hat, zeigt sich an der Sorgfalt, mit der er die Qual des Vaters von der ersten Szene an zu entfalten beginnt. Wie bei Marwood und bei Philotas ist es die überhitzte Phantasie, die den Helden nahe an den Zustand der Raserei heranbringt. Speziell im *Kleonnis* jedoch versteht es Lessing meisterhaft, diese Überhitzung geradezu mit physischer Notwendigkeit aus Verwundung und Fieber des Euphaes her-vorbrechen zu lassen. Wieder ist der Senecanische Ton unüberhörbar:

<blockquote>

«Hätte mir
Ein holdes Schicksal diese Wunden bis
Zur letzten tödtlichen geborgt! Wie gern
Wollt ich alsdenn, ich ganz Gefühl, ganz Schmerz
Für eine sieben bluten; wenn ich heut
Nur, meiner Glieder Herr, und meines Sohns
Gefährte wäre! Meines Sohns! – Vielleicht
Daß eben jetzt – –

Philäus.
Nun reißt sie ziegellos
Die kranke Phantasie, ihn fort! Mich schmerzt
Der Zärtliche –

Euphaes.
Des Todes kalter Schaur
Durchläuft mich; starrendes Entsetzen sträubt
Das wilde Haar zu Berge –

Philäus.
Höre mich!

Euphaes.
Dich hören? – Kann ich? – Sieh! Er ist umringt!
Wo nunmehr durch? Sich Wege hauen, Kind,
Erfordert andre Nerven! Wage nichts!
Doch wag es! Hinter dich! Bedecke schnell
Die offne Lende! Hoch das Schild! – Umsonst!
In diesem Streiche rauscht der Tod auf ihn
Herab. Erbarmung, Götter! – Ströme Bluts
Entschießen der gespaltnen Stirn; er wankt;
Er fällt; er stirbt! – Und ungerächet? Nein.
Philäus, fort! Ich kenn den Mörder! Komm!» (LM 3, S. 367 f.).

</blockquote>

«Mich schmerzt Der Zärtliche»: in diesem Satz des idealen Gegenübers Philäus kristallisiert sich, durchaus nach antikem Muster[38], die Wirkungs-

---

[38] Wie das Mitleidsmoment nicht nur in der Dramentheorie, sondern bereits in einzelnen Dramen selbst formuliert wird (Reaktionen anwesender Personen),

poetik des Fragments. Kein besinnungsloses Wüten wird hier vorgeführt, das nur erschreckt, sondern die völlige, phantastische Hingabe des Vaters an den geliebten, gefährdeten Sohn. Sie schmerzt den Freund, weil ihr moralischer Kern im Lessingschen Sinn grundmenschlich ist. Wenn diesen Helden schließlich der Schmerz um den getöteten Sohn zum Mord treibt, so bleibt ein verstehendes, mitleidendes Interesse. Denn auch für Euphaes gilt, was Lessing in der *Hamburgischen Dramaturgie* über Medea sagt: ‹er ist das, was er sein soll, nur zu heftig›[39].

Ein Heros, der als zärtlich-leidenschaftlicher Vater zum Mörder wird – hätte Lessing den Entwurf ausgeführt, so besäßen wir darin vielleicht das eindrucksvollste Exempel seiner produktiven Auseinandersetzung mit der heroischen Tradition. Für Erich Schmidt ist schon das Fragment von so «hoher poetischer Schönheit», daß er gerne den *Philotas* gegen das fertige oder auch nur halb fertige Stück eingetauscht hätte[40]. Lessing theatralische Pläne und Fragmente sind Legion. Trotzdem erscheint es nicht ganz müßig zu fragen, aus welchem Grund er den *Kleonnis*-Plan nicht weitergeführt haben mag. Eine Hauptschwierigkeit dürfte in der selbstgewählten Beschränkung des Personals und des Schauplatzes gelegen haben. Simplizität, Konzentration und Psychologie wurden erkauft durch die Notwendigkeit, den jugendlichen Helden Demaratus fünf Akte hindurch ausschließlich in der Spiegelung zu zeigen. Die Umkehrung der Konstellation, zu der sich Lessing im *Philotas* entschlossen hat, deutet jedenfalls auf diesen Punkt hin. Vielleicht noch entscheidender war die konsequente Bindung an das Antikische, die er mit der Konzeption des *Kleonnis* eingegangen war. Nichts an dem Fragment läßt einen schwebend-losgelösten Geschehensraum nach Art des *Philotas* erkennen. Aridäus wird in der Personentafel als «König» vorgestellt, Euphaes aber als «König der Messenier»; Philotas ist nur «gefangen», das Fragment nennt «zwey gefangne Spartaner» (LM 2, S. 354; 3, S. 364). Im *Kleonnis* folgt Lessing nicht der eigenen *inventio,* sondern der historiographischen Überlieferung vom Kampf zwischen Messene und Sparta, bis hinein in die geographischen Namen[41]. Auch die Entfaltung des Herakliden-Motivs etwa[42] weist darauf hin, wie Mythisches und Historisches in einem wesenhaft ‹antikischen› Rahmen bleiben sollten.

---

zeigt für Sophokles überzeugend Friedrich, Vorbild und Neugestaltung, S. 188 ff. Von Seneca wird diese Tendenz noch verstärkt.

[39] Oben S. 47.

[40] Schmidt, a. a. O., S. 341 ff.

[41] Gleich in der ersten Szene wird der Ithome als Herrschersitz des Euphaes genannt (LM 3, S. 365).

[42] Pragmatisch unabhängig von der ersten Szene wird das Motiv durch den neu hinzutretenden Philäus weitergeführt (LM 3, S. 370).

Einen solchen Plan über fünf Akte hin konsequent durchzuhalten, war Lessings Sache schließlich doch nicht. Zu hemmend und unbefriedigend mußte für ihn der beständige Zwang des antiquarisch Belegten und Authentischen werden, gerade weil er über eine so immense Detailkenntnis verfügte. Und vor allem: würde das Moderne, das Eigene, die letztlich angestrebte kreative Verwandlung des Heroischen dabei zum Zuge kommen? Die Frage stellt sich für manche der noch nicht erwähnten antikisch-heroischen Entwürfe Lessings, von dem Szenarium *Das befreyte Rom* über den *Alcibiades* bis zum *Spartacus*[43]. Nur einmal, beim semi-antikischen Einakter *Philotas*, reichten Geduld und Interesse hin, und die zitathafte Verwandlung gelang durch Steigerung, Relativierung und epigrammatische Knappheit. Doch von Anfang an waren Mythos und Historienstück nicht die einzigen Möglichkeiten, die sich Lessing bei der notwendigen produktiven Auseinandersetzung mit der heroischen Tradition boten. Fast mehr noch reizte es ihn, im Sinn einer Kontrafaktur nur das Handlungs- und Charaktermodell aus der Antike zu übernehmen, das Geschehen aber in die neuere Zeit zu verlegen. Lessing selbst verwendete dafür den Ausdruck ‹modernisiren›[44].

Miß Sara Sampson – und dort speziell die Rolle der Medea/Marwood – ist der bekannteste Versuch Lessings in dieser Richtung, aber nicht der einzige. Die Aufnahme des Stücks beim Publikum bestätigte ihm, daß er den theatralischen Problemen einer solchen ‹Modernisierung› gewachsen war und eben dadurch zur Konstituierung einer spezifischen, ‹bürgerlichen› Modernität beitragen konnte[45]. Sie sollte mit den Alten ebenso wetteifern können wie mit den französischen Klassikern. Der grundsätzliche Charakter dieses Agons kündigt sich in der Seneca-Abhandlung bereits an, nicht nur im Hinblick auf die Errungenschaften moderner Bühnentechnik, sondern auch bei der Frage der psychologischen «Entwickelung» und vor allem der tragischen Moral. Nur mit einem sehr entschiedenen Plädoyer gegen Gottscheds simplifizierende Moraltheorie (u. S. 128 ff.) hatte er die legitime Eigenart des Senecanischen *Hercules furens* retten können. Und fast zwangsläufig war er dabei auch auf das Kardinalbeispiel aller Tragödientheorie seit Aristoteles zu sprechen gekommen, auf Ödipus. «Ist es lehrreich», hatte er zum Hercules-Stück gefragt, «oder enthält es nicht vielmehr eben so abscheuliche und die Menschen zur Verzweiflung bringende Grundsätze als der *Oedip?* Dieser ist zu den schrecklichsten Verbrechen bestimmt, und kann ihnen, aller angewandten

---

[43] Diese und weitere Entwürfe: LM 3, S. 235 ff.

[44] So in Briefen an den Bruder Karl Gotthelf, LM 18, S. 22 und 85 (1. März 1772 und 14. Juli 1773).

[45] Zum geistesgeschichtlichen Hintergrund dieses Modernitätsdenkens (Querelle des Anciens et des Modernes etc.) vgl. Hans Robert Jauß, Literaturgeschichte als Provokation, Frankfurt a. M. 1970, S. 11 ff. und 67 ff.

Mühe ungeachtet, nicht entgehen. Jener [sc. Hercules] thut alles mögliche, ein tugendhafter und der Welt nützlicher Mann zu seyn, und wird mitten unter diesen Bestrebungen, durch die Eifersucht einer obern Macht, der Elendeste» (u. S. 128).

Ödipus und Hercules sind – neben Medea – die beiden ersten antiken Gestalten, an denen Lessing die Möglichkeiten einer ‹Modernisierung› auch praktisch erprobt. Dabei steht Ödipus zunächst im Vordergrund, offenbar veranlaßt durch den beginnenden Briefwechsel mit Mendelssohn und Nicolai. In seiner *Abhandlung vom Trauerspiele* (1757) exemplifiziert Nicolai die Relation von Charakter und Leidenschaften am Sophokleischen *König Ödipus*. Hätte der Dichter den Charakter des Helden nicht «heftig, argwöhnisch und neugierig gebildet» und aus diesen Fehlern «die Entwicklung» hergeleitet, argumentiert Nicolai, so würde dem Stück «ohnstreitig ein Grad der Schönheit entgehen» und die kathartische Wirkung verfehlt werden[46]. Die Stichworte ‹Heftigkeit› und ‹Neugier› nimmt Lessing in einem Brief vom 2. April 1757 an Nicolai sogleich auf (LM 17, S. 100); er wehrt sich aber dagegen, diese Eigenschaften als «Fehler» einzustufen. Man wird sogleich an seine Apologie der ‹Heftigkeit› Medeas erinnert. Wie Medea/Marwood als Getretene und Beleidigte auf Mitleiden rechnen dürfen und nicht zu den steinernen, ‹unempfindlichen› Helden gehören, so auch Ödipus: «Lassen Sie uns hier bey den Alten in die Schule gehen. Was können wir nach der Natur für bessere Lehrer wählen? Um das Mitleid desto gewisser zu erwecken, ward Oedipus und Alceste von allem Heroismus entkleidet. Jener klagt weibisch, und diese jammert mehr als weibisch; sie wollten sie lieber zu empfindlich als unempfindlich machen; sie ließen sie lieber zu viel Klagen ausschütten, zu viel Thränen vergießen, als gar keine» (LM 17, S. 73)[47].

Die Weise, wie in der antiken Dichtung seit Homer auch die Helden sehr unmittelbar und elementar klagen und weinen können, durfte Lessing – wie später im *Laokoon* – nicht ohne Recht als Argument gegen einen petrifizierten Heroismus ins Feld führen. Zugleich aber erschien ihm dies als ein legitimer Ansatzpunkt für eine empfindsame ‹Modernisierung›. Der zitierte Passus ist ungemein charakteristisch für Lessings Verhältnis zur antik-heroischen Überlieferung und für das, was er unter Modernisierung verstand. So scheinbar naiv er noch daran dachte, ein antikes Drama – etwa den *Hercules furens* – «verbessern» zu können, so war er auch bereit, «bey den Alten in die Schule» zu gehen. Der *Ödipus* gehörte nach einhelligem Urteil der Kunstrichter[48] zu den tragischen

---

[46] Ausgabe Schulte-Sasse, S. 16 f. (der Akzent liegt bei Nicolai auf der Neugier).

[47] An Mendelssohn, 28. November 1756.

[48] Für Lessing waren das, zum Zeitpunkt der Seneca-Abhandlung, beispielsweise Brumoy und Gottsched.

Mustern der Antike, an denen man am meisten lernen konnte. Heute ist man gewohnt, mit *Ödipus* den *König Ödipus* des Sophokles, allenfalls noch dessen Alterswerk *Ödipus auf Kolonos* zu meinen. Zu Lessings Zeit war zumindest einigen Kritikern auch der Senecanische *Oedipus* vertraut, Gottsched mißt ihn mehrfach, wenngleich sehr kritisch, an dem griechischen Vorbild[49]. Dies und die Tatsache, daß Corneille im *Examen* (1660) zu seinem *Oedipe* die beiden Autoren Sophokles und Seneca noch in einem Atemzug als Vorbilder genannt hatte[50], konnten genügen, um Lessings Wißbegier zu mobilisieren. Wenn er sich auch über den *Oedipus* des Seneca einen Überblick verschafft haben sollte (ein späteres Zitat aus diesem Stück reicht als Beweis sicher nicht aus)[51], so registrierte er dort mindestens zwei wesentliche Akzentverschiebungen gegenüber Sophokles, die seinem eigenen aktuellen Interesse entsprachen: eine durchgängige Steigerung der Schmerzensäußerung und des Klagetons (schon die ersten 80 Verse stellen eine einzige große Klage des Titelhelden dar) und ein zielbewußtes Ausspielen alles dessen, was mit dem Orakel zusammenhängt, besonders in der großen Beschwörungsszene des Tiresias.

Ob primär Sophokles oder Seneca[52] – das Problem der psychologischen Realisierung von Schmerz und Klage und die dramatische Antizipation des Handlungsziels verbinden den Ödipus-Stoff einerseits mit Medea/Marwood und Hercules, andererseits mit *Codrus, Kleonnis* und *Philotas*. Der Brief vom 2. April 1757 ließ erkennen, was Lessings produktive Phantasie an dem Modell Ödipus reizte. Das Resultat war *Der Horoscop*[53], «ein Oedipus im Polen des 16. Jahrhunderts»[54]. Die Einzelheiten der Entstehung liegen im Dunkel, erhalten sind ein Szenar für fünf Akte, sowie der Entwurf der ersten Szene, in Blankversen. Eigenheiten der Versgestaltung deuten – neben inhaltlichen Kennzeichen – auf zeitliche Nähe zum *Kleonnis*[55]. Kristallisationspunkt der Fabel ist das Horoskop,

[49] Vgl. oben S. 21.

[50] Oeuvres complètes. Préface de Raymond Lebègue, présentation et notes de André Stegmann, Paris 1963, S. 567 («les pensées de Sophocle et de Sénèque, qui l'ont traité en leurs langues, me faciliteraient les moyens d'en venir à bout...»).

[51] In der Schrift *Wie die Alten den Tod gebildet* (1769), LM 11, S. 38.

[52] Als Anreger und Vermittler wäre in jedem Fall auch Corneille zu berücksichtigen (vgl. Friedrich, Vorbild und Neugestaltung, S. 112 ff.).

[53] LM 3, S. 371 ff. (dort eindeutig die Form «Der Horoscop», in der Forschung meist zitiert als ‹Das Horoskop›).

[54] Newald, Geschichte der deutschen Literatur, Bd. 6 (s. Kap. 2, Anm. 1), S. 54.

[55] Vgl. schon Schmidt, Lessing, Bd. 1, S. 351. Eine schwer nachvollziehbare Datierung in die Nähe des *Nathan* versucht neuerdings Carl Enders, Der geistesgeschichtliche Standort von Lessings Horoskop, Euphorion 50, 1956, S. 208 ff.

das Petrus Opalinski, Palatin von Podolien, seinem Sohn Lucas stellen
ließ und das lautete: *Hoc temporis momento natus vir fortis futurus est,
deinde parricida.* Zumindest dieser Spruch dürfte von Lessing als vor-
geprägtes Element übernommen sein, im einzelnen sind die Quellen und
ihre Bewertung noch strittig; ähnlich wie in der *Miß Sara Sampson* lassen
sich die meisten der zahlreichen Namen anderweitig belegen, doch aus
recht verschiedenen Richtungen[56].

Vergleicht man die Handlung des *Horoscops,* so wie Lessing sie präsentiert, mit dem Ödipus-Modell, dann fällt auf, wie stark der Kontrast
von Vorwissen und Nichtwissen in den Bereich von Vater und Sohn selbst
hinein verlagert worden ist. Lessing geht über die mittlere Lösung, die
er für den Senecanischen *Hercules furens* vorgeschlagen hatte (Priestertraum statt Junoprolog), bereits hinaus. Dadurch, daß der Vater, wenn
er den Spruch als Ansporn zitiert, regelmäßig beim *deinde* abbricht und
den zweiten Teil verschweigt, nähert er sich der Priesterrolle und läßt
zugleich in dem Sohn den Wunsch immer stärker werden, auch den
Rest zu erfahren. Der Vater wiederum kennt zwar den Text, weiß aber
nicht, wie er ihn letztlich deuten soll. Der Beginn des Stücks führt den
Sohn als Kranken ein, und man erfährt, «daß er beständig *deinceps* im
Munde habe, und melancholisch zu seyn scheine» (LM 3, S. 373).

Wie im *Kleonnis* versucht also Lessing, die bange Erwartung aus dem
psycho-physischen Gesamtzustand des Helden hervorgehen zu lassen,
und nachdem Lucas zu Beginn des zweiten Akts auch das *parricida*
erfahren hat, nimmt das Verhängnis seinen verwickelten Lauf. Das Ge-
wehr, mit dem sich Lucas das Leben nehmen will, «geht los, und trift den
Vater» (LM 3, S. 376). Zwischen den beiden steht von Beginn an die bei
einem Feldzug befreite schöne Anna Massalska, und die Mißdeutungen,
die der Tod des Vaters nahelegt, treiben den Sohn endlich zum Selbst-
mord. In einer «bergichten Gegend» (LM 3, S. 377), wo er früher einmal
beinahe ums Leben gekommen wäre, stürzt er sich, wie Philotas, in sein
Schwert.

Die Tendenz der ‹Modernisierung› scheint deutlich, wenn man antikisierende Versuche Lessings wie *Kleonnis* oder *Philotas* dagegenhält.
Zwar soll das Schicksalhaft-Teleologische des *Ödipus* erhalten bleiben;
auch die physische Selbstvernichtung als Konsequenz der moralischen
Vernichtung (Mellefont!) soll antik-heroische Größe durchschimmern lassen. Aber gerade dort, wo Lessing eine psychologische, empfindsame
Vertiefung des Sujets anstrebt, zeigen sich die Grenzen des Experiments.

[56] P. P. Kies, A possible source of Lessing's Horoskop, Research Studies of
the State College of Washington 6, 1938, S. 126 ff.; Richard H. Lawson, Lope's
El gran duque de Moscovia: A likely source for Lessing, Romance Notes 4,
1962, S. 58 ff.

Das spielerische Element beispielsweise, das mit dem Verschweigen des *parricida* in die Handlung kommt, wirkt etwas aufgesetzt; und vollends mit der verwickelten Liebeshandlung ist Lessing in die sonst so verschmähte Schule der Franzosen gegangen[57]. Der Medea-Stoff hingegen hatte schon aus sich selbst heraus genügend produktive Ansätze dieser Art geboten, und im nachhinein bestätigt sich, wie glücklich diese Wahl beim ersten Versuch einer Modernisierung gewesen war.

Mit dem *Horoscop*-Entwurf transponierte Lessing einen antiken Mythos in den Geschehensraum der neueren Geschichte (den Hintergrund bilden die polnisch-russischen Auseinandersetzungen des 16. Jahrhunderts). Noch in seinem Scheitern ist dieser Plan ein signifikantes Zeugnis der Experimentierfreude, die auch für Lessings Auseinandersetzung mit der heroischen Tradition gilt. Ein zweites Mal, vorher oder nachher, hat Lessing den Weg des *Horoscops* versucht, und hier lassen sich sogar zwei Phasen des Experiments beobachten: es handelt sich um den Plan eines *Rasenden Herkules*. Der erste Entwurf, 1754 unmittelbar aus dem Seneca-Studium hervorgegangen (u. S. 126 ff.), fiel in eine Periode, als die Pläne und Verbesserungsvorschläge sich geradezu überstürzten, und er schien gänzlich in Vergessenheit geraten, nachdem *Miß Sara Sampson* die Bühne erobert hatte.

Fast zufällig, in einem Brief an den Bruder Karl Gotthelf vom 14. Juli 1773 (LM 18, S. 96), taucht die Spur wieder auf, und es zeigt sich auf bemerkenswerte Weise, wie der einmal konzipierte Plan Lessing weiter beschäftigt hat. Am 12. Juni hatte ihm der Bruder mitgeteilt, er plane ein Drama über den neapolitanischen Fischerknecht Masaniello (Tommaso Aniello), der 1647 zum Anführer eines Aufstandes gegen den spanischen Vizekönig geworden, dem Wahnsinn verfallen und schließlich von den eigenen Anhängern erschossen worden war. Über die historischen Quellen hinaus, die der Bruder selbst anführt, weist Lessing darauf hin, daß bereits Christian Weise (1683) den Stoff gestaltet habe[58], sogar mit «Funken von Shakespeareschem Genie» (LM 18, S. 86). Vor allem aber habe er selbst einmal einen solchen Plan erwogen, wobei schon die Uneigennützigkeit und die ‹großen Fähigkeiten› diesen Rebellen «als einen sehr schicklichen tragischen Helden erkennen» ließen: «aber was mich mehr als alles dieses hätte bewegen können, Hand an das Werk zu legen, war die endliche Zerrüttung seines Verstandes, die ich mir aus ganz natür-

---

[57] Dies gilt auch für den Fall, daß Lessing bei der Liebeshandlung (wie Kies vermutet) einem Stück von Dryden gefolgt sein sollte.

[58] Über Quellenlage und Entstehung berichtet Robert Petsch in seiner Ausgabe von Weises *Masaniello* (Ndl. 216–218), Halle 1907, S. III ff.; zur Interpretation vgl. jetzt Fritz Martini, Chr. Weise: Masaniello, Lehrstück und Trauerspiel der Geschichte, OL 25, 1970, S. 171 ff. (auch als Nachwort zur Einzelausgabe des Stücks, Stuttgart 1972, S. 187 ff.).

lichen Ursachen in ihm selbst erklären zu können glaubte, ohne sie zu einem unmittelbaren physischen Werke seiner Feinde zu machen. Ich glaubte sonach den Mann in ihm zu finden, an welchem sich der alte rasende Herkules modernisiren ließe, über dessen aus ähnlichen Gründen entstandene Raserey ich mich erinnere, einige Anmerkungen in der theatralischen Bibliothek gemacht zu haben; und die allmähliche Entwickelung einer solchen Raserey, die mir Seneca ganz verfehlt zu haben schien, war es, was ich mir vornehmlich wollte angelegen seyn lassen» (LM 18, S. 86).

Die Formulierung, mit der Lessing auf die «Anmerkungen» des Jahres 1754 Bezug nimmt, legt den Schluß nahe, daß der *Masaniello*-Plan nicht sogleich konzipiert war, sondern erst später auftauchte, vielleicht im Zusammenhang des Szenars *Das befreyte Rom* (1756/57). Doch muß man auch berücksichtigen, daß mit dem Übersetzungsversuch an Crébillons *Catilina* und mit *Samuel Henzi* (beides 1749) bereits früh ein antiker und ein zeitgenössischer Revolutionsstoff den Dramatiker Lessing beschäftigt hatten[59]. Unter diesem Gesichtspunkt hätte die Gestaltung eines Hercules/ Masaniello gewissermaßen den Versuch einer traditionalen Synthese bedeutet. Im Gegensatz jedoch zu den anderen Revolutionshelden (Catilina, Henzi, Brutus) bestand für Lessing der Anreiz gerade darin, daß die überlieferten heroischen Taten des Masaniello aus «einem so rohen Menschen» hervorgingen. Lessing betont dies in seinem Brief an den Bruder ausdrücklich, denn das gleiche beschäftigt ihn schon 1754 an der Figur des Hercules. Bei Euripides erscheint ihm der Held «weit menschlicher», das «Abentheuerliche ... ist da ungemein versteckt, und aller seiner Thaten wird nur mit ganz kurzen Zügen in einer Entfernung gedacht, in welcher ihre Unglaublichkeit nicht so sehr in die Augen fällt», dies im Gegensatz zu Seneca (u. S. 127). Da jedoch bei Seneca der dramatische Gesamtaufbau Lessing mehr befriedigt (ebda.), kommt es wesentlich auf «eine feinere Bearbeitung» des Hauptcharakters an, die den Ausbruch des Wahnsinns mit Hilfe verschiedener «Stafeln» zielsicher vorbereitet (u. S. 129).

Von Lessings typischer Inventionstechnik her liegt die Vermutung nahe, daß auch beim Hercules-Stoff die entscheidende Anregung zur Modernisierung literarischen Ursprungs war. Die Rolle, die Lillos *The London Merchant* für die Konzeption der Medea/Marwood gespielt hat, könnte hier Weises *Masaniello* zugefallen sein. Beide Trauerspiele durften Lessing, auf je verschiedene Weise, als Vorläufer seiner eigenen ‹bürgerlichen› Intentionen gelten, beide waren bezeichnenderweise auch schon in Prosa gehalten. Speziell in Weises Stück aber fand Lessing drei Züge vorgeprägt, die recht genau seinen Modernisierungstendenzen im *Horoscop* entspre-

---

[59] Die drei genannten Fragmente: LM 3, S. 357 ff., 258 ff., 279 ff.

chen: das Vorhandensein mehrerer ‹Stafeln›, die mit Notwendigkeit zur Katastrophe führen[60]; das Thema des patriotischen Opfers; und eine verzweigte Liebeshandlung um die Frau des Masaniello, mit dem Zentralmotiv der Eifersucht.

Wie beim *Kleonnis*-Fragment scheint die Frage müßig, warum Lessing das Projekt nicht ausgeführt hat. Vielleicht stellten sich bei dem «so rohen Menschen» Masaniello als Zentralfigur doch zu große Probleme der psychologischen Durchführung in den Weg und erschwerten es, ein genuines ‹bürgerliches› Interesse zu erwecken. Vielleicht auch scheute Lessing davor zurück, die in der Überlieferung fest verankerte Rolle des ‹Volkes› (Weises Personentafel enthält nicht weniger als 82 Namen)[61] entsprechend zur Geltung kommen zu lassen. Ist der eine Plan soeben verworfen oder zurückgestellt, so sieht man Lessings Phantasie schon mit dem nächsten beschäftigt. Und je genauer man den Gang dieser kreativen Prozesse verfolgt, desto häufiger beobachtet man, wie bei Lessing eines in das andere greift.

Zu den wichtigen Nebenhandlungen des *Masaniello* gehört die Entehrung der Schwester des Helden durch den Sohn des Vizekönigs. Es ist das Lucretia-Motiv, das am Beginn (Szene I, 2) von Lessings Szenar *Das befreyte Rom* (1756/57) steht und den Aufstand gegen Tarquinius auslöst (LM 3, S. 357). Im Jahr der Seneca-Abhandlung bereits (1754) beschäftigt sich Lessing mit der *Virginia* Montianos und stellt sie dem Publikum in der *Theatralischen Bibliothek* (LM 6, S. 70 ff.) vor[62]. 1755 verfaßt er mit knappen, eher verständnisvoll-ausweichenden als konkreten Worten die Rezension einer deutschen *Virginia*, des Erstlingswerks von Johann Samuel Patzke (LM 7, S. 50). Wenig später wohl steht auch schon der erste Versuch einer Übersetzung der *Virginia* von Crisp auf dem Papier (LM 3, S. 359 f.), und der erhaltene kurze Text deutet an, daß Lessing sich hier mit einem heroischen Römerstück beschäftigte, so wie der *Kleonnis* ein spezifisches Griechenstück werden sollte. Crisps Virginius ist dem Typus nach ein Bruder des Euphaes und des Senecanischen Hercules: «Alter und wahnwitzige Träume von Rom und Ehre, haben ihm das schwärmerische Gehirn verrückt», wie sich Rufus auszudrücken beliebt (LM 3, S. 359). Auch der Konflikt um Virginia ist unheildrohend

---

[60] Daß daraus keine Tragödie der Person Masaniello entsteht, sondern ein «Trauerspiel der Geschichte», betont mit Recht Martini, a. a. O., S. 188 (Erstpublikation).

[61] Es ist einer der frühesten Versuche in der deutschen Dramentradition, eine Volksmasse auf die Bühne zu bringen.

[62] Dazu Curtis C. D. Vail, Lessing and Montiano, JEGP 34, 1935, S. 233 ff. (hier auch zur Frage der französischen Vermittlung und zur Bedeutung von Crisps *Virginia*).

angesprochen: «Diese rasche Verfolgung eines versprochenen Mädchens, fürchte ich, wird einen unglücklichen Ausgang haben. – Sollte Appius Gewalt brauchen! – – – Ich zittre bey diesem Gedanken» (ebda).

V. Eine bürgerliche Virginia, eine adlige Medea

Mitten in den Plänen um *Codrus* und *Kleonnis,* im Zusammenhang des Tragödien-Preisausschreibens, stellt Lessing dem Freund Nicolai am 21. Januar 1758 einen ‹jungen Tragikus› vor: «Sein jetziges Sujet ist eine bürgerliche Virginia, der er den Titel Emilia Galotti gegeben. Er hat nämlich die Geschichte der römischen Virginia von allem dem abgesondert, was sie für den ganzen Staat interessant machte; er hat geglaubt, daß das Schicksal einer Tochter, die von ihrem Vater umgebracht wird, dem ihre Tugend werther ist, als ihr Leben, für sich schon tragisch genug, und fähig genug sei, die ganze Seele zu erschüttern, wenn auch gleich kein Umsturz der ganzen Staatsverfassung darauf folgte» (LM 17, S. 133). Das moralische und das psychologische Interesse also waren es, die sich, exemplifiziert zunächst in der Seneca-Abhandlung, durch alle Kriegs-, Vaterlands- und Revolutionsthematik hindurch als die Fermente von Lessings tragisch-theatralischer Einbildungskraft erhalten hatten. Am Beispiel von Medea, Hercules und Ödipus, von Codrus, Euphaes und Virginia wurde erkennbar, daß auch die antik-heroische Tradition Modelle bereitstellte, an denen sich Ehrgeiz und spezifische Modernität eines neueren Dramatikers erproben konnten. Und nicht nur dies. In der Darstellung der Affekte und Leidenschaften etwa, oder in der zielsicheren Entfaltung einer Fabel konnte man sogar «bey den Alten in die Schule gehen» (LM 17, S. 73). Der von Lessing am genauesten studierte Tragiker unter diesen Alten aber war zu jenem Zeitpunkt noch Seneca[1].

Die weitere, fast anderthalb Jahrzehnte umspannende Entwicklung des Plans, eine ‹bürgerliche›, «modernisirte, von allem Staatsinteresse befreyete Virginia» (LM 18, S. 22) auf die Bühne zu bringen, ist oft genug dargestellt worden. Als das Stück am 13. März 1772 in Braunschweig uraufgeführt wird, scheint die produktive Auseinandersetzung mit Seneca, wie sie durch die Abhandlung von 1754 und die *Miß Sara Sampson* repräsentiert wird, in weite Ferne gerückt. Auch wenn man von dem speziellen Aspekt Seneca abstrahiert, mutet es bezeichnend an, daß in der *Emilia* die Namen Virginia und Virginius nicht einmal mehr genannt, sondern nur angedeutet werden (LM 2, S. 449)[2], während Marwood in

---

[1] Durchaus irreführend ist Newalds Feststellung, der *Horoscop*-Entwurf zeige Lessings «Lösung von Seneca und Wendung zu Sophokles» (a. a. O., S. 54).

[2] Die Andeutung war allerdings für den größten Teil des Publikums sofort verständlich.

der *Sara* noch selbst ihr mythisches Modell «Medea» beschworen hat. Und doch liegen gerade zur *Miß Sara Sampson* die Verbindungslinien offen zutage[3]. Die «Heilige» Sara/Kreusa ist – die Simplifikation dieser vergleichenden Perspektive immer vorausgesetzt – zum «Engel» Emilia geworden, der alte Sampson/Kreon zu Odoardo, der untreue Mellefont/ Jason zu Hettore, die «Schlange» Marwood/Medea zur Gräfin Orsina mit den «Medusenaugen». Dramatische Einzelzüge wie die melancholische Exposition des unsteten ‹Mannes zwischen zwei Frauen› (Mellefont, Hettore), die Ankündigung der Verlassenen (Marwood, Orsina), ihr verbales Taktieren mit ‹Gift und Dolch›, die wechselnde Requisit-Funktion des Dolches, die besorgte Insistenz des Vaters (Sir William, Odoardo), und nicht zuletzt die tugendgemäße Schlußapotheose der Titelfigur (Sara, Emilia): alles dies deutet darauf hin, daß der Zusammenhang der *Emilia Galotti* mit jener an Seneca geschulten ‹Jugendsünde› nicht abgerissen ist.

Ob Lessing mit solchen strukturellen und motivischen Parallelen zuletzt auch auf die ‹Überholung› des älteren, mittlerweile als ‹verteufelt empfindsam› erscheinenden Stücks durch das neue hindeuten wollte, mag hier dahingestellt bleiben. Das gleiche gilt für die vielerörterte (und oft bereits im Ansatz falsch gestellte) Frage, inwieweit *Emilia Galotti* eine Erfüllung oder Nichterfüllung der Postulate der *Hamburgischen Dramaturgie* darstellt[4]. In keinem Fall jedoch wird die große, im Zeichen des Aristoteles und Shakespeares geführte Generalabrechnung mit Corneille dazu verleiten dürfen, das traditionale *exemplum* Seneca nunmehr kurzerhand aus dem Rezeptionshorizont Lessings zu streichen. Gewiß wird, verglichen mit *Sara, Philotas* und *Kleonnis,* die Eingeschränktheit des Aspekts Seneca noch evidenter. Schon die straffere dramatische Ökonomie der *Emilia,* dazu die neu ins Zentrum des Interesses gerückte ständisch-soziale Thematik, scheinen der Entfaltung ‹Senecanischer› Elemente, wie sie etwa die Sara zeigt, nur noch wenig Raum zu lassen.

Und doch wird man bei aller Neuheit und intendierten ‹Bürgerlichkeit› den heroischen Ursprung des Virginia-Sujets[5] nicht vergessen dürfen – ebensowenig wie die simple Tatsache, daß immerhin vier der fünf Akte im höfischen Rahmen spielen (August Wilhelm Schlegel wollte das Stück

---

[3] Die im folgenden zitierten (aber nicht einzeln nachgewiesenen) Stellen finden sich besonders im ersten und fünften Akt.

[4] Dazu als extremes Beispiel Fred O. Nolte, Lessing's Emilia Galotti in the light of his Hamburgische Dramaturgie, Harvard Studies and Notes in Philol. and Lit. 19, 1938, S. 175 ff. (auch deutsch in: Bauer, Gotthold Ephraim Lessing [s. Kap. 4, Anm. 2], S. 214 ff.).

[5] Schon die Weise, wie die Virginia-Erzählung durch Livius und dann durch Dionysios von Halikarnaß überliefert wird, trägt unverkennbar ‹romantisch›-heroisierende Züge.

gar «ein Hoftrauerspiel im Konversationstone» nennen)[6]. Noch weiter: drei Zentralmotive des Virginia-Stoffs wie der *Emilia*, nämlich Despotie, Verführung und Opfer, sind auch Zentralmotive der beiden Seneca-Stücke, die Lessing in seiner Abhandlung von 1754 vorgestellt hat. Einer der Gründe, die nach Lessings Ansicht für die Identität des Verfassers sprechen, ist die Tatsache, daß Lycus und Atreus «nicht nur beydes Tyrannen, sondern auch beydes Tyrannen von einerley Grundsätzen» sind (u. S. 155). Vor allem die Gestalt des Lycus, der in Ausnutzung seiner Machtposition die Gattin des abwesenden Hercules an sich zu ziehen versucht, erinnert in vielen Zügen an Hettore bzw. den für ihn agierenden Marinelli. «Ich deine Gemahlin?», erwidert Megara (in Lessings Übersetzung) auf den Antrag des Königs, der sich ihr zunächst mit «Schmeicheley» genähert hat und schließlich zur offenen Drohung übergegangen ist. «Nun empfinde ich es erst, daß ich eine Gefangene bin – – Nein, Alcides, keine Gewalt soll meine Treue überwinden; als die Deinige [sc. des Hercules] will ich sterben» (u. S. 111). Und aus der konstanten Weigerung Megaras entwickeln sich jene «kurzen Gegenreden» (Stichomythien), deren «Schönheiten» Lessing ausdrücklich hervorhebt (ebda.).

Damit ist über Motivisches und Thematisches hinaus ein sehr wesentlicher Punkt der dramatischen Struktur der *Emilia* angesprochen. Denn nicht nur pathetische Selbstaufreizung, Rache-Phantasie und weitausladende Schmerzäußerung sind charakteristisch für Senecas Tragödienstil, sondern ebenso – gewissermaßen als extremes Komplement – der knappe, hochgespannte, epigrammatisch ‹witzige› Wortwechsel[7], dessen kaum übertroffener Meister im deutschsprachigen Bereich Lessing war. Denkt man an die großen Dispute namentlich Marinellis (etwa II, 10; IV, 3/5; V, 3), so ist sofort erkennbar, daß die ‹höfische› Spielart des witzigen Wortgefechts von Lessing in keinem seiner Stücke so extensiv und so virtuos eingesetzt worden ist wie in der *Emilia Galotti*[8]. Oder um ein spezielles Beispiel zu wählen: ein Vergleich zwischen der von Lessing herausgehobenen Stichomythie Lycus-Megara (*Hercules furens*, V. 421 ff.) und dem Dialog Marinelli-Odoardo (*Emilia* V, 3) zeigt deutlich, in wie ähnlicher, lakonisch-‹witziger› Weise hier die *constantia* der die Moralität vertretenden Person hervorgetrieben wird.

So auffällig und bedenkenswert derartige Stilkonvergenzen im einzelnen sein mögen, man wird sich gerade hier der Begrenztheit des Ausschnitts

[6] *Vorlesungen über dramatische Kunst und Literatur.* Zweiter Teil (Kritische Schriften und Briefe, Bd. 6, hrsg. v. Edgar Lohner), Stuttgart usw. 1967, S. 274.

[7] Hierzu die in Kap. 1, Anm. 5 genannte Arbeit von Bernd Seidensticker.

[8] Auf die komödienhaften Elemente, die dabei mitspielen, macht jetzt aufmerksam: Klaus-Detlef Müller, Das Erbe der Komödie im bürgerlichen Trauerspiel. Lessings ‹Emilia Galotti› und die commedia dell'arte, DVjs 46, 1972, S. 28 ff.

bewußt bleiben müssen und nur mit großer Behutsamkeit über einen – möglicherweise vielfach vermittelten und gebrochenen – ‹Einfluß› Senecas reflektieren[9]. Dies gilt auch etwa für den vielberedeten Sentenzenreichtum der *Emilia,* der so auffällig an den ‹sententiösen› Tragiker Seneca erinnert. In *einem* Fall allerdings dürfte man, was die produktive Rezeption Senecas in der *Emilia* betrifft, vergleichsweise sicheren Boden betreten: bei der Person Orsinas, der ‹Enkelin› Medeas. Im Zusammenhang der abstrakten Figurenkonstellation war von der Position Orsina/Marwood/ Medea schon kurz die Rede. Wesentlich sind jetzt die Verschiebungen. Ist die Bühnenpräsenz der Marwood signifikant auf die drei mittleren Akte begrenzt, so die der Orsina auf einen einzigen Akt (IV, 3–8). Aber auch die pragmatische Funktion dieser Figur für den Ausgang des Stücks hat sich verändert. Nicht sie gibt der Rivalin den Tod. Sie darf Odoardo nur den Dolch aufdrängen (IV, 7), mit dem er sich rächen soll und mit dem er zuletzt seine eigene Tochter ersticht. Macht man sich diesen relativ geringen Spielraum der Orsina bewußt, dann ist man um so überraschter von ihrer theatralischen Wirkung. Fast einhellig hat die Kritik – mit den Worten Fontanes – «das Dämonische» an ihr hervorgehoben: «Einer echten Orsina gegenüber empfindet man: ihr Leib verzehrt sich oder ihr Geist»[10]. Ebenso deutlich hat man – nicht anders als bei Marwood – die hohen darstellerischen Anforderungen, ja Schwierigkeiten empfunden. Nicolai schrieb am 7. April 1772 nach der ersten Berliner Aufführung an Lessing: «die Rolle ist so schwer, daß wenige Schauspielerinnen sie ohne Beyhülfe ganz werden fassen können» (LM 20, S. 160). Wie sehr Lessing an dieser Rolle gelegen haben muß, zeigt schon die einfache Tatsache, daß durch den Virginia-Stoff eine entsprechende Figur gar nicht vorgegeben war. Lessing hat sie in die Grundkonstellation der ‹bürgerlichen Virginia› erst eingefügt, als heroisches Zitat, so wie Marwood und Philotas auf je verschiedene Weise ‹Zitate› waren.

Mit Medea/Marwood hatte Lessing zum ersten Mal ein solches Experiment realisiert, und es war ihm gelungen, darin Meisterschaft und Modernität zugleich zu beweisen. Die Literaturgeschichte kennt, von Sophokles über Goethe bis zu Thomas Mann, eine nicht unbeträchtliche Reihe solcher Selbstzitate im Spätwerk. Daß der Versuch im Rahmen der *Emilia Galotti* vor einige Probleme stellte, ist sofort einsichtig. Denn das moralische Gewicht des Stücks – davon kann hier nur abgekürzt gesprochen werden – sollte auf dem Paar Odoardo-Emilia und auf der Konfrontation von höfischer und nichthöfischer (‹bürgerlicher›) Welt liegen[11]. Da je-

---

[9] Zur Frage der ‹Wesensverwandtschaft›s. das Schlußkapitel.

[10] Sämtliche Werke, Bd. 22/1: Causerien über Theater, 1. Teil. Unter Mitw. v. Kurt Schreinert hrsg. v. Edgar Gross, München 1964, S. 38.

[11] Über die wichtigsten Positionen der zum Teil recht verworrenen For-

doch andererseits das rein Staatspolitische und Revolutionäre des Virginia-Vorwurfs zugunsten der religiösen und bürgerlich-psychologischen Thematik zurücktreten sollte, blieb auch Raum für eine Nachfahrin der Medea. Sie im begrenzten Rahmen als solche kenntlich zu machen und pragmatisch zu legitimieren, ist die Aufgabe, die Lessing sich damit selbst stellt. Vorbereitet wird Orsinas Auftreten von der ersten Szene an[12]. Als sie endlich erscheint (IV, 3 ff.), verfolgt sie vordergründig ihre Absicht, zum Prinzen vorzudringen. Zugleich leistet diese «Philosophinn» (LM 2, S. 428), im Gespräch mit Marinelli, durch ihre Gedanken über den Zufall indirekt ihren Beitrag zur religiös-philosophischen Sinnerhellung des Stücks. Schon hier gibt sie einen überzeugenden Beweis ihrer Disputationskunst, die, wie bei Marwood, ein integrierender Bestandteil ihrer schauspielerischen Kunst ist. Wie Marwood ist diese Figur von Lessing auf Beherrschtheit, Steigerung und plötzlichen ‹rasenden› Ausbruch hin angelegt, und dies zusammengedrängt auf nicht mehr als vier Szenen. Dabei scheinen Orsinas ‹emanzipatorische› Gedanken über die allgemeine Unterdrückung der Frau (IV, 3) eher abzulenken. Aber gerade dies versteht Lessing auf versteckte Weise zur Konstituierung der Rolle zu benutzen, denn der Ansatz hierzu liegt bereits in der Medea-Tradition; man erinnert sich der Worte der Marwood in dem Gespräch mit Sara IV, 8: «Wir Frauenzimmer sollten billig jede Beleidigung, die einer einzigen von uns erwiesen wird, zu Beleidigungen des ganzen Geschlechts und zu einer allgemeinen Sache machen . . .» (LM 2, S. 328)[13].

In der *Emilia Galotti* hat die Beleidigte den Vater der Rivalin endlich so weit gebracht (IV, 7), daß er zur Rache entschlossen ist. Er nimmt den Dolch, den sie ihm aufdrängt; und das Vertrauen, das er ihr schenkt («wer wieder sagt, daß du eine Närrin bist, der hat es mit mir zu tun»; LM 2, S. 436)[14], nutzt sie für eine steigernde *adhortatio*; sie drängt ihn zur Tat, mit fast dem gleichen Argument, das später Emilia einsetzen wird (V, 7): «– wenn Sie ein Mann sind» (LM 2, S. 436)[15]. Dieser Mo-

---

schungsdiskussion berichtet Guthke, Der Stand der Lessing-Forschung, S. 50 ff. Zum neuerdings vielumstrittenen gesellschaftlichen Aspekt: Manfred Durzak, Das Gesellschaftsbild in Lessings ‹Emilia Galotti›, Lessing Yearbook 1, 1969, S. 60 ff.; abgedruckt in: M. D., Poesie und Ratio (s. Kap. 3, Anm. 13), S. 69 ff.

[12] Unmittelbar auf die Bittschrift der Emilia Bruneschi (die den Prinzen an Emilia Galotti erinnert) folgt der Brief der Orsina (I, 1).

[13] Die Stelle und das Problem behandelt im zeitgenössischen Zusammenhang (Moralische Wochenschriften usw.) s. Etta Schreiber, The German woman in the age of the enlightenment. A study in the drama from Gottsched to Lessing, New York 1948, S. 214 ff.

[14] Odoardo bezieht sich dabei auf die Worte Marinellis über Orsina am Ende von IV, 6 (LM 3, S. 434).

[15] Vgl. a. a. O., S. 449: «Ehedem wohl gab es einen Vater, der seine Toch-

ment, in dem sie ihren Triumph bereits vor Augen sieht, dient Lessing als Basis für den eigentlichen Ausbruch ihrer ‹Raserei›. Spätestens jetzt offenbart sich Orsina als eine neue Medea/Marwood (auffällig dabei wieder die namentliche Selbstvorstellung: «Kennen Sie mich? Ich bin...»), mit allen Symptomen einer überhitzten, dirigierten Phantasie, wie sie Lessing bei Seneca exemplarisch vorgebildet fand:

> «Ich, ich bin nur ein Weib: aber so kam ich her! fest entschlossen! – Wir, Alter, wir können uns alles vertrauen. Denn wir sind beide beleidiget; von dem nehmlichen Verführer beleidiget. – Ah, wenn Sie wüßten, – wenn Sie wüßten, wie überschwänglich, wie unaussprechlich, wie unbegreiflich ich von ihm beleidiget worden, und noch werde: – Sie könnten, Sie würden Ihre eigene Beleidigung darüber vergessen. – Kennen Sie mich? Ich bin Orsina; die betrogene, verlassene Orsina. – Zwar vielleicht nur um Ihre Tochter verlassen. – Doch was kann Ihre Tochter dafür? – Bald wird auch sie verlassen seyn. – Und dann wieder eine! – Und wieder eine! – Ha! (wie in der Entzückung) welch eine himmlische Phantasie! Wann wir einmal alle, – wir, das ganze Heer der Verlassenen, – wir alle in Bacchantinnen, in Furien verwandelt, wenn wir alle ihn unter uns hätten, ihn unter uns zerrissen, zerfleischten, sein Eingeweide durchwühlten, – um das Herz zu finden, das der Verräther einer jeden versprach, und keiner gab! Ha! das sollte ein Tanz werden! das sollte!» (LM 2, S. 436 f.).

Marwoods kalt-genüßliche Drohrede gegenüber Mellefont (II, 7) und die Erkennungsszene mit Sara (IV, 8) scheinen hier gewissermaßen in eins zusammengezogen; der knappe Raum, den Lessing für die Entfaltung der Orsina-Rolle zugestehen konnte, erforderte eine solche Konzentration. Der Schluß der zitierten Partie mag die Vermutung nahelegen, hier evoziere Lessing weniger die *Medea* Senecas als die *Bakchen* des Euripides. Obwohl auch dies lediglich eine Nuancierung innerhalb der antik-heroischen Tradition bedeuten würde, weisen die Kommatik der Sprache, die spezifische Pathoskurve und die Inszenierung der «Phantasie» unmißverständlich auf Seneca[16]; und gerade das ‹Furien›-Motiv gehört zu den prägenden Elementen der Senecanischen Medea-Rolle.

ter... Aber alle solche Thaten sind von ehedem! Solcher Väter giebt es keinen mehr!».

[16] Franke, Euripides bei den deutschen Dramatikern des achtzehnten Jahrhunderts (s. Kap. 2, Anm. 69), S. 113 verweist ebenfalls auf Euripides und setzt dann hinzu: «aber diese Euripideischen Motive erscheinen doch zum großen Teil mit Senecas grellen Farben übertüncht, und auch Orsina ist in der Art, wie sie sich zu rächen hofft, der Medea Senecas noch ähnlicher als der griechischen».

Daß das heroische Zitat im Ganzen der *Emilia Galotti* ebensowenig isoliert steht wie in der *Miß Sara Sampson,* deutete sich bereits an. War in dem ersten Trauerspiel vor allem die Rolle des ‹Ungeheuers› Mellefont auf Marwood hin zugeschnitten, so bewegen sich in der *Emilia Galotti* zumindest zwei Personen auf Orsinas Ebene: Hettore, dessen Favoritin sie einmal war, und Marinelli, der ihrer spitzen Zunge zu begegnen versteht. Marinelli verkörpert im übrigen als Figur, was Orsina im Vergleich zu Marwood wenigstens ansatzweise noch spielen darf: die Intriganten-rolle[17]. Aber auch zum Bereich der ‹Bürgerlichen› steht die Gräfin keineswegs in unvereinbarem Gegensatz. Ihr zweiter Hauptgesprächspartner nach Marinelli ist Odoardo, und was bei dem ersten scheitert[18], gelingt ihr bei dem zweiten. Die gemeinsame Basis des Beleidigtseins, sorgsam gepflegt («Ich wollte treulich Schmerz und Wuth mit Ihnen theilen»; LM 2, S. 434), gibt schließlich den Anstoß zur Rache, auch wenn sich Odoardo zuletzt (in dem kurzen Monolog V, 2; LM 2, S. 439 f.) von der «Eifer-süchtigen», der «für Eifersucht Wahnwitzigen» (vgl. Lessings Medea-Apologie!) teilweise wieder distanziert.

In der Leidenschaftlichkeit der Empörung ist ihr die schillernde Gestalt der Claudia fast noch näher, und die bereits zitierte Tirade Orsinas gegen Ende des vierten Akts steht in kalkulierter Korrespondenz zum Ausbruch Claudias am Schluß des dritten Akts (III, 8, gegenüber Mari-nelli):

«Ha, Mörder! feiger, elender Mörder! Nicht tapfer genug, mit eigner Hand zu morden: aber nichtswürdig genug, zu Befriedigung eines fremden Kitzels zu morden! – morden zu lassen! – Abschaum aller Mörder! – Was ehrliche Mörder sind, werden dich unter sich nicht dulden! Dich! Dich! – Denn warum soll ich dir nicht alle meine Galle, allen meinen Geifer mit einem einzigen Worte ins Gesicht speyen? – Dich! Dich Kuppler!» (LM 2, S. 421).

Die psychologische, ‹menschliche› Verständlichkeit der pathetischen Reak-tion ist es, was über die ständischen Grenzen hinweg die beiden Figuren nach Lessings Intention verbinden soll[19]. Ein Netz solcher Querverbin-dungen ist über das Stück gelegt. Zum «Engel» Emilia allerdings steht Orsina ebenso konträr wie Marwood zu Sara. Das Resultat scheint para-

---

[17] Daß diese Rolle nicht nur der Komödie entstammt, sondern seit der Antike auch in der Tragödientradition fest verankert ist (etwa Atridenmythos, aber auch Medea), wäre in Ergänzung der Interpretation von Müller, a. a. O., S. 41 ff. zu betonen.

[18] Nachdem sie Marinelli nicht als Fürsprecher hat gewinnen können, versucht sie ihn zu provozieren.

[19] Diesen wichtigen Aspekt vernachlässigt Durzak, a. a. O., S. 90 ff. bei seiner ständisch akzentuierenden Deutung.

dox. Gerade diejenige Figur, bei der Lessings ‹modernisierendes› Interesse angesetzt hatte (Virginia/Emilia), bleibt als ‹Bürgerliche› gewissermaßen in einer heroischen Isolation[20].

Ob durch diese dialektische Wendung dem erst allmählich seiner selbst bewußt werdenden Bürgertum die Eingeschränktheit seiner Handlungsmöglichkeiten oder gar eine latente prinzipielle Gefährdung vor Augen geführt werden sollte[21], wird sich aus dem Text heraus kaum mit letzter Stringenz entscheiden lassen; namentlich bei der Titelfigur wird die moralisch-sozialgeschichtliche Deutung stets ambivalent bleiben. Unbestreitbar hingegen ist, daß die vielerörterte Kritik des fürstlichen Despotismus in ihrer expliziten Form am schärfsten durch eine Adlige vertreten wird, durch eine, die über höchstpersönliche Erfahrungen verfügt: durch Orsina. Schon Herder hat diese Funktion der Orsinagestalt erkannt, und zwar im Zusammenhang der bereits zitierten großen ‹Senecanischen› Rache-Phantasie (IV, 7): «Wenn *sie* nicht den Mund öfnet, wer soll ihn öffnen? Und *sie* darfs, die gewesene Gebieterin eines Prinzen, die in seiner Sphäre an Willkühr gewöhnt ist. Als eine Beleidigte, Verachtete muß sie anjitzt übertreiben, und bleibt in der größesten Tollheit die redende Vernunft selbst, ein Meisterwerk der Erfindung»[22].

Mit dieser bemerkenswerten Charakteristik berührt Herder einen Punkt, der für den Stellenwert des Phänomens ‹Raserei› im Rahmen von Lessings Seneca-Rezeption ungemein wichtig ist. Ob Hercules, Masaniello, Philotas oder Euphaes, ob Medea, Marwood oder Orsina: so fundamental das dramatisch-psychologische Interesse an Motivation und «Entwickelung» des *furor* auch sein mag, gerade die Frauengestalten verfügen in charakteristisch Lessingscher Weise über ein Maß an ‹Witz› und Rationalität, das die bloße funktionale Bindung an ein Mechanema entschieden transzendiert[23]. Gewiß verfolgt Orsina ebenso wie Marwood – oder etwa Minna – in erster Linie ihre sehr unmittelbaren persönlichen Ziele. Doch beider Rationalität besitzt jenen eigentümlichen Überschuß an Räsonnement, der bei Marwood, in Anlehnung an Medea, zu den ‹emanzipatorischen› Gedanken über das allgemeine Frauenschicksal führt und der die Gräfin Orsina in den Augen Marinellis zur «Philosophinn» (LM 2, S. 428) stempelt: es ist genau der Vorwurf, den man den Tragö-

[20] Hierzu jetzt Gerd Hillen, Die Halsstarrigkeit der Tugend. Bemerkungen zu Lessings Trauerspielen, Lessing Yearbook 2, 1970, S. 115 ff.

[21] Vgl. insbesondere Harry Steinhauer, The guilt of Emilia Galotti, JEGPh 48, 1949, S. 173 ff. und Robert R. Heitner, ‹Emilia Galotti›, an indictment of bourgeois passivity, JEGPh 52, 1953, S. 480 ff.

[22] Suphan, Bd. 17, S. 186. Zur «Vernunft der Unvernunft» bei Orsina auch Hans Mayer, Lessings poetische Ausdrucksform (s. Kap. 4, Anm. 8), S. 141 f. (ohne Bezugnahme auf Herder).

[23] Vgl. die Anm. 13 genannte Arbeit von Schreiber.

dienhelden Senecas und nicht zuletzt seinen Frauenfiguren gern gemacht hat, daß sie nämlich zu viel ‹philosophierten›. Philosophie und (weibliches) Pathos, in der Senecanischen Mischung, schienen vor allem für die Kritiker des 19. Jahrhunderts einander fatal im Wege zu stehen[24].

Der bloße Hinweis auf die Identität von Philosoph und Tragiker Seneca konnte hier kaum genügen. Nur wenige erkannten den wesenhaften Zusammenhang und die wechselseitige Ergänzung beider Bereiche so scharfsinnig wie Leopold von Ranke. Nach seinem Verständnis geht Seneca «den leidenschaftlichen Gemüthsbewegungen der Menschen, die den Mythen zu Grunde liegen und aus denselben entwickelt werden können, selbständig nach und macht sie in eigenthümlicher Weise zum Gegenstand zugleich der psychologischen Analyse wie der dramatischen Darstellung»[25]. Was als charakteristisches ‹Philosophieren› erscheint, ist somit nur Ausdruck der Grundtendenz, daß bei den Entschlüssen der Personen die «Motive in starker Evidenz hervortreten»[26]. Aus solcher Einsicht in die Komplexität der Darstellungsformen Senecas wagt Ranke sogar den Satz: «Die Untiefen namentlich des weiblichen Gemüths hat vielleicht Niemand mit größerem psychologischem Scharfsinn ergriffen und in kräftigeren Zügen zur Anschauung gebracht»[27].

Die Konzeption der Orsinagestalt läßt noch einmal erkennen, was Lessing an den ‹Untiefen› der Medea Senecas fasziniert haben muß: ihre maßlose, fast übermenschlich kalte Grausamkeit und Rachesucht, die doch in ‹menschlich› verstehbarer Weise aus ihrem Beleidigtsein ‹entwickelt› wird. Aber Orsina stellt keine bloße Wiederholung des Marwood-Experiments dar. Erst jetzt wird, auf der gemeinsamen Basis des Furien- bzw. Mänaden-Motivs, die dem Senecanischen Modell inhärente weibliche Rationalität in vollem Umfang auch der Sinngebung des Stücks dienstbar gemacht. Oder mit den Worten Herders, Orsina «bleibt in der größesten Tollheit die redende Vernunft selbst»[28]. Deutlicher als die Titelgestalt, deutlicher auch als Odoardo[29] durchschaut sie als hoferfahrene Adlige die Kausalitäten von Macht und Leiden, von «Hofgeschmeiß» und inszeniertem Opfer. «Nichts unter der Sonne ist Zufall; – am wenigsten das, wovon die Absicht so klar in die Augen leuchtet», gibt sie, als

---

[24] Repräsentant und Beförderer der *communis opinio* ist auch hier wieder August Wilhelm Schlegel, *Vorlesungen über dramatische Kunst und Literatur.* Erster Teil, S. 233 ff.; dazu etwa die Kap. 2, Anm. 43 nachgewiesene Äußerung Grillparzers.

[25] Abhandlungen und Versuche (s. Kap. 1, Anm. 22), S. 69.

[26] Ebda.

[27] Ebda.

[28] Suphan, Bd. 17, S. 186.

[29] Man vergleiche etwa die affektive Apostrophierung der «Gewalt» durch die beiden in V, 7.

Verlassene, mit unterkühlter Ironie dem Höfling Marinelli zu verstehen
(LM 2, S. 428).

Von der ‹barbarischen› Zauberin zur aufgeklärten «Philosophinn», von
der Mänade zur Gräfin: versucht man so, mit dem Blick nach rückwärts,
simplifizierend die theatralische Genealogie der Orsina zu umreißen, wird
man nicht vergessen dürfen, daß die verlassene Gräfin Episodenfigur
bleibt. Ihr persönlicher Racheplan mißlingt. Und nicht auf ihr, sondern auf
Odoardo und Emilia liegt der moralische Akzent des Stücks. Doch nicht
nur ein retrospektives, spezielles Interesse an Lessings Seneca-Rezeption
verleiht dieser Figur ein Gewicht, das über das bloß Episodische hinaus-
geht. *Emilia Galotti* hat bekanntlich wie kaum ein anderes Stück auf die
entstehende Dramatik des Sturms und Drangs eingewirkt[30]. «Wir jungen
Leute ermutigten uns daran und wurden deshalb Lessing viel schuldig»,
schrieb Goethe im Rückblick an Zelter[31]. Immer wieder, von Adelheid
im *Götz* bis zu Lady Milford in *Kabale und Liebe,* reizte besonders die
Gestalt der Orsina zur überbietenden *imitatio.* Emil Staiger hat in seiner
Studie über *Rasende Weiber in der deutschen Tragödie des achtzehnten
Jahrhunderts* gezeigt[32], wie dabei Lessings Ansätze zunehmend ins Grelle
und Krasse gesteigert wurden. Nicht zufällig war in Deutschland die ‹neue
Generation› wohl die letzte, die auch zu Senecas Tragödien noch einen
unmittelbaren, produktiven Zugang besaß. In mehreren Dramen dieses
Bereichs hat man Senecanische «Reminiszenzen» nachweisen können[33], so
in Gerstenbergs *Ugolino,* in Klingers beiden Medea-Stücken, in Schillers
Räubern und im *Fiesko.* Senecas lockere, oft sprunghafte Szenentechnik,
sein kommatisch-antiklassischer Sprachstil und seine leidenschaftlichen,
kompromißlosen Helden boten den Stürmern und Drängern zumindest
Anknüpfungspunkte, die den eigenen Tendenzen zu entsprechen schienen.

[30] Edward Dvoretzky, The enigma of Emilia Galotti, The Hague 1963,
S. 43 ff.

[31] Brief vom 27. März 1830 (Hamb. Ausg., Briefe, Bd. 4, S. 375).

[32] Siehe Kap. 3, Anm. 10.

[33] Zdzisław Zygulski, Reminiscencje z tragedii Seneki w dramacie niemieckim
XVIII w. [Nachklänge der Tragödien von Seneca im deutschen Drama des 18.
Jahrhunderts], Germanica Wratislaviensia 1, 1957, S. 9 ff. (mit deutscher Zu-
sammenfassung). Zu Klingers Medea-Dramen speziell Block, Medea-Dramen
der Weltliteratur, S. 142 ff.; Friedrich, Vorbild und Neugestaltung, S. 7 ff.

VI. Textkritik und kanonisiertes Urteil

Erst nach der Generation des Sturms und Drangs setzt sich im Zeichen der Gräkomanie und des Antirhetorismus jenes prinzipielle Seneca-Verdikt durch, von dem im ersten Kapitel die Rede war. Schon diese Tatsache läßt Zweifel an der These aufkommen, ausgerechnet Lessing sei es gewesen, der den Niedergang der Reputation Senecas in Deutschland verschuldet habe. Zu umfassend und produktiv hat sich Lessings Auseinandersetzung mit diesem Repräsentanten der römischen Tragödie dargestellt, auch an expliziter Anerkennung durch den Kritiker Lessing fehlt es dabei nicht. Gewiß liegt der Schwerpunkt seines unmittelbaren Interesses in den Jahren zwischen der Seneca-Abhandlung (1754) und dem *Philotas* (1759), und so könnte man etwa zu der Annahme gelangen, das Senecanische in der *Emilia Galotti* sei lediglich noch eine späte, periphere, vielleicht sogar unbewußte Nachwirkung des frühen, ‹jugendlichen› Interesses.

Die Zeugnisse sprechen auch hiergegen. Lessing hatte, wie bekannt, während seiner Breslauer Sekretärszeit (1760–1765) ausgiebige Gelegenheit, die reichhaltigen Bibliotheken der Stadt zu besuchen; manche Studien, besonders zur deutschen Dichtung des 17. Jahrhunderts und zur antiken Literatur, sind daraus hervorgegangen[1]. Durch seinen hochgelehrten Freund Johann Caspar Arletius, den Rektor des Elisabethanums, hatte er auch Zugang zur berühmten Rhedigerschen Bibliothek, deren Vorstand Arletius war. Unter den Handschriften antiker Texte, die Lessing sich genauer vornahm, sind auch zwei Seneca-Codices der sogenannten A-Klasse (Nr. 26 und 29 nach dem Kranzschen Handschriftenkatalog von etwa 1720)[2]. Wie wach sein Interesse an Seneca zu diesem Zeitpunkt noch ist, zeigt sich an der Intensität seiner Lektüre. Er legt sich eine auf Gronovius basierende Ausgabe[3] daneben und beginnt als sorgsamer Philologe zu vergleichen; Textkritik gehört schon in der Abhandlung von

---

[1] Überblick bei Schmidt, Lessing, Bd. 1, S. 456 ff.

[2] Lessing verwendet diese Kennziffern in seinen Notizen (LM 15, S. 442 f.).

[3] Welche Auflage bzw. Bearbeitung Lessing benutzt hat, wird nicht genau erkennbar. Jedenfalls dürfte es nicht die *editio prima* sein, da Lessing an der Stelle *Hercules furens,* V. 22 bereits die Lesart *torum* vorfindet (bei Gronovius in der *editio prima* noch *locum*). Möglich ist auch, daß Lessing wieder die auf Gronovius basierende Schroedersche Ausgabe vor sich hat, wie 1754 und bei der Abfassung des *Laokoon* (LM 9, S. 122 Anm.).

1754 zu den selbstbewußt und selbstverständlich präsentierten Beigaben[4].
Lessing beginnt mit dem *Hercules furens*, der ihm noch vergleichsweise
gut vertraut ist, stellt bald (bei Vers 19) Abweichungen vom Gronovius-
Text fest, liest dann offensichtlich diagonal und wirft auch einen Blick
in die beiden bei Gronovius folgenden Stücke *Troades* und *Phoenissae*.
Zu insgesamt 8 Stellen macht er sich Notizen. Weiterhin verzeichnet er,
daß dem Codex 26 eine «Tragoedia Gregorii Corrarii Veneti cui Titulus
Progne» angebunden sei (LM 15, S. 443), und versucht den Autor genauer
zu identifizieren (es handelt sich um ein in der Seneca-Nachfolge stehendes Stück von Corraro aus der Zeit um 1428)[5]. Auch dem Codex 29 ist
ein späterer Text angebunden, wie Lessing notiert, und zwar eine in
Dialogform gebrachte «kahle Erklärung» der Senecanischen Metren von
Mussato, dem berühmten Autor der *Ecerinis* (1314). Den Dialogpartner
(Lovato) bestimmt Lessing nach der *Bibliotheca mediae aetatis* von Johann Albert Fabricius, außerdem moniert er, daß der Adressat des Ganzen, «Marsilius Patavinus» (Marsilio von Padua), im Handschriftenkatalog fälschlich als «Ficinus» angegeben ist (also mit dem späteren Platoni-
ker verwechselt wurde).

Es ist nicht ohne Reiz, den Theatermann und engagierten Kritiker
Lessing zur Abwechslung einmal in solcher Weise mit Seneca-Fragen beschäftigt zu sehen. Dabei geht es nicht nur darum, einen charakteristi-
schen Zug seiner geistigen Persönlichkeit zur Geltung kommen zu lassen[6]. Die Art seiner konkreten Textkritik macht auch, im Rückblick auf
seine früheren Jahre, noch einmal bewußt, mit welcher Sensibilität für
Nuancen und mit welcher Sprachkenntnis Lessing seine Seneca-Texte
las[7]. Die textkritischen Resultate, zu denen er gelangt, darf man selbstverständlich nicht am heutigen Stand des Wissens messen. So verteidigt
er zum Teil, noch ohne ein Überlieferungsstemma vor Augen, singuläre
Subvarianten der ihm vorliegenden Codices. Aber eben diese Tendenz
zur Apologie, zur ‹Rettung› ist bezeichnend. Einmal verfährt er auch nach
dem Prinzip der *lectio difficilior*[8]. In zwei Fällen jedoch gelangt er zu
Resultaten, die noch heute diskutabel, aber fast ganz vergessen sind. In

---

[4] Vgl. besonders den Abschnitt «Versuch über das in Unordnung gebrachte
Stück des lateinischen Dichters» (*Hercules furens*, V. 1295 ff.), u. S. 130 ff.

[5] Die hier und im folgenden genannten Namen und Titel aus der Seneca-
Renaissance behandelt im Zusammenhang: Regenbogen, Schmerz und Tod in
den Tragödien Senecas (s. Kap. 1, Anm. 5), S. 415 ff.

[6] Hierzu die in Kap. 1, Anm. 26 genannten Arbeiten von Kont (Bd. 2,
S. 107 ff.) und Norden.

[7] Schon für den Studenten Lessing konstatiert ein kompetenter Freund bewundernd: «was konnte der für Griechisch und Latein!» (Daunicht, Lessing im
Gespräch, S. 22).

[8] In seiner Analyse der Überlieferung von *Hercules furens*, V. 22.

dem einen Fall *(Phoenissae,* V. 347–49) hat Lessing divinatorisch, gegen den Gronovius-Text und ohne Kenntnis der ausschlaggebenden Etruscus-Version, die richtige Zuteilung der Verspartie gefunden (LM 15, S. 443)[9]. In dem anderen Fall, *(Troades,* V. 159) verteidigt er eine Variante, die neuerdings wieder von einem führenden Seneca-Textkritiker vertreten wird[10]. An beiden Stellen sollte künftig in den kritischen Apparaten der Name Lessings nicht mehr fehlen, so wie auch etwa Miltons Konjektur zu Euripides' *Bakchen,* V. 188 regelmäßig in den Ausgaben verzeichnet wird.

Mindestens noch ein weiteres Mal, in den Jahren 1770 bis 1775 während des Wolfenbütteler Bibliothekariats, hat der Bücherwurm Lessing an seine frühen Seneca-Studien angeknüpft. Bei den Vorarbeiten zu einer Geschichte der Äsopischen Fabel stieß er in der Bibliotheca Augusta auf ein «Manuskript L. N. 98» mit der Aufschrift «Luci Annaei Senecae Tragoediae» (LM 16, S. 180). Ob er sich nun seines Breslauer Finderglücks erinnerte oder nicht, das Interesse war noch wach genug, um ihn zum Blättern und zu einigen Notizen zu veranlassen: «Der Codex ist nicht allein von vorne herein defect, sondern auch von hinten» (ebda.). Der Inhalt brachte ihn etwas in Verlegenheit, und dementsprechend gewunden liest sich die Notiz: «Dazu sind es auch eigentlich nicht die Tragödien, sondern ein Commentar über die Tragödien, der weil er bloß wörtlich ist, zwar freylich den ganzen Text enthält, aber doch nicht so wie er ist, sondern wie ihn die grammatikalische Konstruktion auflöset» (ebda.)[11].

Wie zufällig sich solche Zeugnisse – Arbeitsnotizen, Exzerpte, Kollektaneen – oft erhalten, bedarf keiner Erläuterung. Die zeitliche Verteilung sowohl auf die Breslauer als auch auf die Wolfenbütteler Jahre ist immerhin bemerkenswert. Doch auch unabhängig davon ist bei Lessings immenser Textkenntnis und bei seiner stets zum Nachschlagen und Nachlesen bereiten Arbeitsweise damit zu rechnen, daß ihm auch der früh erarbeitete «tragische Seneca» in einer sehr unmittelbaren Weise präsent blieb. Das kann zum Beispiel bedeuten, daß er nicht nur bei der Arbeit an *Sara, Philotas* und *Kleonnis,* sondern auch bei der Niederschrift der *Emilia* (insbesondere der Orsina-Szenen) sich gelegentlich seiner früheren intensiven Lektüre erinnerte oder gar einzelnes noch einmal nachschlug[12].

[9] Der Hinweis auf Michael Müller (1898) in den Ausgaben (etwa von Moricca, Bd. 2, S. 154) wäre also durch einen Hinweis auf Lessing zu ersetzen bzw. zu ergänzen.

[10] Gunnar Carlsson, Die Überlieferung der Seneca-Tragödien. Eine textkritische Untersuchung, Leipzig 1926, S. 20 f.

[11] Es handelt sich offensichtlich um den bekannten Kommentar des Nikolaus Treveth aus dem beginnenden 14. Jahrhundert (Codex Guelferbytanus).

[12] Dies gilt auch für die beiden *Hercules furens*-Stellen in der Schrift *Wie die Alten den Tod gebildet* (1769), LM 11, S. 26 und S. 38 (jeweils Anm.).

An einem biographisch-genetischen ‹Beweis› ist hier gar nichts gelegen. Nur sollte man ebensowenig bei allem, was nicht in unmittelbarer zeitlicher Nähe zur Seneca-Abhandlung von 1754 liegt, auf den *circulus vitiosus* des ‹Unmöglich!› verfallen. Dies aber ist weithin die fatale Wirkung jenes *Laokoon*-Zitats gewesen, von dem im ersten Kapitel die Rede war: Senecas Helden seien nur «Klopfechter im Cothurne».

Habent sua fata citata. Da die Stelle aus dem vierten Kapitel des *Laokoon* sowohl in der Lessing- als auch in der Seneca-Rezeptionsgeschichte zu ‹dem› Urteil Lessings über Seneca avanciert ist, dürfte es sich lohnen, etwas genauer nach den Umständen und den Gründen zu fragen. Zunächst: kaum je hat man sich die – gerade bei Lessing stets notwendige – Mühe gemacht, den Argumentationszusammenhang des Zitats mit zu bedenken. Lessing geht es im vierten Kapitel vor allem darum, die Schmerzäußerung des Sophokleischen Philoktet exemplarisch als eine dem theatralischen Medium angemessene und daher «Mitleiden» ermöglichende Reaktion zu erweisen[13]. Dem «Künstler» der Laokoongruppe und dem «erzehlenden Dichter» Vergil wird hier der «dramatische Dichter» an die Seite gestellt (LM 9, S. 23). Philoktet ist ein Held, dessen «Standhaftigkeit», dessen «andere Tugenden uns schon für ihn eingenommen haben», so daß sein Schreien und Klagen keinen «Nachteil bringen» kann (LM 9, S. 30, 23). «Die moralische Grösse bestand bey den alten Griechen in einer eben so unveränderlichen Liebe gegen seine Freunde, als unwandelbarem Hasse gegen seine Feinde. Diese Grösse behält Philoktet bey allen seinen Martern. Sein Schmerz hat seine Augen nicht so vertrocknet, daß sie ihm keine Thränen über das Schicksal seiner alten Freunde gewähren könnten. . . . Und diesen Felsen von einem Manne hätten die Athenienser verachten sollen, weil die Wellen, die ihn nicht erschüttern können, ihn wenigstens ertönen machen?» (LM 9, S. 30).

Der auf *persuasio* zielende Duktus der Argumentation ist deutlich. Wie so oft, Lessing benötigt jetzt ein Gegenbeispiel bzw. einen Gegner, um durch dessen Widerlegung seine eigene These befestigen zu können. Hier ist es Cicero (schon die letzte Frage zielt auf ihn), der in den *Tusculanae disputationes* 2, 19 ff. das Klagen und Schreien Philoktets kritisiert[14] und in diesem Zusammenhang den Dichtern eine verweichlichende Wirkung vorwirft. Lessing beginnt die Auseinandersetzung mit dem sehr prinzipiellen Satz: «Ich bekenne, daß ich an der Philosophie des Cicero überhaupt wenig Geschmack finde» (LM 9, S. 30) – womit er offensichtlich auf

---

[13] Zu diesem dominierenden Beweisziel Armand Nivelle, Kunst- und Dichtungstheorien zwischen Aufklärung und Klassik, Berlin 1960, S. 85 ff.

[14] Die Kritik ist bei Cicero durchaus zurückhaltend, sie wird von Lessing offenbar um des Kontrasts willen schärfer dargestellt.

die stoische bzw. stoizistische Tendenz abhebt. Die ganze Partie liest sich in ihrer Grundsätzlichkeit und Schärfe wie ein Vorspiel zur großen Corneille-Auseinandersetzung der *Hamburgischen Dramaturgie,* nur daß hier, in der antiquarischen Schrift, die antike Kunst und Literatur im Vordergrund stehen. Und wieder polarisiert Lessing. Hatte er noch 1756 im Briefwechsel mit Mendelssohn und Nicolai als Gegenbeispiele zu den ‹schönen Ungeheuern› der neueren Tragiker, als Beispiele für ‹unheroisches›, mitleiderregendes Klagen generell ‹die Alten› angeführt (LM 17, S. 73), so steht jetzt Griechisches gegen Römisches. Cicero hat durch seine Kritik die genuin griechische «moralische Grösse» des Sophokleischen Philoktet angegriffen, da versucht Lessing diese Kritik sogleich auf zweierlei Weise zu relativieren: durch den ätiologischen Hinweis auf die verrohende, verhärtende Wirkung der römischen Gladiatorenspiele und durch die Konfrontation mit einem römischen *exemplum.* «Man sollte glauben, er wolle einen Gladiator abrichten, so sehr eifert er wider den äusserlichen Ausdruck des Schmerzes» (LM 9, S. 30), kommentiert er den Ciceronischen Einwand vorab. Und nachher lakonisch: «ein Theater ist keine Arena. Dem verdammten oder feilen Fechter kam es zu, alles mit Anstand zu thun und zu leiden . . ., und öfters erregtes Mitleiden würde diesen frostig grausamen Schauspielen bald ein Ende gemacht haben. Was aber hier nicht erregt werden sollte, ist die einzige Absicht der tragischen Bühne» (LM 9, S. 30 f.)[15].

Erst jetzt schließt sich bei Lessing der argumentative Ring, erst jetzt wird auch der Stellenwert des Seneca-Urteils verstehbar. Denn unverändert gilt der Satz, mit dem Lessing 1754 seine Abhandlung begonnen hat: «Die einzigen Ueberreste, woraus man die tragische Bühne der Römer einigermassen beurtheilen kann, sind diejenigen zehn Trauerspiele, welche unter dem Namen des *Seneca* gelesen werden» (u. S. 105). Seneca ist somit primär ein kontrastives Demonstrationsobjekt. Die tragischen Helden «müssen Gefühl zeigen, müssen ihre Schmerzen äussern, und die blosse Natur in sich wirken lassen. Verrathen sie Abrichtung und Zwang, so lassen sie unser Herz kalt, und Klopfechter im Cothurne können höchstens nur bewundert werden. Diese Benennung verdienen alle Personen der sogenannten Senecaschen Tragödien, und ich bin der festen Meinung, daß die Gladiatorischen Spiele die vornehmste Ursache gewesen, warum die Römer in dem Tragischen noch so weit unter dem Mittelmäßigen geblieben sind. Die Zuschauer lernten in dem blutigen Amphitheater alle Natur verkennen, wo allenfalls ein Ktesias seine Kunst studieren konnte, aber nimmermehr ein Sophokles. Das tragischste Genie, an diese künst-

---

[15] Bemerkenswert ist auch hier wieder die Überspitzung (Mitleiden als *einziges* Ziel der Tragödie), die in Widerspruch sowohl zu dem früheren Briefwechsel als auch zur *Hamburgischen Dramaturgie* steht.

liche Todesscenen gewöhnet, mußte auf Bombast und Rodomontaden verfallen» (LM 9, S. 31)[16].

Mit den zuletzt genannten *peiorativa* nimmt Lessing zwei Prägungen auf, die zu seiner Zeit bereits als Schlagworte der Stil- und Sprachkritik verständlich waren. «Bombast», als englisches Äquivalent für «Schwulst», hatte zuerst Gottsched durch seine *Critische Dichtkunst* und durch seine *Ausführliche Redekunst* in den deutschen Wortschatz eingeführt[17], Lessing selbst verwendet das Wort schon in den *Briefen, die neueste Litteratur betreffend* (LM 8, S. 42)[18]. «Rodomontade», im Sinn von bramabarsierender Rede, Großsprecherei aus dem italienisch-französischen Bereich stammend (von Rodamonte aus Bojardos *Orlando innamorato* abgeleitet), war bereits während des 17. Jahrhunderts, nicht zuletzt im Zusammenhang des Dreißigjährigen Krieges, in Deutschland verbreitet worden; es begegnet in Andreas Gryphius' *Horribilicribrifax*[19] ebenso wie in Johann Lauembergs *Schertz Gedichten*[20] und in Christian Weises *Curiösen Gedancken von Deutschen Brieffen*[21] (Lessing selbst benutzt es schon in seinem *Freygeist*; LM 2, S. 116). Der Zusammenhang ist nicht unwichtig. Denn Seneca gerät hier in eine Welle antimanieristischer ‹Schwulst›-Kritik, deren polemischer Tenor eigentümlich aus frühaufklärerischem Klassizismus und bürgerlicher ‹Heroen›-Opposition gemischt ist. Daß Lessing an dieser Stelle zu durchaus kräftigen, für seine Zeit fast als derb geltenden[22] *peiorativa* greift, illustriert noch einmal den stark affektiven Charakter der Auseinandersetzung.

Ihrem geschichtlichen Stellenwert allerdings wird man damit noch nicht gerecht. Den redenden Gladiatoren des Römers Seneca steht die «mora-

---

[16] Mit «Ktesias» ist vermutlich der heute meist Kresilas genannte Bildhauer des 5. Jahrhunderts v. Chr. gemeint. Ausführliche Erörterungen, mit dem Lesevorschlag «Ktesilaus», bei Hugo Blümner, Lessings Laokoon, Berlin 1876, S. 64 f.

[17] *Critische Dichtkunst*, Leipzig [4]1751 ([1]1730), S. 279; *Ausführliche Redekunst*, Leipzig 1736, S. 314.

[18] Stellen bei Abbt, Wieland u. a. sind verzeichnet in: Hans Schulz/Otto Basler, Deutsches Fremdwörterbuch, Bd. 1, Straßburg 1913, S. 90.

[19] Lustspiele I. Hrsg. v. Hugh Powell (Gesamtausg. der deutschsprach. Werke. Hrsg. v. Marian Szyrocki u. Hugh Powell. 7), Tübingen 1969, S. 49 (dort in der Form «Rodomantaden»). Im angehängten *Heyraths-Contract* begegnet (a. a. O., S. 119) auch eine Figur «Rodomont von Fensterloch». Zum Traditionszusammenhang ausführlich Walter Hinck, Das deutsche Lustspiel des 17. und 18. Jahrhunderts und die italienische Komödie, Stuttgart 1965, S. 109 ff.

[20] *Veer Schertz Gedichte*, o. O. 1652, S. 67.

[21] *Curiöse Gedancken von Deutschen Brieffen*, Dreßden 1691, S. 215 («in hochtrabenden Rodomontaden und sententiosen Redensarten»).

[22] Dies betrifft vor allem ‹Rodomontade› (vgl. die Herkunft aus dem komisch-niederen Bereich).

lische Grösse» des griechischen Philoktet (und seines Schöpfers Sophokles) gegenüber. Wieweit Lessings Hinweis auf die Wirkung der Gladiatorenkämpfe ausreicht, um die Eigenart der römisch-Senecanischen Tragödie zu erklären, wäre ein gesondert zu behandelndes Problem[23]. Für seine moralische Grundthese hätte sich Lessing auf keinen Geringeren als Seneca selbst, den Philosophen, berufen können, der in den *Epistulae morales* (1,7,2ff.) seinen Freund Lucilius vor den Gefahren des Zirkus warnt: jedesmal, wenn er die Kämpfe besuche, kehre er grausamer und unmenschlicher zurück, *crudelior et inhumanior*. Was hier aus selbstkritischer römischer Perspektive geschildert ist, fand Lessing als Kontrast zur ‹Menschlichkeit› der Griechen in jener Schrift dargestellt, die den eigentlichen Anstoß zum *Laokoon* gegeben hatte: in Winckelmanns *Gedancken über die Nachahmung der Griechischen Wercke in der Mahlerey und Bildhauer-Kunst* vom Jahr 1755.

Bei der Kardinalfrage, wie sich die griechischen Künstler durch Beobachtung des unbekleideten menschlichen Körpers geschult haben, hatte Winckelmann besonders auf die Gelegenheiten hingewiesen, die durch Feste und Schauspiele geboten wurden. Und mit dem Blick auf spätere Entwicklungen hatte er angefügt: «Die Menschlichkeit der Griechen hatte in ihrer blühenden Freyheit keine blutigen Schauspiele einführen wollen, oder wenn dergleichen in dem Ionischen Asien, wie einige glauben, üblich gewesen, so waren sie seit geraumer Zeit wiederum eingestellet. Antiochos Epiphanes, König in Syrien, verschrieb Fechter von Rom, und ließ den Griechen Schauspiele dieser unglücklichen Menschen sehen, die ihnen anfänglich ein Abscheu waren. Mit der Zeit verlohr sich das menschliche Gefühl, und auch diese Schauspiele wurden Schulen der Künstler»[24]. Das klassische Griechentum also hatte, in seiner Menschlichkeit, keine Gladiatorenspiele gekannt, von Rom erst kam das Übel, und mit der Konsequenz der Sache «verlohr sich das menschliche Gefühl».

Lessing, auf die griechisch-römische Antithese argumentativ einmal festgelegt, brauchte den Gedanken Winckelmanns (dessen Präsenz durch wörtliche Anklänge bestätigt wird)[25] nur auf die Beurteilung der römischen, Senecanischen *exempla* zu applizieren, um auf diese Weise dem Gegner Cicero mit gleichem Kaliber antworten zu können. Aber so notwendig es

[23] Literatur zu dem Gesamtkomplex bei Hubert Cancik, Amphitheater. Zum Problem der ‹Gesamtinterpretation› am Beispiel von Statius, Silve II 5: Leo mansuetus, Der altsprachl. Unterr. 14/3, 1971, S. 66 ff.

[24] Kleine Schriften, Vorreden, Entwürfe. Hrsg. v. Walther Rehm. Mit einer Einleitg. v. Hellmut Sichtermann, Berlin 1968, S. 34.

[25] Am deutlichsten ist die Anspielung auf den bei Winckelmann genannten Bildhauer: «Ein Ctesilas studierte hier seinen sterbenden Fechter ...» (a. a. O., S. 34). Bei Lessing heißt es: «wo allenfalls ein Ktesias seine Kunst studieren konnte» (LM 9, S. 31).

ist, sich Anlaß und historischen Kontext des Seneca-Urteils zu vergegen-
wärtigen – die Tatsache, daß Lessing sich auf ein Ausspielen der Griechen
gegen die römische Tragödie eingelassen hat, bleibt als Symptom einer
umfassenderen Wandlung zu reflektieren.

Der während des 18. Jahrhunderts in Deutschland sich vollziehende,
ebenso faszinierende wie verhängnisvolle Vorgang der Herauslösung des
Griechentums aus den ‹Fesseln› seiner romanischen Vermittlung, die Stilisierung der Griechen zum Urbild von Originalität und Humanität, und
die Degradierung der Römer zu dekadenten Imitatoren sind mehrfach
beschrieben worden[26]. Die allmähliche Ablösung Senecas durch Sophokles,
selbst in den Leseplänen der Gymnasien angedeutet[27], stellt in diesem
Kontext ein signifikantes Detail dar. Gottsched hatte sich noch engagiert
mit dem Tragiker Seneca auseinanderzusetzen, für Goethe ist der Römer
kaum noch der Erwähnung wert[28]. Die neu postulierte Unmittelbarkeit zu
den Griechen, die nur durch einen Sprung über die reale, geschichtliche
Kontinuität hinweg zu erreichen war (Nietzsche nannte sie später eine
‹impertinente Familiarität›), hat ihre bedenkenswerte Analogie in den
‹bürgerlichen› Autonomisierungstendenzen des ästhetischen Bereichs, in
der neuen Ideologie des Schöpferischen, des schlechthin differenten Ge-
nies und in der prinzipiellen Separierung von Poesie und Rhetorik[29].

Lessings Position innerhalb dieses Prozesses, an welchem Punkt man
sie auch zu greifen versucht[30], erweist sich immer wieder als die eines
‹Übergangs›. Noch ist bei ihm, trotz aller Franzosenkritik, die römisch-
romanische Tradition der Poesie in einer erstaunlichen Breite präsent;
noch überwiegen bei seinen Studien nicht Homer, Pindar oder Aristophanes, sondern Plautus und Terenz, Horaz, Phaedrus, Seneca und Martial. Aber es gibt, etwa im Fall der Aristotelischen Poetik, auch schon den
entschiedenen Griff hinter die Vermittler zurück, nach dem griechischen

[26] Genannt sei hier nur Walther Rehm, Götterstille und Göttertrauer. Auf-
sätze zur deutsch-antiken Begegnung, Bern 1951; ders., Griechentum und
Goethezeit. Geschichte eines Glaubens, Bern ³1952.

[27] Vgl. etwa die Sächsische Schulordnung vom Jahr 1772 (Die evangelischen
Schulordnungen des 18. Jahrhunderts. Hrsg. v. Reinhold Vormbaum, Gütersloh
1864, S. 622). Siehe auch o. S. 16.

[28] Die wenigen Bezugnahmen gelten den naturwissenschaftlich-philosophi-
schen Schriften.

[29] Der Gesamtkomplex wäre, gerade auch im Hinblick auf das sich wan-
delnde Verhältnis zur griechischen und zur römischen Antike, neu zu untersuchen. Vgl. einstweilen die Hinweise in dem Kap. 1, Anm. 18 genannten Ar-
tikel von Walter Jens.

[30] Eine pointierende Abgrenzung versucht Charlotte Ephraim, Wandel des
Griechenbildes im 18. Jahrhundert. Winckelmann, Lessing, Herder, Bern u.
Leipzig 1936.

‹Original›[31]. Und auf die Horaz- und Seneca-Abhandlungen des Jahres 1754 folgt die Sophokles-Biographie von 1760. Es dürfte kaum Zufall sein, daß dazwischen das Erscheinen von Winckelmanns Erstlingswerk (1755) liegt. Doch wiederum darf man aus der bloßen Abfolge der Beschäftigung mit einzelnen Autoren keine umstürzende ‹Wende› konstruieren. Denn auf die Sophokles-Abhandlung folgen 1761 bezeichnenderweise wieder die an Martial orientierten umfangreichen Epigramm-Studien.

Den *Laokoon* der Jahre 1763–1766, der das folgenreiche Urteil über Senecas tragische Helden enthält, schreibt Lessing noch keineswegs als «überzeugter Gräkomane», wie es kürzlich wieder behauptet wurde[32] (allenfalls als ‹Antikomane›, wenn die Prägung gestattet ist). Im Gegensatz zu Winckelmann zielt Lessing ja gerade darauf, die ‹Meisterschaft› der Laokoongruppe nicht primär aus dem Griechentum des Künstlers zu begründen, sondern aus der prinzipiell adäquaten Behandlung des ästhetischen Mediums, hier der Plastik. Im übrigen wird von Lessing «der mißbilligende Seitenblick», den Winckelmann «auf den Virgil wirft» (LM 9, S. 7), ausdrücklich kritisiert. Auch was die Zeitgenossen an Lessings Schrift vor allem fesselte und – mit Goethes Worten – «in die freien Gefilde des Gedankens hinriß»[33], war nicht etwa ein ‹gräkomanischer› Zug, sondern die Entschiedenheit des theoretischen Konzepts und der ästhetischen Grenzziehung.

Diese Entschiedenheit allerdings hatte, wie sich zeigte, auch für die Beurteilung Senecas ihre Konsequenzen. Sie drängte den Repräsentanten der römischen Tragödie in die Rolle eines negativen Kontrastivbeispiels und bestimmte den so überaus rigorosen und scharfen Ton der Formulierung. Diese Schärfe geht – das ist nicht zu leugnen – über das sonst von Lessings Seneca-Beschäftigung her zu Erwartende deutlich hinaus. Aber selbst wenn man, wie es bisher fast stets geschehen ist, diese Stelle isoliert und absolut setzt, sind zwei Dinge festzuhalten: das Urteil ist beiläufig, und es ist partikulär. Beiläufig ist es, weil Lessings Argumentation auf etwas ganz anderes zielt (nämlich die Angemessenheit der Schmerzensäußerung Philoktets) und weil jede nähere Erläuterung, etwa ein Hinweis auf bestimmte Personen oder Stellen, fehlt. Partikulär ist es, weil es sich lediglich auf die Charaktere («Klopfechter im Cothurne») und auf deren Redeweise («Rodomontaden») bezieht[34], im übrigen ohne jeden Ansatz zur Differenzierung (Medea oder Phaedra als ‹Klopfechterin›?). Unberührt aber bleibt

---

[31] Kommerell, Lessing und Aristoteles, S. 14 f. leitet diese ‹revolutionäre Philologie› aus der Tradition des Protestantismus her.

[32] Ingrid Kreuzer, Nachwort zu: Lessing, Laokoon, Stuttgart 1967, S. 220.

[33] Hamburger Ausgabe, Bd. 9, S. 316.

[34] Streng genommen, gilt der Ausdruck «Bombast und Rodomontaden» nicht einmal direkt den Senecanischen Tragödien, sondern den Möglichkeiten römischer Tragödiendichtung schlechthin.

alles, was Lessing selbst an bemerkenswerten oder gar ‹meisterhaften› Zügen hervorgehoben hat und was ihn teilweise sogar zur *aemulatio* reizte: dramatische Simplizität, Prologtechnik, geschliffene Dialoge, lakonische Kürze, Affektdarstellung, weibliche Psychologie und vieles andere. Unberührt bleibt andererseits auch manches, was Lessing an Seneca auszusetzen hatte, etwa die Neigung zum Ausspinnen der Chöre, zur ‹Gelehrsamkeit›, zur ‹Mahlerey›. Gerade dies bestätigt *ex negativo*, wie eingegrenzt die so gern zitierte *Laokoon*-Stelle zu lesen und zu interpretieren ist.

Aber da es der Lessingdeutung im Fall Senecas fast ausnahmslos nur um die Bestätigung der eigenen Vorurteile ging, brauchte man sich um Modifikationen solcher Art wenig zu kümmern. Es ist bezeichnend für diese Situation, daß man in geschichtlichen Darstellungen und in Kommentaren bei der Erörterung des Seneca-Urteils aus dem *Laokoon* immer wieder auffällig beflissenen Zustimmungsformeln begegnet. Man hat es ja gewußt und fühlt mit der Mehrheit. Als Beispiel genüge der Satz, den der so verdienstvolle *Laokoon*-Kommentator Hugo Blümner an der betreffenden Stelle anfügt: «Diesem Verdammungsurtheile Lessing's haben mit Recht die meisten Neueren beigestimmt»[35].

Der *Laokoon* blieb, zusammen mit den großen Dramen und der *Hamburgischen Dramaturgie,* im Lessinglektüre-Kanon. Auch wo an den Schulen des 19. Jahrhunderts nur eine Auswahl aus dem *Laokoon* gelesen wurde, war doch das 4. Kapitel mit dem Seneca-Urteil oft dabei[36]. Die frühen kritischen Schriften dagegen haben bis heute eigentümlich im Schatten gestanden, selbst bei denen, die – oft an Friedrich Schlegel anknüpfend – den Kritiker Lessing gegen den Dichter auszuspielen suchten. Und stieß man zufällig doch einmal auf die frühe Seneca-Abhandlung, so konnte man sie unter Berufung auf den *Laokoon* guten Gewissens als Produkt jugendlicher Geschmacksunsicherheit beiseite schieben (und in die Dramen konnte ohnehin nichts ‹Senecanisches› eingegangen sein). Es ist nicht ohne Reiz zu sehen, wie sich in diesem *circulus vitiosus* ‹bürgerliche› und marxistische Literarhistoriker treffen. René Wellek deutet die frühe Abhandlung kurzerhand zu einer «Verurteilung Senecas» um[37], und Paul Rilla formuliert geradezu paradigmatisch: «Von der übertriebenen Hochschätzung des Dichters rückt Lessing später selbst ab, so daß wir diesen Aufsatz nicht in unsere Ausgabe aufgenommen haben»[38].

---

[35] Lessings Laokoon (s. Anm. 16), S. 64.
[36] Die Hinweise auf die Behandlung Lessings in den Schulen des 19. Jahrhunderts verdanke ich speziellen Vorarbeiten von Gunter Grimm.
[37] Vgl. o. S. 19.
[38] Gotthold Ephraim Lessing, Gesammelte Werke. Hrsg. v. Paul Rilla, Bd. 3, Berlin u. Weimar ²1968, S. 733.

VII. Lessing und Seneca – Rezeption wider Erwarten

«Der Critiker, der die Schönheiten eines Alten aufkläret und rettet, hat
meinen Dank: der aber von ihnen so durchdrungen ist, so ganz in ihrem
Besitze ist, daß er sie seiner eignen Zunge vertrauen darf, hat meinen Dank
und meine Bewunderung zugleich. Ich erblicke ihn nicht mehr hinter, ich
erblicke ihn neben seinem Alten» (LM 17, S. 211)[1]. Die Sätze, mit denen
Lessing am 28. Juli 1764 Christian Gottlob Heyne für eine Apollonios-
Rhodios-Übersetzung zu gewinnen sucht[2], sind vielleicht die knappste und
treffendste Charakteristik, die man von Lessings eigener Beschäftigung mit
den Tragödien Senecas geben kann. ‹Aufklärendes›, ‹rettendes› Erschließen, produktives Aneignen und agonales ‹Modernisieren›: diese Dreiheit
bestimmt Lessings Verhältnis zu Seneca von Anfang an. Als Kritiker mit
Theatererfahrung und weitgesteckten Reformplänen beginnt Lessing sein
großes welttheatralisches Unternehmen, in dessen Rahmen er früh schon
auf Seneca stößt (1754). Die ‹eigne Zunge› beschränkt sich zunächst auf
Präsentation und Erläuterung. Doch Gelehrsamkeit, Streitlust und Ent-
deckerstolz leiten bruchlos über zur ‹höheren Kritik›, dann zum Entwurf
einer Bearbeitung (*Rasender Herkules*), schließlich zur modernisierenden
Integration einer Senecanischen Rolle (Medea) in sein erstes bürgerliches
Trauerspiel (*Miß Sara Sampson*). Heroisch-tragische Experimente ver-
schiedenster Art schließen sich an (*Kleonnis, Horoscop* u. a.), bald mehr
zum mythischen Modell, bald mehr zur Historie tendierend. Der Einakter,
der vollendet wird (*Philotas*), treibt den tradierten Heroismus in sein
decouvrierendes Extrem. Zuvor ist bereits ein moralisch-sozialer Anta-
gonismus als ‹heroischer› Konflikt konzipiert (Virginia: *Emilia Galotti*).
In der ebenso ‹aufgeklärten› wie ‹rasenden› Anklägerin Orsina, der Enkelin Medeas, begegnet dann Senecanisches noch einmal als äußerste Kom-
primierung. Spätestens mit dieser Figur steht Lessing – um seine eigenen
Worte zu gebrauchen – «neben seinem Alten».

Von «Dank» freilich, oder gar von «Bewunderung», wie Lessing sie ver-
heißt, kann im Fall seiner Seneca-Rezeption kaum die Rede sein. Für die
Nachwelt wurde Lessing durch seinen «Entwurf einer deutschen Nationalliteratur ... vollkommen heroisch», wie Max Kommerell formulierte[3];

---

[1] Zur Bewertung vgl. die in Kap. 2, Anm. 38 genannte Arbeit von Huber.

[2] Parallelen bietet Lessings Einleitung zu seiner Sophokles-Abhandlung vom
Jahr 1760 (auch mit den Motiven ‹Dank› und ‹Bewunderung›; LM 8, S. 293 f.).

[3] Lessing und Aristoteles, S. 12.

und weiter: «Wenn er gegen Corneille kämpft, kämpft er auch gegen Seneka [es folgt eine Bezugnahme auf die *Laokoon*-Stelle]... Nicht nur ist Seneka in der Tat der geschichtliche Anfang des von Lessing bekämpften tragischen Stils; Lessing ist auch als Theoretiker und Dichter, so wie er sich vom Philotas zur Emilia Galotti entwickelte, der Gegner des Seneka»[4].

Das Paradox in der Rezeption von Lessings Seneca-Rezeption, durch Kommerells These mit solcher Deutlichkeit ins Bewußtsein gehoben, bietet nun auch Anlaß, die von Anfang an latente Frage zu stellen: woraus eigentlich legitimiert sich der Versuch, einen so begrenzten rezeptionsgeschichtlichen Ausschnitt wie ‹Lessing und Seneca› monographisch, ja im Ansatz auch monoperspektivisch zu behandeln? Jetzt, nachdem das Material vorgelegt ist, wäre auf die Frage dreierlei zu antworten. Erstens dient die Analyse von vornherein dem Zweck, eine längst fällige neue Gesamtinterpretation der Lessingschen Werke[5] mit vorzubereiten, und sie wird erst in deren Kontext ihren adäquaten Stellenwert erhalten. Zweitens handelt es sich im konkreten Fall um historische Befunde, die der herrschenden Lessing-Auffassung eindeutig zuwiderlaufen und nur durch den detaillierten Nachweis zur Geltung zu bringen sind. Gerade darin aber liegt – drittens – ein wichtiges exemplarisches Moment im Hinblick auf die aktuelle Situation der Rezeptionsforschung[6].

Daß diese sich als neuer Wissenschaftszweig immer noch im Stadium der Etablierung befindet – mit allen typischen Zeichen auch des Modischen und der spekulativen Überfrachtung –, ist eine unbestreitbare, bisweilen auch beklagte Tatsache[7]. Angetreten als Gegenbewegung gegen Ahistorismus und werkimmanente Beschränkung, hat sie sich mit Vorrang einerseits den großen geschichtlichen und geschichtstheoretischen Linien, andererseits der Vielfalt der Rezipientenschichten zugewandt und hier durchaus unverächtliche Erkenntnisfortschritte erzielt. Doch zeichnen sich auch bedenkliche Tendenzen ab. Allzu leicht übersieht der auf große Linien gerichtete Blick das Unverträgliche, Unerwartete, quer zum vermeintlichen geschichtlichen Trend Liegende. Und in berechtigter Skepsis gegen die alte mechanistische ‹Einfluß›-Philologie wahrt man eine gewisse Reserve gegenüber den ‹innerliterarischen› Rezeptionsvorgängen, etwa der Wirkung eines Werks auf das andere, eines Autors auf den anderen.

[4] A. a. O., S. 15. Die Schreibung des Namens schwankt in Kommerells Buch zwischen «Seneka» und «Seneca».

[5] Hierzu Guthke, Der Stand der Lessing-Forschung, S. 99.

[6] Zum Folgenden vgl. den Schlußteil des in der Vorbemerkung genannten Referats über ‹Lessing und die heroische Tradition›.

[7] Hinweise bei Karl Robert Mandelkow, Probleme der Wirkungsgeschichte, Jb. f. internat. Germanistik II/1, 1970, S. 71 ff.

Für beide Tendenzen bietet der Komplex ‹Lessing und Seneca› willkommene Möglichkeiten eines Korrektivs. Er widerspricht den vorgefaßten Leitlinien, mit denen die Historiographie die beiden Autoren umstellt hat; er zwingt zu Selbstkritik und Revision. Und er läßt das Ineinander von Rezeption und Produktion in einer dialektischen Vielschichtigkeit beobachten, die man fast paradigmatisch nennen kann. Das von manchen einflußphilologischen oder auch rezeptionsgeschichtlichen Studien unreflektiert als Prämisse verwendete Prinzip der Annäherung des Gleichen oder Ähnlichen[8] scheint außer Kraft gesetzt: der Begründer des bürgerlichen Trauerspiels in Deutschland läßt sich positiv und produktiv auf den Repräsentanten der römisch-heroischen Tragödie ein, auf den Autor, der doch nach Kommerell «der geschichtliche Anfang des von Lessing bekämpften tragischen Stils» war[9].

Läßt sich im Rückblick eine umfassende, einheitliche Diagnose dieses paradoxen Vorgangs formulieren? In den Anfängen geben sicher Vollständigkeitsprinzip, gelehrter Ehrgeiz und Lessingscher Geist des Widerspruchs die entscheidenden Anstöße zur kritischen Beschäftigung mit den Senecanischen Tragödien. Die weiteren Stufen der produktiven Umsetzung bestimmt dann immer deutlicher ein agonales, experimentelles Moment, ja ein ‹bürgerlich›-kokettierender Hang zur Artistik. Aber das allein reicht als Fundament einer integrativen Verwandlung von Senecanischem nicht aus. Erich Heller hat die These vertreten: «was man gemeinhin ‹Einfluß› nennt, wirkt bei größeren Geistern nach dem Gesetz der Wahlverwandtschaften»[10]. Es gibt eine solche Wahlverwandtschaft auch zwischen Lessing und Seneca, selbst wenn sie sich nur in problematischer geschichtlicher Verkürzung und Simplifikation beschreiben läßt.

Seneca wie Lessing rezipieren den heroischen Mythos in nicht-mehrmythischer Zeit[11], beide rezipieren ihn als «Spiel», als «Poesie» in dem Sinn, wie ihn Hans Blumenberg definiert hat[12]. Schon früh erkennt Lessing dem Römer zu, was er stets auch für sich selbst – und sein Publikum – beansprucht hat: gegenüber der vorgefundenen Tradition verhalte er sich «als

---

[8] Zu diesem Problem fehlt eine grundlegende wissenschaftskritische Untersuchung.

[9] Lessing und Aristoteles, S. 15.

[10] Die Reise der Kunst ins Innere und andere Essays, Frankfurt a. M. 1966, S. 59.

[11] Ein Beispiel, das auszudeuten wäre: Senecas *Medea* schließt mit dem verzweifelten Ausruf Jasons, Medea zeuge für die Nichtexistenz der Götter (V. 1027); Lessing bekennt in der Abhandlung von 1754: «Unsere neuere tragische Bühne will die Gottheiten nicht mehr leiden» (u. S. 127).

[12] Wirklichkeitsbegriff und Wirkungspotential des Mythos, in: Terror und Spiel. Probleme der Mythenrezeption. Hrsg. v. Manfred Fuhrmann (Poetik und Hermeneutik. IV), München 1971, S. 11 ff.

ein Kopf, welcher selbst denkt» (u. S. 122)[13]. Beide Tragiker setzen der
theonomen Sinngebung eine bewußt immanente, wenn auch religiös ge-
tönte Moralität entgegen, für beide ist die Leidenschaft die theatralisch
präsentierte große Gefährdung des Menschen. Bereits damit ist ein Rahmen skizziert, der für die vorgeführte Reihe Senecanisch geprägter Gestalten wesentlich ist, von Marwood über Philotas und Euphaes bis zu Orsina
– immer auf dem Hintergrund der Lessingschen Maxime, man müsse «bey
den Alten in die Schule gehen». Nicht als ob Rachephantasie und kalte
Berechnung, Schmerzäußerung und ‹Raserei› an jeder einzelnen Stelle mit
eindeutiger Kausalität auf Seneca zurückzuführen wären; dazu sind oft
die Entstehungsbedingungen (zu denen auch andere ‹Einflüsse› wie etwa
Lillo oder Corneille gehören mögen) zu komplex[14]. Es geht vielmehr darum, in die Genealogie signifikanter Merkmale künftig auch das *exemplum*
Seneca einzuzeichnen und nicht weiterhin die Welt des Senecanischen und
des Lessingschen Trauerspiels als schlechterdings kontradiktorisch zu stili-
sieren.

Und was ist letztlich damit gewonnen? Über den schon angesprochenen
exemplarisch-methodischen Aspekt hinaus ist dem Bild des Kritikers und
Dramatikers Lessing ein Stück realer historischer Verflechtung zurück-
gegeben. Lessings Weise, mit Tradition umzugehen, ist nicht, wie manche
seiner wohlmeinenden Interpreten anzunehmen scheinen, das Ignorieren,
sondern das produktive Rezipieren und Verwandeln. «Seines Fleißes darf
sich jedermann rühmen», stellt Lessing am Schluß der *Hamburgischen
Dramaturgie* fest; «ich glaube, die dramatische Dichtkunst studiert zu
haben; sie mehr studiert zu haben, als zwanzig, die sie ausüben» (LM 10,
S. 214).

Was Lessing noch mit berechtigtem, fast naivem Stolz als Positivum, als
Verdienst betrachtete, wurde für die bürgerlich-nationale Literaturper-
spektive zunehmend zu einem Problem. Als ‹Überwinder› der heroisch-
romanischen Tragödientradition durfte er das Überwundene, also besonders Seneca und Corneille, allenfalls zum Zweck der Abstoßung ‹studiert›
haben. Einen produktiven Wert mochte man der ‹studierenden› und kon-
struierenden Seite seines Wesens kaum noch beimessen, eher erschien sie
als hinderlich. Es ist bekannt, wie Lessings Diktum von den «Pumpen
und Röhren» immer häufiger dazu herhalten mußte, das Bild vom un-
poetischen Dichter zu begründen und zu befestigen[15]. «Man muß es be-

---

[13] Vgl. die Charakterisierung der *Hamburgischen Dramaturgie* als *fermenta
cognitionis,* als «Stoff . . ., selbst zu denken» (95. Stück; LM 10, S. 188).

[14] In dieser Hinsicht sind Paul Albrechts ‹Plagiat›-Zusammenstellungen, trotz
ihrer abstrusen Beweistendenz, immerhin dienlich.

[15] Dazu die Einleitung von Horst Steinmetz zu: Lessing – ein unpoetischer
Dichter, bes. S. 20 ff. und S. 25 ff.

wundern, dieses in Schweiß und Pein produzierte Meisterstück des reinen
Verstandes; man muß es frierend bewundern, und bewundernd frieren;
denn ins Gemüt dringt nichts und kanns nicht dringen, weil es nicht aus
dem Gemüt gekommen ist. Es ist in der Tat unendlich viel Verstand darin,
nämlich prosaischer, ja sogar Geist und Witz. Gräbt man aber tiefer, so
zerreißt und streitet alles, was auf der Oberfläche so vernünftig zusam-
menzuhängen schien». So lautet eine der Kernstellen aus Friedrich Schlegels Charakterisierung der *Emilia Galotti*[16].

«Mit Witz und Scharfsinn wird eine gänzliche Armut an Gemüt über-
kleidet». So diagnostiziert August Wilhelm Schlegel in seinen *Vorlesungen
über dramatische Kunst und Literatur* das Wesen der Senecanischen Tragödien[17]. Es ist kein Zufall, daß sich die Parallelität der Formulierungen
ausgerechnet anläßlich der *Emilia Galotti* einstellt, jenes Stücks, bei dem
über Pathos und Rollengestaltung hinaus gerade die ‹witzig›-sententiöse
Dialogführung immer wieder an Seneca erinnert. Paul Böckmann hat, als
er das «Formprinzip des Witzes in der Frühzeit der deutschen Aufklärung»
darstellte[18], Lessings spezifische Leistung in der «Überwindung» dieser
Formtradition (durch das Hinzutreten des ‹Herzens› und durch die Sym-
bolform) gesehen. Überwindung heißt auch hier nicht Ignorierung, sondern Komplementierung und Transformation. Die Ursprünge der ‹witzigen› Tradition, an die Lessing dabei anknüpft, werden seit langem immer
wieder mit dem Namen Senecas – des Prosaisten – verbunden. Noch vor
wenigen Jahren hat Eric A. Blackall, auf George Williamsons *The Senecan
Amble*[19] und andere Arbeiten aufbauend, die Entwicklung des Prosastils
und seiner Theorie im frühen 18. Jahrhundert durch den Gegensatz von
Senecanischer und Ciceronianischer Manier zu beschreiben versucht[20].

Damit aber erscheint das Problem der Affinität zwischen Lessing und
Seneca in einem neuen, fast überraschenden Licht, und es liegt die Ver-
suchung nahe, nun von der philosophischen Prosa Senecas her Parallelen
zu Lessing zu ziehen. Allein schon der Hinweis auf Senecas in der Tradition der Diatribe stehendes dialogisches Verfahren böte einen reizvollen
Anknüpfungspunkt[21]. Doch begänne bereits hier das Reich der Spekulation

---

[16] Kritische Schriften. Hrsg. v. Wolfdietrich Rasch, München 1970, S. 364.

[17] Erster Teil. Hrsg. v. Edgar Lohner (vgl. Kap. 1, Anm. 9), S. 234.

[18] Formgeschichte der deutschen Dichtung, Bd. 1, Hamburg 1949, S. 471 ff.
(bes. S. 530 ff.).

[19] London 1951. Wichtig in diesem Zusammenhang vor allem die Untersuchungen von Morris W. Croll (seit 1921).

[20] Die Entwicklung des Deutschen zur Literatursprache 1700–1775, Stuttgart
1966, S. 110 ff. (unterschieden wird dabei wiederum zwischen ‹kurzer› und
‹loser› Senecanischer Manier).

[21] Entsprechendes gilt, von der anderen Seite her, für die in Senecas Tra-
gödiendialogen oft zu beobachtende Prosa-Nähe (vgl. den *Nathan*!).

und des bloßen Vergleichens. Zwar hat Lessing offenbar in der Schule Senecanische Briefe gelesen und sich auch an einer Übersetzung versucht[22]. Aber von einer intensiveren Beschäftigung, wie sie den Tragödien gegolten hat, kann nach Lage der Zeugnisse keine Rede sein (ganz abgesehen davon, daß Lessing eine ausdrückliche Verbindung zwischen *Seneca tragicus* und *Seneca philosophus* offenbar nicht herstellte)[23].

So undifferenziert der Hinweis auf die Senecanische Prosa im Fall Lessings bleiben muß, so wichtig ist er im Hinblick auf den umfassenderen stilistisch-literarischen Kontext. Für Lessing ist die Tradition der silbernen Latinität noch in einer ungewöhnlichen Intensität gegenwärtig. Neben Statius, Phaedrus und Juvenal gehört bekanntlich vor allem Martial, das Urbild der epigrammatischen *argutia* seit Scaliger[24], zu den Autoren, die seinen Stil unmittelbar geprägt haben (seine besondere Hochschätzung der Spanier – Martial und Seneca sind Spanier – sei am Rande wenigstens erwähnt). Wenn man etwa am *Philotas* oder an der *Emilia Galotti,* oder auch an den Lustspielen, immer wieder die sententiös-epigrammatische Schärfe des Dialogs hervorgehoben hat, so ist es zuletzt fast gleichgültig, an welche antiken oder neueren Vorbilder man sich dabei vor allem erinnert. Aber es ist ein Fundament für die produktive Rezeption der Senecanischen Tragödien angedeutet, das über den bloßen Aspekt ‹Leidenschaftsdramatik› weit hinausreicht. Gerade die kontrastive Zusammenbindung von geschliffenem Dialog und ausladender Pathetik läßt bei *Philotas,* dem ‹dramatischen Epigramm›[25], eher an Seneca als etwa an Martial denken.

Der Versuch, dem rezeptionsgeschichtlichen Paradoxon ‹Lessing und Seneca› auf die Spur zu kommen, hat mit der Notwendigkeit der Sache in weite traditionale Zusammenhänge geführt, die ihrerseits eine eingehendere Darstellung verdienten[26]. Doch ist soviel immerhin erkennbar geworden, daß die Brüder Schlegel nicht ohne Grund die beiden ‹aufgeklärten›, ‹witzigen› Tragiker mit analogen Argumenten kritisierten[27] und trotz der Schärfe ihrer Kritik immer noch historisch adäquater verfuhren als die spätere Lessingforschung, die den Komplex ‹Lessing und Seneca›

---

[22] Vgl. die Angabe LM 14, S. 164.

[23] Oben S. 31.

[24] *Poetices libri septem,* S. 169 ff.

[25] Newald, Geschichte der deutschen Literatur, Bd. 6/1, S. 54.

[26] Zum Komplex der *argutia*-Bewegung, die auf Lessing noch unmittelbar wirkt, vgl. Verf., Barockrhetorik, S. 44 ff. und S. 355 ff.

[27] Unter dem Gesichtspunkt des ‹Rhetorischen› vergleiche man die in Kap. 1 gegebenen Zitate aus dem 19. Jahrhundert mit Friedrich Schlegels Resümee, daß Lessings gesamte Poesie ohne den *Nathan* «doch nur eine falsche Tendenz scheinen müßte, wo die angewandte Effektpoesie der rhetorischen Bühnendramen mit der reinen Poesie dramatischer Kunstwerke ungeschickt verwirrt . . . sei» (Kritische Schriften, S. 373).

einfach ignorierte oder bestenfalls auf eine Lessingsche Jugendsünde reduzierte.

Eine letzte Frage bleibt wenigstens kurz noch anzusprechen: die Frage nach der historischen Differenz der beiden rezeptionellen Bezugspunkte, oder spezieller, nach den Grenzen der produktiven Rezipierbarkeit Senecas durch Lessing. Lessing selbst, so humanistisch-unmittelbar er die Texte in Fragen der poetischen, ästhetischen Kritik auch anfaßte, war sich des Abstands der Zeitalter durchaus bewußt, vor allem in Religion und Moral. Das Räsonnement über die Großtaten des Hercules («bey den Heiden waren sie Glaubensartikel») bricht er ab mit der bezeichnenden Frage: «Allein, ist es billig einen Dichter anders, als nach den Umständen seiner Zeit zu beurtheilen?» (u. S. 122). Nicht radikaler Historismus meldet sich hier zu Wort, auch nicht etwa die sentimentalische Perspektive, mit der Schiller die Unwiederholbarkeit der Sophokleischen Tragödie konstatiert[28]; sondern das Bewußtsein der eigenen ‹aufgeklärten› Fortgeschrittenheit, das auch dem andersartigen Vergangenen sein Eigenrecht beläßt, um seine ästhetische Leistung anerkennen zu können (historische Toleranz gewissermaßen).

Über die sozialen, politischen Grundlagen der Differenz und über die Möglichkeiten des Weiterwirkens im ‹Überbau› reflektiert Lessing nicht; die Marxsche Fragestellung zur antiken Kunst[29] ist noch nicht die Fragestellung Lessings. Allenfalls könnte man einzelne auf Corneille und die tragédie classique gemünzte Theoreme der Hamburgischen Dramaturgie analog auf Seneca übertragen, etwa den wesenhaften Zusammenhang von «Kälte», «Politik» und höfischer «Galanterie» (80. Stück). Man könnte andererseits von Senecas immensem Reichtum und von seinem Verhältnis zum römischen Kaiserhof sprechen, auch vom Elitären seiner Ethik und Anthropologie, man könnte «Witz», «Rhetorik» und tragischen Manieris-

---

[28] «Ich theile ... die unbedingte Verehrung der Sophokleischen Tragödie, aber sie war eine Erscheinung ihrer Zeit, die nicht wiederkommen kann, und das lebendige Produkt einer individuellen bestimmten Gegenwart einer ganz heterogenen Zeit zum Maßstab und Muster aufdringen, hiesse die Kunst, die immer dynamisch und lebendig entstehen und wirken muß, eher tödten als beleben ... Die Schönheit ist für ein glückliches Geschlecht, aber ein unglückliches muß man erhaben zu rühren suchen» (Brief vom 26. Juli 1800 an Süvern; Nationalausgabe, Bd. 30, Weimar 1961, S. 177).

[29] Aus der Einleitung zur Kritik der politischen Ökonomie: «die Schwierigkeit liegt nicht darin, zu verstehn, daß griechische Kunst und Epos an gewisse gesellschaftliche Entwicklungsformen geknüpft sind. Die Schwierigkeit ist, daß sie für uns noch Kunstgenuß gewähren und in gewisser Beziehung als Norm und unerreichbare Muster gelten» (Karl Marx – Friedrich Engels, Über Kunst und Literatur, Bd. 1, Berlin 1967, S. 125). Zum Grundsätzlichen dieses Rezeptionsaspekts auch Jauß, Literaturgeschichte als Provokation, S. 155 ff.

mus als höfisch-aristokratisch interpretieren und dies durch Analysen von Stiltendenzen des 16. und 17. Jahrhunderts stützen, wie sie Arnold Hauser versucht hat[30]. Die Aversion der ‹bürgerlichen› Kritiker des 19. Jahrhunderts gegen Seneca würde dadurch vielleicht noch um ein Stück verständlicher.

Gerade eine solche sozialgeschichtlich bestimmte Perspektive aber würde auch noch einmal das Paradox der Lessingschen Seneca-Rezeption in seiner exemplarischen Bedeutung vor Augen führen. Trotz der zahllosen ideologiekritischen Reinigungs- und Rehabilitierungsversuche seit Franz Mehring[31] stößt alles, was in Lessings literarischem Kosmos nicht ohne weiteres ‹bürgerlich› oder auch ‹national› erklärbar ist, immer noch auf massive Verständnisschwierigkeiten. Die bürgerliche – und in vielen Punkten von der marxistischen Deutung weitergeführte – Stilisierung der geschichtlichen Leistung Lessings als einer heroischen Überwindung des Vorgefundenen verstellt den Blick für die integrative Dialektik seines rezeptiven und produktiven Verfahrens. Namentlich für Experiment, Spiel und decouvrierendes Zitat in Lessings Werk ist das Sensorium weithin noch stumpf geblieben. Bezeichnend dafür ist immer wieder die Verlegenheit der Interpreten angesichts des Heroenstücks *Philotas*[32]. Selbst ein so orientierter und ‹aufgeklärter› Leser wie Arno Schmidt gesteht hier halb grimmig, halb resignierend: «Das ist auch so ein Stück, von dem ich nie begreifen konnte, wieso ein Lessing, dessen ‹Minna› doch spöttisch und handfest antimilitaristisch ist – ... wieso Lessing je dergleichen verzapfen konnte!»[33]. Der Satz ließe sich ebensogut auf das Problem von Lessings Seneca-Rezeption anwenden. Man sollte ihn zum Anlaß nehmen, Lessing nicht nur als Kämpfer gegen Vorurteile zu feiern, sondern nach den eigenen Vorurteilen über Lessing zu fragen.

---

[30] Sozialgeschichte der Kunst und Literatur, München 1967, S. 377 ff.

[31] Vgl. den Überblick bei Steinmetz, Lessing – ein unpoetischer Dichter, S. 13 ff. (mit dem wichtigen Hinweis auf die verdächtige Beflissenheit der Apologeten, die aus der Not eine Tugend machen, S. 29).

[32] Oben S. 53.

[33] Tina/ oder über die Unsterblichkeit. Nachrichten von Büchern und Menschen, Frankfurt a. M. 1966, S. 41 f. (aus: Dya Na Sore. Blondeste der Bestien; dem ‹jugendlich entrüstbaren› Frager in den Mund gelegt).

Anhang

Lessings Frühschrift ‹Von den lateinischen Trauerspielen
welche unter dem Namen des Seneca bekannt sind› (1754)

Gotth. Ephr. Leßings

Theatralische

Bibliothek.

Zweytes Stück.

Berlin,
bey Christian Friederich Voß. 1754.

Zur Textgestaltung

Der folgende Abdruck basiert auf der Erstausgabe, die den einzigen von Lessing selbst überwachten Text der Seneca-Abhandlung bietet: Gotth. Ephr. Leßings | Theatralische | Bibliothek. | – | Zweytes Stück. | Berlin, | bey Christian Friederich Voß, 1754. (s. das Faksimile des Titelblatts, Exemplar der Universitätsbibliothek Tübingen: Df 1. 8°. R).

Originale Fraktur wurde in Antiqua umgesetzt, mit den entsprechenden Konsequenzen für I und J, für die Wiedergabe der Umlaute usw. (die Abbreviatur 2c. ist gegen ‹etc.› ausgewechselt). Fettdruck erscheint als Kursive. Originale Antiqua und Kursive bleiben als solche erhalten. Die Paginierung des Erstdrucks ist in eckigen Klammern hinzugefügt.

Orthographie und Zeichensetzung folgen genau der Vorlage, auch in ihrer zeittypischen Inkonsequentheit. Die in der Vorlage am linken Rand durchlaufenden Anführungszeichen bei übersetzten Zitaten sind auf jeweils eine An- und Abführung reduziert (unter Beibehaltung der in der Vorlage praktizierten Regel, daß Einfügungen wie ‹sagte er› nicht eigens herausgehoben werden). Eindeutige Druckfehler wurden korrigiert, vgl. das nachfolgende Verzeichnis. In einer Reihe weiterer Fälle können Druckfehler vorliegen, insbesondere bei dem schwankenden Dativ- und Akkusativgebrauch.

Da Petersen-Olshausen einen modernisierten und normalisierten Text bieten und bei Lachmann-Muncker Korrekturen (auch problematische) nur in seltenen Fällen als solche gekennzeichnet sind, steht jetzt zum ersten Mal ein kritisch überprüfbarer Neudruck der Seneca-Abhandlung zur Verfügung.

Korrigierte Druckfehler
(Seitenzahlen nach dem Original)

6 Sitzes] Sitzens. 12 *Amphit.*] *Amphil.* 16 auf ihm] auf ihn (vgl. LM). 17 Schönheiten] Schönheiren. 19 durch ihn] durch ihm. 21 Richtern] Richter. 22 dem *Neptun*] den *Neptun.* 26 Ueberwinder] Ueberwindern. Glanz] Glatz. 28 Zeichen] Zeiche. 30 stirbt] stirb. tödliche] tödlichen. 34 sträflichen] stärflichen. verbergen] verberge. 39 Alcides] Alides. 40 in dem Munde] in den Munde. 41 Ἡϱαϰλῆς] Ἡϱαϰλης. 43 in dem fünften] in den fünften (vgl. «im vierten»). 45 24. Seite] 24 Seite. gemäß] gemäßt. 57 seiner] seine. 58 1305] 1505. 1310] 1510. 59 den Mund] dem Mund. andrer] ander. 60 Das Eripere] Des Eripere. 61 fest] fast (vgl. LM). habe] haben. 62 das aptata] des aptata. 63 seinem] seinen. 65 seiner] seine. 68 gegen einen] gegen einem. dessen] dessem. 75 Ueppigkeit] Uippigkeit. 78 *Thyest*] *Theseus.* 79 *Thyest*] *Theseus* (dreimal). 81 trucidet] trucidat. 90 nöthig] nothig. 91 will dem *Thyest*] will den *Thyest.* ansehen] ansehe (ansehn LM). 95 Schauspielers] Schauspieles. 99 deinem] deinen. Scenen] Scene. 100 Er] Es. 102 an jubeat] au jubeat. 106 Alterthum] Altherthum. *Pacuvius] Pacunius.* 107 folgender Zeile] folgende Zeilen. 110 welchem] welchen. einen] eines. 111 Charaktere] Charaktern (vgl. LM). 112 grössten] gröstten. 113 deutlichen] deutliche. 114 ineleganter] inelaganter. 115 einen *Thyest*] eine *Thyest.* 117 *Crebillon* der schreckliche] *Crebillion* der schreckliche. Schriftstellern] Schrifstellern. 119 *Plisthenes*] *Phlisthenes.* 121 hält ihn] hält ihm. *Theodamia*] *Theodomia.* 122 eröfnen] eröfnete. 127 dem *Thyest*] den *Thyest.* ihn zum] ihm zum. 129 derjenige] derienige. 130 erziehet den *Plisthenes*] erziehet den *Phlisthenes.*

VII.

Von den
lateinischen Trauerspielen
welche
unter dem Namen
des Seneca
bekannt sind.

Die einzigen Ueberreste, woraus man die tragische Bühne der Römer einigermassen beurtheilen kann, sind diejenigen zehn Trauerspiele, welche unter dem Namen des *Seneca* gelesen werden.

Da ich jetzt vorhabe, sie meinen Lesern bekannter zu machen, so sollte ich vielleicht verschiedene historischkritische Anmerkungen und Nachrichten voraus schicken, die ihnen die Meinungen der Gelehrten von den wahren Verfassern dieser Trauerspiele, von ihrem Alter, von ihrem innern Werthe etc. erklärten. Doch weil sich hiervon schwerlich urtheilen läßt, wenn man die Stücke nicht schon selbst gelesen hat, so will ich [4] in dieser meiner Abhandlung eben der Ordnung folgen, die jeder wahrscheinlicher Weise beobachten würde, der sich selbst von diesen Dingen unterrichten wollte. Ich will alle zehn Trauerspiele nach der Reihe durchgehen, und Auszüge davon mittheilen, in welchen man die Einrichtung und die vornehmsten Schönheiten derselben erkennen kann. Ich schmeichle mir, daß diese Auszüge desto angenehmer seyn werden, je grösser die Schwierigkeiten sind, mit welchen die Lesung der Stücke selbst verbunden ist.

Es sind, wie schon gesagt, deren zehne, welche folgende Ueberschriften führen. I. *der rasende Herkules.* II. *Thyest.* III. *Thebais.* IV. *Hippolytus.* V. *Oedipus.* VI. *Troas.* VII. *Medea.* VIII. *Agamemnon.* IX. *Herkules auf Oeta.* X. *Octavia.* Ich will mich sogleich zu dem ersten Stücke wenden.

I. Der rasende Herkules.

Inhalt.

Herkules hatte sich mit der *Megara,* der Tochter des *Creons,* Königs von Theben vermählt. Seine Thaten und besonders seine Reise in die Hölle nöthigten ihn, lange Zeit von seinem Reiche und seiner Familie abwesend zu seyn. Während seiner Abwesenheit empörte sich ein gewisser *Lycus,* ließ den *Creon* mit seinen Söhnen ermorden und bemächtigte sich des [5] Thebanischen Scepters. Um seinen Thron zu befestigen, hielt er es vor gut, sich mit der zurückgelassenen Gemahlin des *Herkules* zu verbinden. Doch indem er am heftigsten darauf dringt, kömmt *Herkules* aus der Hölle zurück, und tödtet den tyrannischen *Lycus* mit allen seinen Anhängern. *Juno,* die unversöhnliche Feindin des *Herkules,* wird durch das beständige Glück dieses Helden erbittert, und stürzt ihn durch Hülfe der Furien, in eine schreckliche Raserey; deren traurige Folgen der eigentliche Stof dieses Trauerspiels sind. Ausser dem Chore kommen nicht mehr als sechs Personen darinne vor: *Juno, Megara, Lycus, Amphitryo, Herkules, Theseus.*

Auszug.

Juno eröfnet die Scene. *Herkules* ist in den zwey ersten Acten zwar noch nicht gegenwärtig. Als *Juno* aber weis sie doch schon, daß er gewiß erscheinen werde, und schon bereits siegend die Hölle verlassen habe. Man muß sich erinnern, daß *Herkules* ein Sohn des Jupiters war, den er mit der *Alcmene* erzeugt hatte. Sie tobt also in diesem ersten Auftritte wider die Untreue ihres Gemahls überhaupt, und wider diese Frucht derselben insbesondere. Endlich faßt sie wider den *Herkules* den allergrausamsten Anschlag. – – Wir wollen sehen, wie dieses der Dichter ungefehr ausgeführt hat.

[6] Sie sagt gleich Anfangs, daß sie, die Schwester des Donnergotts – – denn nur dieser Name bleibe ihr noch übrig – – die ätherischen Wohnungen, und den von ihr immer abgeneigten Jupiter verlassen habe. «Ich muß auf der Erde wandeln, um den Kebsweibern Platz zu machen. Diese haben den Himmel besetzt! Dort gläntzt von dem erhabensten Theile des eisreichen Pols *Callisto* in der Bärin, und regieret argolische Flotten. Da, wo in verlängerten Tagen der laue Frühling herab fließt, schimmert der schwimmende Träger Europens. Hier bilden des Atlas schweifende Töchter das den Schiffern und der See furchtbare Gestirn; dort schreckt mit drohendem Schwerd *Orion* die Götter. Hier hat der güldne *Perseus* seine Sterne; dort *Castor* und *Pollux* etc. Und damit ja kein Theil des Himmels unentehrt bleibe, so muß er auch noch den Kranz des Cnoßischen Mädchens tragen. Doch was klage ich über alte Beleidigungen? Wie oft haben mich nicht des einzigen gräßlichen Thebens ruchlose Dirnen zur Stiefmutter gemacht! Ersteige nur den Himmel, *Alcmene;* bemächtige dich nur siegend meines Sitzes; und du, ihr Sohn, um dessen Geburth die Welt einen Tag einbüßte und der langsame Phöbus später aus dem Eoischen Meere aufstieg, nimm die versprochnen Gestirne nur ein! Ich will meinen Haß nicht fahren lassen; mein rasender [7] Schmerz, mein tobender Zorn soll mich zu ewigen Kriegen reitzen – – Aber, zu was für Kriegen? Was die feindselige Erde nur scheusliches hervorbringt; was Meer und Luft nur

schreckliches, gräßliches, wildes und ungeheures tragen, alles das ist von ihm gebändigt und besiegt. Das Ungemach stärkt ihn; er nützet meinen Zorn; er verkehret meinen Haß in sein Lob, und je härtere Dinge ich ihm auflege, je mehr beweiset er seinen Vater!» – – Die Göttin berührt hierauf die Thaten des *Herkules* näher, der als ein Gott schon in der ganzen Welt verehrt werde, und der ihre Befehle leichter vollziehe, als sie dieselben erdencke. Die Erde sey ihm nicht weit genug gewesen; er habe die Pforten der Hölle erbrochen, den Weg aus dem Reiche der Schatten zurück gefunden, und schleppe, über sie triumphirend, mit stoltzer Faust den Höllenhund durch die Städte Griechenlands zur Schau. «Der Tag, fährt sie fort, erblaßte, die Sonne zitterte, als sie den Cerberus erblickte; mich selbst überfiel ein Schauer, da ich das überwältigte drey-köpfigte Ungeheuer sahe, und ich erschrak über meinen Befehl.» – – Sie fürchtet, Herkules werde sich auch des obern Reichs bemächtigen, da er das unterirrdische überwunden habe; er werde seinem Vater den Scepter entreissen, und nicht, wie *Bacchus,* auf langsamen Wegen sich zu den Sternen erheben; er werde auf den Trümmern der Welt sie ersteigen [8] und über den öden Himmel gebiethen wollen. – «Wüthe nur also fort, mein Zorn; wüthe fort! Unterdrücke ihn mit seinem grossen Anschlage; falle ihn an, Juno, zerfleische ihn mit deinen eignen Händen. Warum überträgst du andern deinen Haß? – – Welche Feinde kannst du ihm erwecken, die er nicht überwunden habe? Du suchst einen, der ihm ge-wachsen sey? Nur er selbst ist sich gewachsen. So bekriege er sich dann also selbst! Herbey ihr Eumeniden! Herbey aus dem tiefsten Abgrunde des Tartarus! Schüttelt das flammende Haar; schlagt ihm mit wüthenden Händen vergiftete Wunden! – – Nun, Stolzer, kannst du nach den himm-lischen Wohnungen trachten! – – Umsonst glaubst du dem Styx entflohen zu seyn! Hier, hier will ich dir die wahre Hölle zeigen! Schon rufe ich die Zwietracht aus ihrer finstern Höhle, noch jenseits dem Reiche der Ver-dammten, hervor! Was du noch schrekliches da gelassen hast, soll er-scheinen. Das lichtscheue Verbrechen, die wilde Ruchlosigkeit, die ihr eigen Blut leckt, und die irre stets wieder sich selbst bewafnete Raserey; diese, diese sollen erscheinen und Rächer meines Schmerzes seyn! Fanget dann also an, ihr Dienerinnen des Pluto! Schwinget die lodernden Fackeln! Strafet des Styx kühnen Verächter! Erschüttert seine Brust und laßt sie ein heftiger Feuer durchrasen, als in den [9] Höhlen des Aetna tobet! – – Ach, daß Herkules rasen möge, muß ich vorher erst selbst rasen. Und warum rase ich nicht schon?» – – Auf diese Art beschließt Juno, daß ihr Feind immerhin aus der Hölle unverletzt und mit unverringerten Kräften zurückkommen möge; sie wolle ihn seine Kinder gesund wieder finden lassen, aber in einer plötzlichen Unsinnigkeit solle er ihr Mörder werden. «Ich will ihn selbst die Pfeile von der gewissen Senne schnellen helfen; ich will selbst die Waffen des Rasenden lenken, und endlich einmal selbst dem kämpfenden Herkules beystehen. Mag ihn doch nach dieser That sein Vater in den Himmel aufnehmen» – Mit diesem Vorsatze begiebt sich Juno fort, weil sie den Tag anbrechen sieht.

Diesen Anbruch des Tages beschreibt der darauf folgende Chor. Er beschreibt ihn nach den Veränderungen, die an dem Himmel vorgehen, und nach den verschiedenen Beschäftigungen der Menschen, welche nun wieder ihren Anfang nehmen. «Wie wenige, fügt er hinzu, beglückt die sichere Ruhe! Wie wenige sind der Flüchtigkeit des Lebens eingedenck, und nützen die nie wieder zurückkehrende Zeit. Lebt, weil es noch das Schicksal erlaubt, vergnügt! Das rollende Jahr eilt mit schnellen Tagen dahin, und die unerbittlichen Schwestern spinnen fort, ohne den Faden wieder aufzuwinden.» – – Er tadelt hierauf diejenigen, welche gleichwohl freywillig [10] ihrem Schicksale entgegen eilen, und wie Herkules das trübe Reich der Schatten nicht bald genug erblicken können. Er verlangt die Ehre, die diese treibt, nicht, sondern wünscht sich, in einer verborgenen Hütte ruhig zu leben, wo das Glück auf einen zwar niedrigen aber sichern Orte fest stehe, wenn die kühne Tugend hoch herab stürzet. – – Hier sieht er die traurige *Megara,* mit zerstreuten Haaren näher kommen, welcher der alte *Amphitryo,* der Halbvater des Herkules, langsam nachfolgt. Er macht ihnen also Platz und Megara eröfnet den

Zweyten Aufzug.

Sie bittet den Jupiter, ihren und ihres Gemahls Mühseligkeiten endlich einmal ein Ende zu machen. Sie klagt, daß noch nie ein Tag sie mit Ruhe beglückt habe; daß immer das Ende des einen Uebels der Uebergang zu dem andern sey; daß dem Herkules nicht ein Augenblick Ruhe gelassen werde; daß ihn *Juno* seit der zartesten Kindheit verfolge, und ihn Ungeheuer zu überwinden genöthiget habe, noch ehe er fähig gewesen sey, sie zu kennen. Sie fängt hierauf von den zwey Schlangen an, die er schon in der Wiege, so fest sie ihn auch umschlungen hatten, mit lächelnden Blicke zerquetschte, und berührt alle seine übrigen Thaten mit kurzen mahlerischen Zügen, bis auf die schimpfliche Arbeit im Stall des *Augias.* «Aber, fährt sie fort, was hilft ihn alles dieses? Er muß der Welt, die [11] er vertheidigte, entbehren. Und schon hat es die Erde empfunden, daß der Urheber ihres Friedens nicht zugegen sey! Das glückliche Laster heißt Tugend; die Bösen herrschen über die Guten; Gewalt geht vor Recht und die Gesetze verstummen vor Furcht.» – – Zum Beweise führt sie die Grausamkeiten des *Lycus* an, welcher ihren Vater den *Creon* und ihre Brüder, dessen Söhne, ermordet und sich des Thebanischen Reichs bemächtiget habe. Sie bedauret, daß diese berühmte Stadt, aus welcher so viel Götter entsprossen, deren Mauern *Amphion* mit mächtigen Melodien aufgeführt, und in welche selbst der Vater der Götter sich so oft herab gelassen habe, jezt einem nichtswürdigen Verbannten gehorchen müsse. «Der, welcher zu Wasser und Land die Laster verfolgt, und tyrannische Scepter mit gerechter Faust zerbrochen hat, muß selbst abwesend dienen, und das Joch tragen, wovon er andre befreyet. Dem Herkules gehöret Theben und Lycus hat es inne. Doch lange wird er es nicht mehr inne haben. Plötzlich wird der Held an das Tageslicht wieder hervor dringen; er wird den Weg zurück entweder finden, oder sich machen. – – Erscheine denn, o Gemahl, und komm als Sieger zu deinem besiegten Hause zurück! Entreisse dich der Nacht, und wann alle Rückgänge verschlossen sind, so spalte die Erde, so wie du einst das Gebirge spaltetest, und dahin den Ossa und [12] dorthin den Olympus warfst und mitten durch den Thessalischen Strom einen neuen Weg führtest. Spalte sie; treibe was in ewigen Finsternissen begraben war, zitternde Schaaren des Lichts entwöhnter Schatten, vor dir her, und so stelle dich deinen Aeltern, deinen Kindern, deinem Vaterlande wieder dar! Keine andre Beute davon bringen, als die man dir befohlen hat, ist deiner unwürdig!» – – Doch hier besinnt sich *Megara,* daß diese Reden für ihre Umstände zu großsprechrisch sind; und wendet sich lieber zu den Göttern, welchen sie Opfer und heilige Feste verspricht, wenn sie ihr den Gemahl bald wieder schencken wollen. «Hält dich aber, fügt sie hinzu, eine höhere Macht zurück; wohl, so folgen wir! Entweder schütze uns durch deine Zurückkunft alle, oder ziehe uns alle nach dir! – – Ja, nachziehen wirst du uns dir; denn uns Gebeugte vermag auch kein Gott aufzurichten.»

Hier unterbricht sie der alte Amphitryo. «Hoffe ein besseres, spricht er, und laß den Muth nicht sinken. Er wird gewiß auch aus dieser Mühseligkeit, wie aus allen, grösser hervorgehen!»

Meg. Was die Elenden gern wollen, daß glauben sie leicht.

Amphit. Oder vielmehr, was sie allzusehr fürchten, dem vermeinen sie auf keine Weise entgehen zu können.

[13] *Meg.* Aber jetzt, da er in die Tiefe versenkt und begraben ist, da die ganze Welt auf ihm liegt, welchen Weg kann er zu den Lebendigen zurückfinden?

Amph. Eben den, welchen er durch den brennenden Erdstrich, und durch das trockne Meer stürmender Sandwogen fand etc.

Meg. Nur selten verschonet das unbillige Glück die größten Tugenden. Niemand kann sich lange so häufigen Gefahren sicher blos stellen. Wen das Verderben so oft vorbey gegangen ist, den trift es endlich einmal.

Hier bricht *Megara* ab, weil sie den wüthenden *Lycus* mit drohendem Gesicht, und mit Schritten, die seine Gemüthsart verrathen, einhertreten sieht. Er redet die ersten zwanzig Zeilen mit sich selbst, und schildert sich als einen wahren Tyrannen. Er ist stolz darauf, daß er sein Reich nicht durch Erbschaft besitze, daß er keine edeln Vorfahren, kein durch erhabne Titel berühmtes Geschlecht aufweisen könne. Er trozt auf seine eigene Tapferkeit, und findet, daß seine fernere Sicherheit nur auf dem Schwerde beruhe. «Nur dieses, sagt er, kann bey dem schützen, was man wider Willen der Unterthanen besitzt» – – Unterdessen will er doch auch nicht unterlassen, einen Staatsgriff anzuwenden. Er bildet sich nehmlich ein, daß er sein neu erobertes Reich durch nichts mehr befestigen könne, als wenn er sich mit der *Megara* vermählte. Er [14] kann sich nicht vorstellen, daß sie seinen Antrag verachten werde: sollte sie es aber thun, so hat er bereits den festen Entschluß gefaßt, das ganze Herkulische Haus auszurotten. Er fragt nichts darnach, was das Volk von so einer That urtheilen werde; er hält es für eines von den vornehmsten Stücken der Regierungskunst, gegen die Nachreden des Pöbels gleichgültig zu seyn. In dieser Gesinnung will er sogleich den Versuch machen, und geht auf die *Megara* los, die sich schon im voraus von seinen Vorhaben nichts gutes verspricht. Seine Anrede ist nicht schlecht; er macht ihr eine kleine Schmeicheley wegen ihrer edeln Abkunft, und bittet sie, ihn ruhig anzuhören. Er stellt ihr hierauf vor, wie übel es um die Welt stehen würde, wenn Sterbliche einander ewig hassen wollten. «Dem Sieger und dem Besiegten liegt daran, daß der Friede endlich wieder hergestellet werde. Komm also und theile das Reich mit mir; laß uns in ein enges Bündniß tretten, und empfange meine Rechte, als das Pfand der Treue.» – – *Megara* sieht ihn mit zornigen Blicke an. «Ich, spricht sie, sollte deine Rechte annehmen, an welcher das Blut meines Vaters, und meiner Brüder klebt? Eher soll man die Sonne im Ost untergehen, und im West aufgehen sehen; eher sollen Wasser und Feuer ihre alte Feindschaft in Friede verwandeln etc. Du hast mir Vater, Reich, Brüder und Götter [15] geraubt. Was blieb mir noch übrig? Eins blieb mir noch übrig, welches mir lieber als Vater, Reich, Brüder und Götter ist: das Recht dich zu hassen. Ach! warum muß auch das Volk dieses mit mir gemein haben. – – Doch herrsche nur, Aufgeblasener; verrathe nur deinen Uebermuth! Gott ist Rächer und seine Rache folget hinter dem Rücken der Stolzen.» Sie stellt ihm hierauf vor, was für ein strenges Schicksal fast alle Thebanische Regenten betroffen habe. Agave und Ino, Oedipus und seine Söhne, Niobe und Cadmus sind ihre schrecklichen Beyspiele. «Sieh, fährt sie fort, diese warten deiner! Herrsche wie du willst, wenn ich dich nur endlich in eben das Elend, das von unserm Reiche so unzertrennlich ist, verwickelt sehe.» – – *Lycus* wird über diese Reden unwillig, und giebt ihr auf eine höhnische Art zu verstehen, daß er König sey, und sie gehorchen müsse. «Lerne, sagt er, von deinem Gemahl, wie unterwürfig man Königen seyn müsse.» Er zielet hiemit auf die Befehle des Eurystheus, die sich Herkules zu vollziehen bequemte. «Doch, spricht er weiter, ob ich schon die Gewalt in meinen Händen habe, so will ich mich doch so weit herablassen, meine Sache gegen dich zu rechtfertigen.» Er bemüht sich hierauf, den Tod ihres Vaters und ihrer Brüder von sich abzuwelzen. «Sie sind im Streite umgekommen. Die Waffen wissen [16] von keiner Mäßigung; und die Wuth des gezückten Schwerdes kennet kein Schonen. Es ist wahr, dein Vater stritt für sein Reich, und mich trieben sträfliche Begierden. Doch jetzt kömmt es nicht auf die Ursache, sondern auf den Ausgang des Krieges an. Laß uns daher an das geschehene nicht länger denken. Wenn der Sieger die Waffen ablegt, so geziemet es sich, daß auch der Besiegte den Haß ablege. Ich verlange nicht, daß du mich mit gebogenem Knie verehren sollst. Es gefällt mir vielmehr, daß du deinen Unfall mit starken Muthe zu tragen weißt. Und da du die Gemahlin eines Königs zu seyn verdienest, so sey es denn an meine Seite.» *Megara* geräth über diesen Antrag ausser sich. «Ich deine Gemahlin? Nun empfinde ich es erst, daß ich eine Gefangene bin – – Nein, Alcides, keine Gewalt soll meine Treue überwinden; als die Deinige will ich sterben.»

Lycus. Wie? ein Gemahl, der in der Tiefe der Hölle vergraben ist, macht dich so kühn?

Megara. Er stieg in die Hölle herab, um den Himmel zu ersteigen.

Lycus. Die ganze unendliche Last der Erde liegt nun auf ihm.

Megara. Kann eine Last für den zu schwer seyn, der den Himmel getragen hat?

[17] *Lycus.* Aber du wirst gezwungen werden.

Megara. Wer gezwungen werden kann, weis nicht zu sterben.

Lycus. Kann ich dir ein königlicher Geschenk anbieten, als meine Hand?

Megara. Ja; deinen oder meinen Tod.

Lycus. Nun wohl; du sollst sterben.

Megara. So werde ich denn meinem Gemahl entgegen gehen.

Lycus. So ziehst du meinem Throne einen Knecht vor?

Megara. Wie viel Könige hat dieser Knecht dem Tode geliefert!

Lycus. Warum dient er denn aber einem Könige?

Megara. Was wäre Tapferkeit ohne harte Dienste?

Lycus. Wilden Thieren und Ungeheuern vorgeworfen werden, nennst du Tapferkeit?

Megara. Das eben muß die Tapferkeit überwinden, wofür sich alle entsetzen.

Diese kurzen Gegenreden, welche gewiß nicht ohne ihre Schönheiten sind, werden noch einige Zeilen fortgesetzt, bis *Lycus* zuletzt auch die Abkunft des *Herkules* antastet, und den alten *Amphitryo* also nöthiget, das Wort zu ergreifen. «Mir spricht er, kömmt es zu, ihm seinen wahren Vater nicht streitig machen zu lassen.» Er führt hierauf seine erstaunlichen [18] Thaten an, durch die er den Frieden in der ganzen Welt hergestellet, und die Götter selbst vertheidiget habe. «Zeigen diese nicht deutlich genug, daß Jupiter sein Vater sey, oder muß man vielmehr dem Hasse der *Juno* glauben? «Was lästerst du den Jupiter, erwiedert *Lycus*? Das sterbliche Geschlecht ist keiner Verbindung mit dem Himmel fähig.» – – Er sucht hierauf alles hervor, was die göttliche Herkunft des *Herkules* verdächtig machen könne. Er nennt ihn einen Knecht, einen Elenden, der ein unstätes und flüchtiges Leben führe, und alle Augenblicke der Wuth der wilden Thiere Preis gegeben werde. Doch *Amphitryo* setzt diesen Beschuldigungen das Exempel des Apollo entgegen, der ein Hirte gewesen sey, der auf einer herumirrenden Insel sogar gebohren worden, und mit dem ersten Drachen gekämpft habe. Er fügt hierzu noch das Beyspiel des *Bacchus,* und zeigt auch an diesem, wie theuer das Vorrecht, als ein Gott gebohren werden, zu stehen komme.

Lycus. Wer elend ist, ist ein Mensch.

Amph. Wer tapfer ist, ist nicht elend.

Lycus will ihm auch diesen Ruhm zu Schanden machen, und erwähnt mit einer sehr spöttischen Art seines Abentheuers mit der *Omphale,* bey welcher *Herkules* die Rolle eines Helden in die Rolle eines Weichlings verwandelte. Doch auch hier beruft sich *Amphitryo* auf [19] den *Bacchus,* welcher sich nicht geschämt habe, das Haar zierlich fliegen zu lassen, den leichten Thyrsus mit spielender Hand zu schwenken, und im sanften Gange den güldnen Schweif des herabfallenden Kleides hinter sich her zu ziehen. Nach vielen und schweren Thaten fügt er hinzu, ist es der Tapferkeit gantz wohl erlaubt, sich zu erhohlen. – –

Lycus. Dieses beweiset das Haus des *Thespius,* und die nach Art des Viehes durch ihn befruchtete Heerde von Mädchen. Dieses hatte ihm keine *Juno,* kein *Eurystheus* befohlen; es waren seine eigne Thaten.

Auf diese höhnische Anmerkung erwiedert *Amphitryo,* daß *Herkules* auch noch andre Thaten ungeheissen verrichtet habe. Er gedenkt des *Eryx,* des *Antäus,* des *Busiris,* des *Geryon.* «Und auch du, *Lycus,* wirst noch unter die Zahl dieser Ermordeten kommen, die doch durch keine Schändung sein Ehebette zu beflecken gesucht.»

Lycus. Was dem Jupiter erlaubt ist, ist auch dem Könige vergönnt. Jupiter bekam von dir eine Gemahlin; von dir soll auch der König eine bekommen etc. – – Hier treibt *Lycus* seine Ruchlosigkeit auf das höchste. Er wirft dem guten Alten seine gefällige Nachsicht gegen den Jupiter vor, und will, daß sich *Megara* nur ein Exempel an der *Alcmene* nehmen solle. Er droht sogar Gewalt zu brau- [20] chen, und sagt, was ich keinem tragischen Dichter jetziger Zeit zu sagen rathen wollte: vel ex coacta nobilem partum feram. Hierüber geräth *Megara* in eine Art von Wuth, und erklärt sich, daß sie in diesem Falle die Zahl der *Danaiden* voll machen wolle. Sie zielet hier auf die *Hypermnestra,* welches die einzige von den funfzig Schwestern war, die in der blutigen Hochzeitnacht ihres Mannes schonte. Auf diese Erklärung ändert *Lycus* die Sprache. «Weil du denn also unsre Verbindung so hartnäckig ausschlägst, so erfahre es, was ein König vermag. Umfasse nur den Altar; kein Gott soll dich mir entreissen; und wenn auch Alcides selbst triumphirend aus der Tiefe zurück-

kehrte.» – – Er befiehlt hierauf, daß man den Altar und den Tempel
mit Holz umlegen solle. Er will das ganze Geschlecht des Herkules in
seinem Schutzorte, aus welchem er es nicht mit Gewalt reissen durfte,
verbrennen. *Amphitryo* bittet von ihm weiter nichts als die Gnade, daß
er zuerst sterben dürfe. «Sterben? spricht Lycus. Wer alle zum Sterben
verdammt, ist kein Tyrann. Die Strafen müssen verschieden seyn. Es
sterbe der Glückliche; der Elende lebe.» Mit diesen Worten geht *Lycus*
ab, um dem *Neptunus* noch vorher ein Opfer zu bringen. *Amphitryo*
weis weiter nichts zu thun, als die Götter wider diesen Wütrich anzu-
rufen. «Doch was flehe ich umsonst die Göt- [21] ter an. Höre mich,
Sohn, wo du auch bist! – Welch plötzliches Erschüttern? Der Tempel
wankt; der Boden brillet! Welcher Donner schallt aus der Tiefe hervor – –
Wir sind erhört! – – Ich höre, ich höre sie, des *Herkules* nahende Tritte.»

Hier läßt der Dichter den Chorus einfallen. Der Gesang desselben ist
eine Apostrophe an das Glück, welches seine Wohlthaten so ungleich
austheile und den *Eurystheus* in leichter Ruhe herrschen lasse, während
der Zeit, da *Herkules* mit Ungeheuern kämpfen müsse. Hierauf wird die
Anrede an diesen Held selbst gerichtet. Er wird ermuntert, siegend aus
der Hölle hervor zu gehen, und nichts geringers zu thun, als die Banden
des Schicksals zu zerreissen. Das Exempel des Orpheus, welcher durch
die Gewalt seiner Saiten, Eurydicen von den unerbittlichen Richtern, ob-
schon unter einer allzustrengen Bedingung, erhalten, wird ziemlich weit-
läuftig berührt, und endlich wird geschlossen, daß ein Sieg, der über das
Reich der Schatten durch Gesänge erhalten worden, auch wohl durch
Gewalt zu erhalten sey.

Dritter Aufzug.

Die erwünschte Erscheinung des *Herkules* erfolgt nunmehr. Er eröfnet
den dritten Aufzug, welcher von dem zweyten durch nichts als durch den
vorigen Chor unterschieden wird. [22] *Megara* und *Amphitryo* sind nicht
von der Bühne gekommen.

Herkules redet die Sonne an, und bittet sie um Verzeihung, daß er den
Cerberus ans Licht gebracht habe. Er wendet sich hierauf an den *Jupiter,*
an den *Neptun* und an alle andere Götter, die von oben auf das Irrdische
herabsehen. Dem Jupiter giebt er den Rath, wenn er dieses Ungeheuer
nicht sehen wolle, sich unterdessen den Blitz vor die Augen zu halten:
visus fulmine opposito tege; den Neptun, auf den Grund des Meeres
herabzufahren, und den übrigen, das Gesicht wegzuwenden. «Der Anblick
dieses Scheusals, fährt er fort, ist nur für zwey; für den, der es her-
vorgezogen, und für die, die es hervorzuziehen befohlen.» Dieser, der
Juno nehmlich, spricht er hierauf förmlich Hohn. Er rühmt sich das
Chaos der ewigen Nacht, und was noch ärger als Nacht sey, und der

Finsterniß schreckliche Götter, und das Schicksal überwunden zu haben. Er fordert sie, wo möglich, zu noch härtern Befehlen auf, und wundert sich, daß sie seine Hände so lange müßig lasse. – – Doch in dem Augenblicke wird er die Anstalten gewahr, die *Lycus* in dem vorigen Aufzuge machen lassen. Er sieht den Tempel mit bewafneter Mannschaft umsetzt, und da er noch darüber erstaunt, wird er von dem *Amphitryo* angeredet.

[23] Dieser zweifelt noch vor Freuden, ob es auch der wahre Herkules, oder nur der Schatten desselben sey. Doch endlich erkennt er ihn. *Herkules* fragt sogleich, was diese traurige Tracht seines Vaters und seiner Gemahlin, und der schmutzige Aufzug seiner Kinder bedeute. «Welch Unglück drückt das Haus?» *Amphitryo* antwortet auf diese Frage in wenig Worten, daß *Creon* ermordet sey, daß *Lycus* herrsche, und daß dieser Tyrann Kinder, Vater und Gemahlin hinrichten wolle.

Herkules. Undanckbare Erde! So ist niemand dem Herkulischen Hause zu Hülfe gekommen? So konnte die von mir vertheidigte Welt solch Unrecht mit ansehen? Doch was verliere ich die Zeit mit Klagen? Es sterbe der Feind!

Hier fällt ihm *Theseus,* den er aus der Hölle mit zurück gebracht, und der mit ihm zugleich auf der Bühne erschienen, ins Wort. «Diesen Fleck sollte deine Tapferkeit tragen? *Lycus* sollte ein würdiger Feind *Alcidens* seyn? Nein; ich muß sein verhaßtes Blut vergiessen.»

Doch *Herkules* hält den *Theseus* zurück, entreißt sich den Umarmungen seines Vaters und seiner Gemahlin, und eilet zur Rache. «Es bringe *Lycus* dem Pluto die Nachricht, daß ich angekommen sey» – – So sagt er und geht ab. *Theseus* wendet sich hierauf gegen den *Amphitryo,* und ermuntert ihn, sein [24] Gesicht aufzuheutern, und die herabfallenden Thränen zurück zu halten. «Wenn ich, sagt er, den Herkules kenne, so wird er gewiß an dem *Lycus* des ermordeten *Creons* wegen Rache üben. Er wird? Nein er übt sie schon. Doch auch dieses ist für ihn zu langsam: er hat sie bereits geübt.» – – Hierauf wünscht der alte *Amphitryo,* daß es Gott also gefallen möge, und wendet auf einmal die Aufmerksamkeit der Zuhörer auf eine andere Seite. Er verlangt nehmlich von dem Gefehrten seines unüberwindlichen Sohnes nähere Umstände von dem unterirrdischen Reiche und dem gebändigten Cerberus zu wissen. *Theseus* weigert sich Anfangs; endlich aber, nachdem er die vornehmsten Gottheiten um Erlaubniß gebethen, fängt er eine lange und prächtige Beschreibung an, welche an einem jeden andern Orte Bewunderung verdienen würde. Das letzte Stück derselben besonders, welches den Kampf des Herkules mit dem höllischen Ungeheuer schildert, ist von einer ausserordentlichen Stärke. Die gantze deutsche Sprache, – – wenigstens so wie ich derselben mächtig bin, – – ist zu schwach und zu arm, die meisterhaften Züge des Römers mit eben der kühnen und glücklichen Kürze auszudrücken. Das starrende Wasser des Styx, der darüber hangende fürchterliche Fels, der alte scheusliche Fuhrmann schrecken in den traurigsten Farben – – Charon war eben an [25] dem dißeitigen Ufer mit dem leeren Nachen angelangt; als sich *Herkules* durch die Schaar wartender Schatten drengte, und zuerst hinüber gesetzt zu werden begehrte. «Wohin Verwegener? schrie der gräßliche Charon. Hemme die eilenden Schritte!» Doch nichts konnte den Alcides aufhalten; er bändigte den alten Schiffer mit dem ihm entrissenen Ruder, und stieg ein. Der Nachen, der Völkern nicht zu enge, sank unter der Last des einzigen tiefer herab, und schöpfte überladen mit schwankendem Rande letheische Fluth – –. Endlich näherten sie sich den Wohnungen des geitzigen Pluto, die der Stygische Hund bewacht. Die Gestalt dieses dreyköpfigten Wächters ist die gräßlichste, und der Gestalt gleicht seine Wuth. Fähig auch den leisen Schritt wandelnder Schatten zu hören, horcht er mit gespitzten Ohren auf das Geräusche nahender Füsse. Er blieb ungewiß in seiner Höle sitzen, als der Sohn des Donnergottes vor ihm stand; und beyde furchten sich. Doch jezt erhebt er ein brüllendes Bellen, die Schlangen umzischen das dreyfache Haupt, die stillen Wohnungen ertönen und auch die seeligen Schatten entsetzen sich. *Herkules* löset unerschrocken den cleonäischen Raub von der linken Schulter, und schützt sich hinter dem noch schreckenden Rachen des Löwen. Er schwingt mit siegender Hand die Keule, und Schlag auf Schlag trift das endlich ermüdende Ungeheuer. Es läßt [26] ein Haupt nach dem andern sincken, und räumet seinem Ueberwinder den Eingang. Die unterirrdischen Gottheiten entsetzen sich, und lassen den Cerberus abfolgen, und auch mich, spricht Theseus, schenkte Pluto dem bittenden Alciden. Dieser sträuchelt des Ungeheurs gebändigte Nacken und fesselt sie mit diamantenen Ketten. Es vergaß, daß es der Wächter der Höllen sey, ließ furchtsam die Ohren sinken, und folgte dem Bändiger demüthig nach. Doch als es an den Ausgang des Tänarus kam, und der Glanz des ihm unbekannten Lichts die Augen traf, sträubte es sich, faßte neue Kräfte, schüttelte wüthend die tönenden Ketten, und fast hätte es den Sieger zurück geschleppt. Doch hier nahm Herkules die Fäuste des Theseus zu Hülfe, und so rissen beyde den vergebens rasenden Cerberus auf die Welt heraus. Noch einen Zug setzt der Dichter zu diesem Bilde, der gewiß wenige seines gleichen hat. Er sagt nehmlich, der Höllenhund habe die Köpfe in den Schatten des Herkules verborgen, um das Tageslicht so wenig als möglich in die verschloßenen Augen zu lassen:

– – – Sub Herculea caput
Abscondit umbra.

Die nahende Schaar des über die Zurückkunft des Herkules frohlockenden Volckes macht der Beschreibung ein Ende. Mit viel mattern Beschreibungen und ziemlich kalten Sittensprüchen ist der Chorus angefüllt. Sie betreffen [27] das unterirrdische Reich und die traurige Nothwendigkeit, daß alle und jede einmal dahin absteigen müssen. «Niemand, heißt es, kömmt dahin zu spät, von wannen er, wenn er einmal dahin gekommen ist, nicht wieder zurück kann. – Schone doch, o Tod, der Menschen, die dir ohne dem zueilen. – – Die erste Stunde, die uns das Leben schenkte, hat es auch wiedergenommen etc.» Und andere dergleichen Blümchen mehr.

Vierter Aufzug.

Es ist geschehen. *Herkules* hat den *Lycus* mit allen seinen Anhängern ermordet, und macht sich nunmehr gefaßt, den Göttern ein Opfer zu bringen. Er ruft sie insgesamt dazu an, und nur die Kinder der Juno schließt er davon aus. Er will ganze Heerden schlachten, und ganze Erndten von Weyhrauch anzünden. Amphitryo der noch das Blut an den Händen seines Sohnes kleben sieht, erinnert ihn, sie vorher zu reinigen; doch Herkules antwortet: «ich wünschte, selbst das Blut des verhaßten Hauptes den Göttern opfern zu können. Kein angenehmeres Naß würde je den Altar benetzt haben; denn dem Jupiter kann kein fetteres Opfer geschlachtet werden, als ein ungerechter König.» – Hierauf will er selbst das Opfergebeth anfangen, ein Gebeth, das, wie er sagt, des Jupiters und seiner würdig sey. Er fängt auch wircklich an, und bittet nichts geringeres, als daß der Himmel [28] und die Erde auf ihrer Stelle bleiben, und die ewigen Gestirne ihren Lauf ungestört fortsetzen mögen; daß ein anhaltender Friede die Völcker nähre, daß kein Sturm das Meer beunruhige, daß kein erzürnter Blitz aus der Hand des Jupiters schiesse, daß kein ausgetretener Fluß die Felder überschwemme, und daß nirgends ein wilder Tyrann regiere etc. Schon dieses Gebet ist unsinnig genug, um der Anfang zu einer förmlichen Raserey zu seyn. Diese äussert sich nunmehr auch auf einmal. «Doch wie? Welche Finsternisse umhüllen den Mittag? Warum schießt Phöbus so trübe Blicke, ohne von einer Wolke verdunkelt zu seyn? Wer treibet den Tag zu seiner Demmerung zurück? Welche unbekannte Nacht breitet ihr schwarzes Gefieder aus? Woher diese zu frühen Sterne, die den Pol erfüllen? Seht, dort durchglänzet das erste der von mir gebändigten Ungeheuer, der Löwe, ein weites Gefilde! Er glüet vor Zorn, und drohet tödliche Bisse. Er speiet aus dem offenen Rachen Feuer, und schüttelt die röthliche Mähne. Jezt wird er ein Gestirn herab reissen; jezt wird er des harten Herbstes und des frostigen Winters breite Zeichen überspringen, den Stier im Felde des Frühlings anfallen, und seinen Nakken zermalmen.» – – *Amphitryo* erstaunet über diesen plötzlichen Wahnwitz, doch *Herkules* fährt fort. Er kömmt auf seine Thaten, und will sich mit Gewalt den Ein- [29] gang in den Himmel eröfnen. Er drohet, wenn Jupiter geschehen lasse, daß ihm Juno noch länger zuwider sey, den Saturn zu befreyen, die Riesen zu neuen Kriegen aufzufrischen und sie selbst anzuführen. Diese Kriege glaubt er bereits mit allen ihren schrecklichen Verwüstungen zu sehen, bis er endlich seine eigne Kinder, die mit der *Megara* bey den Opfer gegenwärtig seyn sollten, gewahr wird, und sie für die Kinder des *Lycus* ansieht. Dieser Wahn bringt seine Wuth aufs höchste. Er spannt seinen Bogen und durchschießt das eine, und das andere, welches seine Knie mit den kleinen Händen umfaßt, und mit erbärmlicher Stimme bittet, ergreift er mit gewaltiger Faust, schwenkt es in der Luft herum, und zerschmettert es gegen den Boden. Indem er das dritte verfolgt, welches seine Zuflucht zu seiner Mutter nimt, sieht er diese für die *Juno* an. Erst richtet er das Kind hin, und alsdann seine Gemahlin. – – Alles dieses, wird man sagen, müsse einen sehr gräßlichen und blutigen Anblick machen. Allein der Dichter hat, durch Hülfe der römischen Bühne, deren Bauart von den unsrigen ganz unterschieden war, ein vortrefliches Spiel hier angebracht. Indem nehmlich Herkules seine Kinder und seine Gemahlin verfolgt, und von Zeit zu Zeit den Zuschauern aus dem Gesichte kömmt, so gehen alle die Ermordungen hinter der Scene vor, wo sie nur von den übrigen Personen auf der Bühne können ge- [30] sehen werden. Von dem *Amphitryo* vornehmlich, welcher alles was er sieht in eben dem Augenblicke sagt, und die Zuschauer also eben so lebhaft davon unterrichtet, als ob sie es selbst gesehen hätten. Zum Exempel, wenn *Herkules* dem dritten Kinde nachgeht, so schreyt Megara: «Wohin, Unsinniger? Du vergießest dein eigen Blut.» Mit diesen Worten eilt sie beyden nach, daß sie also bereits hinter der Scene ist, wenn Amphitryo folgende Erzehlung macht: «das zitternde Kind stirbt vor dem feurigen Blicke des Vaters, noch ehe es verwundet worden. Die Furcht hat ihm das Leben genommen. Und nun, nun schwenkt er die tödliche Keule auf seine Gemahlin. Sie ist zermalmt, und nirgends sieht man den Kopf des zerstümmelten Körpers.» – – *Amphitryo* geräth hierüber ausser sich, er verwünscht sein Alter, das ihn zu diesem Unglücke gespart; er will nicht länger leben, sondern eilt den Pfeilen und der Keule des unsinnigen Mörders entgegen. Doch *Theseus* hält ihn zurück, und beschwört ihn, dem *Herkules* das letzte und größte Verbrechen zu ersparen. Dieser kömmt unterdessen allmälig wieder zu sich, und *Amphitryo* erstaunt ihn in einen tiefen Schlaf fallen zu sehen. Er zweifelt zwar Anfangs, ob es nicht ein tödlicher Schlaf sey, und ob ihn nicht eben die Wuth, welche die Seinigen umgebracht, hingerafft habe; doch das starke Athemhohlen über- [31] zeugt ihn von dem Gegentheile. Er findet es also für gut, ihn ruhen zu lassen; nur läßt er vorher von den Dienern die Pfeile wegnehmen, damit er sie nicht in einer neuen Raserey brauchen könne.

Der nunmehr einhertretende Chor, wie man leicht errathen kann, beklaget die dem *Herkules* zugestossene Unsinnigkeit. Er flehet die Götter an, ihn davon zu befreyen, und wendet sich besonders an den Schlaf, den er zur Unzeit allzu poetisch apostrophirt. «Besänftige die rasenden Aufwallungen seines Gemüths; und gieb dem Helden Frömmigkeit und

Tugend wieder. Wo nicht, so laß ihn fortrasen, und in steter Unsinnigkeit dahin leben. In ihr allein beruhet jetzt seine Unschuld. Reinen Händen kommen diejenigen am nächsten, die ihr Verbrechen nicht kennen.» – – Er beschreibt nunmehr, wie verzweifelnd sich *Herkules* anstellen werde, wenn er wieder zu sich selbst kommen, und sein Unglück erfahren sollte. Und zuletzt beweinet er noch den zufrühzeitigen Tod der Kinder.

Fünfter Aufzug.

Herkules erwacht, und *Amphitryo* und *Theseus* stehen schweigend von ferne. «Wo bin ich? In welchem Lande? Unter welchem Himmelsstriche? etc. Welche Luft schöpfe ich? Ich bin doch wenigstens aus der Hölle wieder [32] zurück? Aber, welche blutige Leichname sehe ich hier gestreckt? Welche höllischen Schattenbilder schweben mir noch vor den Augen? Ich schäme mich, es zu sagen: ich zittere. Ich weis nicht, welcher schreckliche Unfall mir ahndet. Wo ist mein Vater? Wo meine Gemahlin, die auf die kleine Heerde ihrer muthigen Kinder so stolz ist? Warum vermisse ich an meiner Linken die Beute des überwundenen Löwens? – – Wo sind meine Pfeile? Wo der Bogen? Ich lebe, und man hat mir meine Waffen abnehmen können? Wer hat diesen Raub davon getragen? Wer hat auch den schlafenden Herkules nicht gescheuet? Ich muß ihn doch sehen, meinen Sieger; ich muß ihn doch sehen. Stelle dich, Sieger, den zu zeugen, der Vater den Himmel nochmals verlassen, und dem zu gefallen die Nacht länger, als mir, stille gestanden – – Was sehe ich? Meine Kinder? ermordet? Meine Gemahlin todt? Welcher zweyte *Lycus* hat sich des Reichs bemächtiget? Herkules ist wieder gekommen, und doch erkühnt man sich zu Theben solcher Verbrechen? Herbey Boeotier, Phryger etc. Zeiget mir den Urheber dieser gräßlichen Morde! – – So breche denn mein Zorn auf meine Feinde los! Alle sind meine Feinde, die mir meinen Feind nicht zeigen. – – Du verbirgest dich, Alcidens Sieger? Erscheine etc. Laß uns ohne Anstand kämpfen. Hier stehe [33] ich frey und bloß; auf! greife mich mit meinen eigenen Waffen an. – – Doch warum entziehet sich Theseus, warum entzieht sich der Vater meinen Blicken? Warum verbergen sie ihr Antlitz? Hemmet dies Winseln! Saget, wer hat meine Söhne ermordet? Vater, warum schweigst du? Rede, Theseus; aber rede so, wie ichs vom Theseus gewohnt bin. Schweigt ihr noch? Noch wendet ihr voll Scham euer Gesichte weg? Noch fallen verstohlne Thränen herab? – – Wessen hat man sich bey solchem Unglücke zu schämen? Ist es *Eurystheus;* ist es das feindliche Heer des ermordeten *Lycus,* von dem diese Niederlage kömmt? Ich bitte dich, Vater, bey allen meinen ruhmvollen Thaten bitte ich dich, sage, wer ist der Mörder meines Geschlechts? Als wessen Beute habe ich untergelegen?»

Amph. Laß uns dies Unglück mit Stillschweigen übergehen.

Herkules. Und ich sollte ungerochen seyn?

Amph. Schon oft ist die Rache schädlich gewesen.

Herkules. Wer war je träge genug dergleichen Unglück zu erdulden?

Amph. Der, welcher noch grösser Unglück zu fürchten hatte.

Herkules. Kann wohl ein grösseres Unglück zu fürchten seyn, als dieses?

[34] *Amph.* Was du davon weißt, ach! was für ein kleiner Theil ist es.

Herkules. Erbarme dich, Vater. Flehend strecke ich meine Hände gegen dich aus.» – –

Indem Herkules dieses thut, wird er gewahr, daß seine eigenen Hände voller Blut sind. Er wird gewahr, daß es seine eigenen Pfeile sind, an welchen das Blut der Kinder klebt. In der Gewißheit, daß niemand, als er selbst, seinen Bogen habe spannen können, ist er genöthiget sich selbst für den Mörder zu erkennen. «Wie? Vater, Freund, so bin ich es selbst der dieses Verbrechen begangen hat? Ach! sie schweigen; ich bin es.» *Amphitryo* will ihn trösten, und schiebt alle Schuld auf die *Juno.* Doch umsonst; er geräth in eine so wüthende Verzweiflung, daß es scheint, die Raserey habe ihn nicht sowohl verlassen, als nur ihre Richtung verändert und sich gegen ihn selbst gewendet. Er bittet seinen wahren Vater, den Jupiter, daß er ihn vergessen, und zornig von dem gestirnten Pole auf ihn donnern möge. Er will an des Prometheus Statt an den leeren Caucasus gefesselt, oder zwischen den Symplegaden zerschmettert seyn. Er will Wälder zusammen häufen, und sich, befleckt von sträflichen Blute, in den brennenden Holzstoß stürzen. Er will den Herkules der Hölle wieder zurück geben. Diese soll ihn, wo möglich, an einem Orte, welcher noch jenseits dem Erebus liege, verbergen; an einem Orte, der [35] ihm und dem Cerberus unbekannt sey. – – Er beklagt, daß sein Gesicht zu verhärtet sey, und keine Thränen kenne, welche um den Tod seiner Kinder nicht reichlich genug fließen könnten. Er will sein Schwerd, seine Pfeile, seinen Bogen zerbrechen; er will seine Keile, er will seine Hände, die sie geführt haben, verbrennen. – – Hier wagt es *Theseus,* ihm zuzureden.

Thes. Wer hat dem Irrthume jemals den Namen des Verbrechens gegeben?

Herk. Oft ist ein zu grosser Irrthum anstatt des Verbrechens gewesen.

Thes. Hier ist Herkules nöthig. Ertrage diese Last von Uebeln!

Herkules. Noch habe ich in der Raserey nicht alle Scham verloren, daß ich meinen abscheulichen Anblick nicht vor allen Völkern verbergen sollte, die ihn ohnedem fliehen müßten. Meine Waffen, Theseus, meine Waffen, die man mir so schimpflich genommen hat, verlange ich wieder. Rase ich nicht mehr; so gieb mir sie zurück. Rase ich aber noch, so entferne dich, Vater. Ich will schon einen Weg zum Tode finden.

Amphitryo fängt nunmehr an, den *Herkules* auf das zärtlichste zu bitten. Er beschwört ihn bey allen den Verbindungen, die zwischen ihnen beyden obwalteten; es sey nun, daß er ihn als seinen Vater, oder als seinen Pfleger betrachte. Er stellt ihm vor, daß er die einzige [36] Stütze seines Hauses sey; daß er ihn noch nie genossen habe, sondern immer in der äussersten Furcht seinetwegen habe leben müssen.

Herkules. Und warum sollte ich noch länger leben? Habe ich nicht alles verlohren? Sinnen, Waffen, Ruhm, Gemahlin, Kinder, meine Raserey selbst, habe ich verloren. Es ist kein Rath für meine befleckte Seele. Mit dem Tode muß ich mein Verbrechen büssen.

Theseus. Du wirst deinen Vater ums Leben bringen.

Herk. Damit ich es nicht etwa thue, eben deswegen will ich sterben.

Thes. In Gegenwart des Vaters?

Herk. Solchen Gräul anzusehen, habe ich ihn schon gelehrt.

Amph. Siehe doch vielmehr auf deine andern rühmlichen Thaten zurück, und verzeihe dir selbst diese einzige Schuld.

Herk. Der sollte sich etwas verzeihen, der niemanden verziehen hat? Was ich löbliches gethan habe, that ich auf Befehl. Dieses einzige that ich von mir selbst – –

Kurz, er dringt mit aller Gewalt darauf, daß man ihm seine Waffen wieder zurück geben solle. Umsonst verbindet *Theseus* seine Bitten mit den Bitten des Vaters, und erinnert ihn, daß es dem *Herkules* unanständig sey, irgend einem Unglücke unterzuliegen. Er aber antwortet: «Ich habe meine Verbrechen nicht freywillig, [37] sondern gezwungen gethan. Jenes würde man glauben, wenn ich leben bliebe; dieses kann nur meinen Tod bekräftigen.» – – Der Dichter hat dieses in wenig Worten auszudrücken gewußt: Si vivo, feci scelera; si morior, tuli. – *Herkules* fährt also fort, sich als ein Ungeheuer anzusehen, von welchem er die Welt reinigen müsse. Er drohet, wenn ihm die Waffen nicht wieder gegeben würden, die Wälder des Pindus und die dem Bacchus geheiligten Hayne auszurotten, und sich mit ihnen zu verbrennen; oder auch die Häuser mit ihren Einwohnern, die Tempeln mit ihren Göttern auf sich zu reissen, und sich unter dem Schutte der ganzen Stadt zu begraben. Sollte aber auch diese Last ihm zu leicht seyn, sollten sieben Thore noch nicht schwer genug auf ihm liegen: so soll die halbe Welt auf sein Haupt stürzen, und ihn in dem Mittelpuncte der Erde erdrücken. – – Diese Hartnäckigkeit des *Herkules* bringt endlich den alten *Amphitryo* gleichfalls zur Verzweiflung, und die Stellungen werden numehr ungemein rührend. Es ist nur zu bedauren, daß der Text hier eine sehr merkliche Verwirrung der Personen gelitten hat. Bald wird der einen etwas in den Mund gelegt, was wahrscheinlicher Weise die andre sagen soll; bald hat man aus zwey Reden eine, und bald aus einer zwey Reden gemacht. Was man noch zuverläßiges daraus erkennen kann, ist dieses, daß *Amphitryo* selbst sich einen von den Pfei- [38] len an die Brust setzt, und sich zu durchstechen drohet, wenn *Herkules* seinen Schluß nicht ändern wolle. «Entweder, spricht er, du lebst, oder du wirst auch an mir zum Mörder. Schon schwebt meine durch Unglück und Alter geschwächte Seele auf den äussersten Lippen. Wer überlegt es so lange, ob er seinem Vater das Leben schenken wolle? Jezt drüke ich, des Verzögerns satt, das tödliche Eisen durch die Brust. Hier, hier wird des vernünftigen *Herkules* Verbrechen liegen.» Und hiermit gelingt es dem *Amphitryo* den *Herkules* so zu erweichen, daß er sich zu leben, und diesen Sieg über sich selbst zu seinen übrigen Siegen hinzu zu thun, entschließt. Er ist nun weiter auf nichts bedacht, als Theben zu verlassen. «Doch wohin soll ich fliehen? Wo werde ich mich verbergen? Welcher Tanais, welcher Nil, welche gewaltige Tigris, welcher wilde Rhein wird meine Rechte abwaschen können? Und wenn auch der ganze Ocean über meine Hände dahin strömte, so würden doch noch die gräßlichen Morde daran kleben.» – – Er ersucht hierauf den *Theseus* ihn in dieser Noth nicht zu verlassen, einen Ort, wo er verborgen seyn könnte, für ihn auszusuchen, oder, wo möglich, ihn in das unterirrdische Reich wieder zurück zu bringen. «Da, da will ich mich verborgen halten. Doch auch da bin ich bekannt.» – – *Theseus* schlägt ihm sein eigen Land, Athen, zum [39] Zufluchtsorte vor, und zwar deswegen, weil es das Land sey, wo Mars selbst wegen Ermordung seines Sohnes, losgesprochen worden. «Dieses Land, welches die Unschuld der Götter richtet; dieses Land, Alcides, rufet dich.»

Und so schließt der *rasende Herkules*. Ohne Zweifel erwartet man nun eine kurze

Beurtheilung desselben.

Ueberhaupt werde ich mich hoffentlich auf die Empfindung der Leser zum Vortheile meines Dichters berufen können. Starke Schilderungen von Leidenschaften können unsre Leidenschaften unmöglich ganz ruhig lassen. Und diese wollen wir vornehmlich in den Trauerspielen erregt wissen. Hat man den Zorn der *Juno,* die Drohungen des *Lycus,* den edlen Stoltz der *Megara,* den kühnen Uebermuth des *Herkules,* das Unglück einer blinden Raserey, die Verzweiflung eines Reuenden, die Bitten eines Vaters gefühlt, so kann der Dichter gewiß seyn, daß man ihm seine Fehler willig vergeben wird. Und was sind es denn endlich auch für Fehler? Er ist mit den poetischen Farben allzuverschwenderisch gewesen; er ist oft in seiner Zeichnung zu kühn; er treibt die Grösse hier und da bis zur Schwulst; und die Natur scheinet bey ihm allzuviel von der Kunst zu haben. Lauter Fehler, in die ein schlechtes Genie niemals fallen wird! Und wie klein werden sie, wenn man sie nach [40] dem Stoffe des Trauerspiels beurtheilet, welcher, wie man gesehen hat, gänzlich aus der Fabel entlehnt ist. Die Thaten des *Herkules* sind für uns unsinnige Erdichtungen, und bey den Heiden waren sie Glaubensartikel. Sie überfiel ein

heiliger Schauer, wenn sie hörten, daß er Gebirge zerrissen, daß er die
Hölle gestürmt, daß er den Himmel getragen: und wir wollen uns kaum
des Lachens dabey enthalten können. Allein, ist es billig einen Dichter
anders, als nach den Umständen seiner Zeit zu beurtheilen? Ist es billig,
daß wir das, was seine Zeitverwandten in dem Munde des Herkules für
schreckliche Drohungen hielten, für unsinnige Großsprechereyen halten,
und sie als solche, mit samt dem Dichter, auspfeifen wollen? Ich will auf
diesen Umstand nicht weiter dringen, weil man schon zu oft darauf ge-
drungen hat. Daß unser Verfasser sonst die Regeln der Bühne gekannt,
und sich ihnen mit vieler Klugheit zu unterwerfen gewußt habe, ist nicht
zu leugnen. Er hat die Einheit der Zeit genau beobachtet. Die Handlung
fängt kurz vor Tage an, und endet sich noch vor einbrechendem Abend.
Daß dem also sey, beweiset die Stelle der *Juno* im ersten Aufzuge. Z. 124.

> clarescit dies
> Ortuque Titan lucidus croceo subit.

und die Stelle im vierdten Aufzug: Z. 930.

[41]   Sed quid hoc? medium diem
> Cinxere tenebrae.

Wenn es also da noch Mittag ist, so bleibt für den Schlaf des Herkules
Zeit genug übrig, daß er noch vor Abend aufwachen kann. Auch die
Einheit des Orts wird man nicht unterbrochen finden. Die Scene ist bey
dem Altare, welcher dem Jupiter vor dem Pallaste des Herkules aufge-
bauet war. Zu diesem nehmen *Amphitryo* und *Megara* nebst ihren Kindern mit Anbruch des Tages ihre Zuflucht. An diesem wollte sie Lycus
verbrennen lassen, weil er sie nicht mit Gewalt davon wegreissen durfte.
Bey diesem findet sie Herkules, als er plötzlich erscheinet. Auf diesem
will er den Göttern ein Dankopfer anzünden etc. Endlich ist auch die
Einheit der Handlung ohne Tadel. Die Ermordung des *Lycus* ist eine
blosse Episode, welche mit vieler Kunst in das Ganze eingewebt worden.
Sie ist nicht die Haupthandlung, sondern bloß die Gelegenheit zu derselben. – – Dieser Umstand führt mich auf eine

Vergleichung mit des Euripides rasendem Herkules.

Der Ἡρακλῆς μαινόμενος ist das achtzehnte unter den übrig gebliebenen
Trauerspielen des Griechen. Daß sich der Römer dasselbe zum Muster
vorgestellet habe, ist nicht zu leugnen. Allein er hat nicht als ein Sklave,
sondern als [42] ein Kopf, welcher selbst denkt, nachgeahmt, und verschiedne Fehler, welche in dem Vorbilde sind, glücklich verbessert. Ich
kann mich hier in keinen weitläuftigen Auszug des griechischen Stücks
einlassen, so viel aber muß ich anmerken, daß Euripides die Handlung
offenbar verdoppelt hat. Bey ihm eröfnet *Amphitryo* das Stück, welcher

die Zuhörer von den nöthigsten historischen Umständen unterrichtet.
Megara kömmt dazu, und beyde beklagen ihr Unglück. *Lycus* eröfnet
ihnen ihr Todesurtheil, mit den bittersten Verspottungen des *Herkules.*
Megara und *Amphitryo* ergeben sich in ihr Schicksal, und bitten nur noch
um eine kurze Frist, unter dem Vorwande, den Kindern ihre Todtenklei-
der anzulegen. Als dieses geschehen, und sie vor dem Altar auf die Hin-
richtung warten, erscheinet *Herkules,* welcher unerkannt in die Stadt gekommen war. Er erfährt das Unglück, welches seinem Hause drohe,
und ermordet den *Lycus.* Was erwartet man nunmehr noch weiter?
Nichts, ohne Zweifel. Doch ehe man sichs versieht erscheinen mitten
in dem dritten Aufzuge Iris und eine Furie. Die Furie soll dem *Herkules*
auf Befehl der *Juno* den Verstand verrücken; die Furie weigert sich, doch
endlich muß sie wider ihren Willen gehorchen. Hierauf werden im vierten
Aufzuge die Wirkungen der Raserey des Herkules nur erzehlt, und in dem
fünften kömmt *Theseus* dazu, welcher seinen Freund, [43] der sich aus
Verzweiflung durchaus das Leben nehmen will, wieder zurechte bringt. –
Nun sehe man, wie geschickt der römische Dichter durch eine kleine
Veränderung ein zusammenhangendes Stück daraus gemacht hat, in welchem die Neubegierde keinen solchen gefährlichen Ruhepunkt findet, sondern bis ans Ende in einem Feuer erhalten wird. Er fängt nehmlich mit
dem grausamen Entschlusse der *Juno* an, und bereitet dadurch alles vor,
was er in der Folge den Zuschauern zeigen will. Es ist wahr, daß er den
Ausgang dadurch ein wenig zu sehr verräth; doch verräth ihn *Euripides*
in dem dritten Aufzuge nicht gleichfalls? – – Einen andern Kunstgrif des
lateinischen Dichters habe ich bereits angemerkt; die Art nehmlich, wie
er die Grausamkeiten des *Herkules* zugleich zeigt, und auch nicht zeigt.
Euripides läßt sie bloß erzehlen, und unterrichtet den Zuschauer nicht
einmal so lebhaft davon, als er ihn von dem Tode des *Lycus* unterrichtet,
dessen Geschrey, da er ausser der Bühne ermordet wird, man doch wenigstens vernimt. Wie viel besser läßt der Römer bloß den Tod des *Lycus*
erzehlen, und spart seine Theaterspiele auf den Tod derjenigen, für die
er uns vornehmlich einnehmen will. – Dieses aber, was ich jezt gesagt
habe, muß man nicht so auslegen, als ob ich dem *Euripides* auch in andern Stücken eben so wenig, als in diesen mechanischen Einrichtungen,
den Vor-[44]zug zugestehen wollte. Er hat eigenthümliche Schönheiten,
welche Seneca, oder wer sonst sein Nachahmer ist, nur selten gekannt zu
haben scheinet. Der Affect drückt sich bey ihm allezeit in der Sprache der
Natur aus; er übertreibt nichts, und weis nicht was es heißt, den Mangel
der Empfindung mit Witz ersetzen. Aber glücklich sind die, welche ihn
noch so ersetzen können! Sie entgehen doch wenigstens der Gefahr, platt,
eckel und wäßrigt zu werden.

Unbilliges Urtheil des Pater Brumoy.

Ich glaube, es wird hier noch meine Pflicht seyn, einige unbillige Urtheile
des Pater *Brumoy* zu widerlegen. Man kennet das Verdienst dieses Jesuiten
um die Bühne der Griechen. Er hat überall, wo es möglich gewesen, seinen
Auszügen aus den griechischen Trauerspielen, Auszüge aus den ähnlichen römischen Tragödien beygefügt. Man kann also leicht glauben, daß
er auch unsern *rasenden Herkules,* bey Gelegenheit des Euripidischen,
nicht werde vergessen haben. Ich habe nichts darwider, daß er diesen
weit vorzieht; allein daß er jenen durch nichtswürdige Einfälle lächerlich
zu machen sucht, wo er es nicht ist, dieses kann ich unmöglich so hin-
gehen lassen. Ich muß einige Proben anführen, um zu zeigen, wie lächerlich der Jesuit selbst ist. Man wird sich der Stelle erinnern, die ich oben
[45] auf der 24. Seite, aus dem dritten Aufzuge angeführt habe:

> – – – – si novi Herculem
> Lycus Creonti debitas poenas dabit.
> Lentum est, dabit; dat: hoc quoque est lentum; dedit.

Theseus will dem *Amphitryo* damit Trost zusprechen. Ich habe schon so
viel Zutrauen zu meinem Geschmacke, daß ich mich nicht zu gestehen
schäme, diese Zeilen allezeit für sehr schön gehalten zu haben. Mußte ich
also nicht erstaunt seyn, als ich folgendes Urtheil des *Brumoy* las: «Das *ich
sterbe, ich bin tod, ich bin begraben,* des Geitzigen bey dem Moliere
(Aufz. 4. Auft. 7.) ist ohne Zweifel aus dieser Quelle entsprungen. Allein
dieses sagt ein Narr, welchen der Dichter in einer lächerlichen Unsinnigkeit seinem Charakter gemäß sprechen läßt; und *Theseus* hätte sich, wo
nicht als ein König, doch wenigstens als ein vernünftiger Mann ausdrücken
sollen.» – – Wenn es auch wahr wäre, daß *Moliere* bey Gelegenheit dieser
Stelle auf seinen Einfall gerathen sey, so würde dieses doch nichts mehr
beweisen, als so viel, daß kein ernsthafter Gedancke, keine Wendung so
schön sey, die sich nicht ziemlich lustig parodiren lasse. Hieraus aber zu
schliessen, daß die Parodie, und die parodirte Stelle gleich ungereimt seyn
müßten, ist eine sehr kindische Uebereilung. Das Ungereimte in der Stelle
des [46] *Moliere* liegt eigentlich nicht in dem Klimax selbst, sondern
darinne, daß er einen Narren von sich etwas sagen läßt, welches gleich
dadurch, daß er es noch von sich sagen kann, widerlegt wird: nicht
darinne, daß der Tod so geschwind auf das Sterben, und das Begräbniß
so geschwind auf den Tod folgt; sondern darinne, daß er einen Menschen
vorgeben läßt, dieses alles wiederfahre ihm bey lebendigem Leibe. Was
hat denn nun also die Rede des *Theseus,* ausser dem dreyfachen Steigen,
hiermit für Gleichheit? Oder ist sie an und vor sich selbst abgeschmackt?
Hätte doch der Pater dieses gezeigt; hätte er doch auch beyläufig gezeigt,
wie es der Dichter schöner ausdrücken sollen, daß *Herkules* des *Lycus*

ganz gewiß, und ganz gewiß unverzüglich strafen werde. – – Mit eben so wenig Grunde tadelt *Brumoy* diejenigen Stellen, in welchen Herkules raset. «Herkules, sagt er, bildet sich ein den himmlischen Löwen, den er in dem Nemeäischen Walde überwunden, zu sehen, wie er eben bereit ist, die Zeichen des Herbstes und des Winters zu überspringen, um den Stier zu zerreissen, welcher ein Zeichen des Frühlings ist. Das ist wahrhaftig eine gelehrte Raserey!» – – Wie artig der Jesuit spottet. Aber warum ist sie denn gelehrt? Ohne Zweifel darum, weil ein Jesuiterschüler nicht ganz und gar ein Ignorante seyn muß, wenn er wissen will, daß *Herkules* einen Löwen umge- [47] bracht habe. Aber was für eine Gelehrsamkeit braucht denn *Herkules,* dieses von sich selbst zu wissen? Oder steckt etwa die Gelehrsamkeit in der Kenntniß der Zeichen des Thierkreisses? Wenn das ist, so werden ziemlich alle Bauern gelehrt seyn. – – Ich muß noch einen Tadel dieses französischen Kunstrichters anführen, welcher entweder sehr viel leichtsinnige Uebereilung, oder sehr viel Bosheit verräth. In dem fünften Aufzuge, wie man gesehen hat, kömmt Herkules wieder zu sich selbst, und geräth in die äusserste Verzweiflung, als er erfährt, was er in seiner Raserey begangen. Man könnte sagen, er werde aufs neue rasend; so schreckliche Dinge erbittet er über sich selbst. «Allein, sagt *Brumoy,* seiner Gewohnheit gemäß, mengt er auch lächerliches Zeug darunter. Er will seine Keule, seine Pfeile, und selbst die Hände der *Juno,* die sie so unglücklich geführt haben, verbrennen.» – – Nun sehe man, ob es wahr ist, daß ihn der Dichter dieses sagen läßt. Die Stelle ist diese:

Tibi tela frangam nostra, tibi nostros puer
Rumpemus arcus, ac tuis stipes gravis
Ardebit umbris: ipsa Lernaeis frequens
Pharetra telis in tuos ibit rogos.
Dent arma poenas: vos quoque infaustas meis
Cremabo telis, ô *novercales manus.*

[48] Er redet die ermordeten Kinder, eines nach den andern an, und will zu dessen Genugthuung die Pfeile, zu dessen den Bogen, zu dessen Keule und Köcher zerbrechen und verbrennen. «Auch euch, spricht er, auch euch, unselige stiefmütterliche Hände, will ich mit meinen Pfeilen verbrennen.» – – Wer heißt denn nun hier den Jesuiten, unter novercales manus die Hände der *Juno* verstehen? Warum können es denn nicht die eignen Hände des *Herkules* seyn? Ja freylich wäre alsdann die Stelle nicht mehr lächerlich! Aufs höchste liegt in dem Worte novercales blos eine Anspielung auf die Juno, und er nennt seine Hände bloß darum stiefmütterlich, weil sie nicht minder grausam gegen seine Kinder gewesen waren, als die Juno gegen ihn zu seyn pflegte. – – Ich will mich nicht länger hierbey aufhalten.

Von neuern Trauerspielen auf den rasenden Herkules.

Es fehlt an neuern Dichtern nicht, welche gleichfalls diesen Stof bearbeitet haben. Bey den Franzosen führen eine Menge Tragödien den Titel *Herkules*; ich kann es aber jezt nur von zweyen mit Gewißheit sagen, daß sie den *rasenden Herkules* angehen. Die mehresten werden ohne Zweifel den *sterbenden Herkules* aufstellen. *Roland Brisset* ist der erste, von [49] welchem ich einen Hercule furieux anzugeben weis. Sein Theater ist zu *Tours* 1589. in 4to gedruckt, und enthält ausser genanntem Stücke, noch folgende: Baptiste; Agamemnon; Octavie; und Thieste. Der zweyte Franzose ist *Nicolas L'Heritier Nouvellon,* welcher 1638. ein Trauerspiel unter der Aufschrift: Amphitrion ou Hercule furieux, verfertigte. Ich habe jezt weder des einen noch des andern Arbeit bey der Hand, und kann also nicht urtheilen, wie sie zu Werke gegangen sind; ob sie mehr den *Euripides* oder den *Seneca* nachgeahmt, oder ob sie gar nur einen von beyden übersetzt haben. Auf dem italiänischen Theater finde ich einen Ercole furioso vom *Lodovico Dolce*; allein von diesem weis ich es zuverläßig, daß es bloß eine poetische Uebersetzung des *Seneca* ist. *Dolce* hat noch sieben Trauerspiele unsers lateinischen Dichters übersetzt, die ich an ihrem Orte anführen will.

Da ich also nicht eigentlich sagen kann, mit wie viel Glück man in den neuern Zeiten den *rasenden Herkules* auf die Bühne gebracht habe: so will ich wenigstens meine Gedanken entdecken, wie er am besten darauf zu bringen sey.

Vorschlag für einen heutigen Dichter.

So viel ist augenscheinlich, daß aus dem Stücke des *Seneca,* mit kleinen Veränderungen, eine vollkommene Oper zu machen sey. Die [50] Maschinen finden ihren natürlichen Platz darinne, und wenn die blosse Erscheinung der *Juno* für die Verzierung des Theaters zu einfach wäre, so könnte man die Erscheinungen aus dem Euripides borgen. Dieser nehmlich, wie ich schon angemerkt habe, führt anstatt der *Juno* selbst, die *Iris*, ihre Bothschafterin, und eine *Furie* auf. Zwey Gegenstände, an welchen Maschinenmeister und Mahler ihre Kunst hinlänglich zeigen könnten. Auch der Tonkünstler würde sich nicht beschweren dürfen, daß man seine Kunst durch eine verhaßte Monotonie der Leidenschaften einschränkte. Sie sind durchgängig in dem stärcksten Spiele. Das Zornige, das Klagende, das Stolze, das Erfreute, das Rasende, das Zärtliche, das Gesetzte, das Freundschaftliche, wechselt unaufhörlich ab, und oft treffen sie so glücklich zusammen, daß sie der schönsten Abstechungen unter einander fähig sind. Auch die Erfindung des Balletmeisters würde sich hier nicht auf dem Trockenen befinden, auf welchen man in einem Schauspiele, das so vorzüglich zum Vergnügen des Gesichts und des Gehörs bestimmt ist, billig auch mit sehen muß. Doch da die Oper mehr in das musikalische, als in das poetische Fach gehöret, so will ich mich nicht weiter damit einlassen. Ich will vielmehr meine Absicht auf ein regelmäßiges Stück richten. Die mechanische Einrichtung desselben würde man gänzlich dem *Seneca* absehen können. Nur [51] mit der *Juno,* welche bey ihm ziemlich das Ansehen eines Prologen hat, müßte man eine Aenderung treffen. Unsere neuere tragische Bühne will die Gottheiten nicht mehr leiden. Man hat sie in die allegorischen Stücke verwiesen, und das mit Recht. Was also zu thun? Ich wollte rathen die persönliche Erscheinung der *Juno* in einen göttlichen Traum eines Priesters zu verwandeln. Er müßte selbst kommen, und es dem Herkulischen Hause erzehlen, was er in seiner Entzückung gesehen, und welche schreckliche Drohungen er gehöret. Diese Drohungen aber müßten in allgemeinen Ausdrücken abgefaßt seyn; sie müßten etwas orakelmäßiges haben, damit sie den Ausgang so wenig, als möglich verriethen, und den *Amphitryo* und die *Megara* nicht verhinderten, den *Herkules* bey seiner Zurückkunft mit aller Zärtlichkeit zu empfangen. In Ansehung der Sitten, wollte ich, daß sich der neuere Dichter den Euripides zum Muster vorstellte; doch mit Beybehaltung des Senecaschen *Lycus.* Dieser ist bey den Griechen viel gröber und grausamer geschildert. Er sagt es gerade heraus, daß er die ganze Familie des *Herkules* umbringen müsse, wenn er sicher herrschen wolle, und thut der *Megara* den Vorschlag nicht, den ihn der Römer thun läßt. Dahingegen sind in dem Griechischen der *Herkules* weit menschlicher, die *Megara* weit zärtlicher, und *Theseus* weit freundschaftlicher gebildet. Das [52] Abentheuerliche des erstern ist da ungemein versteckt, und aller seiner Thaten wird nur mit ganz kurzen Zügen in einer Entfernung gedacht, in welcher ihre Unglaubligkeit nicht so sehr in die Augen fällt. Die prächtige Beschreibung des Kampfes mit dem Cerberus müßte, als eine unnöthige Zierrath, wegbleiben. Der Römer hatte noch einigen Grund sie zu wagen, ob er gleich freylich besser gethan hätte, wenn er hier der vorsichtigen Anständigkeit seines Musters gefolgt wäre. Seine Stärke war im Schildern, und welcher Dichter läßt sich nicht gerne von der Begierde, seine Stärke zu zeigen, dahin reissen? Was die Person des *Theseus* anbelangt, so würde man auch bey dieser besser der Einrichtung des lateinischen als des griechischen Dichters folgen. Jener bringt ihn gleich mit dem *Herkules* auf die Bühne; dieser aber läßt ihn erst in dem fünften Aufzuge darzu kommen, wo er recht vom Himmel fällt. Wenn der neure Dichter übrigens eine Vermehrung der Personen vorzunehmen für nöthig befände, so würde er, vielleicht nicht ohne Glück eines von den Kindern des *Herkules,* welche seine beyden Vorgänger nur stumm aufführen, mündig machen können. Er müßte den Charakter desselben aus Zärtlichkeit und Unschuld zusammen setzen, um unser Mitleiden desto schmerzlicher zu machen, wenn wir es von den blinden Händen sei-

nes geliebten Vaters sterben sehen. Doch würde es wohl unsre Bühne [53]
zulassen, in Ansehung der Ermordung selbst, das Kunststücke des Römers
anzubringen? In seinem ganzen Umfange möchte sie es wohl schwerlich zu
lassen, doch wollte ich auch nicht, daß man dem Zuschauer deswegen diesen ganzen schrecklichen Anblick zu entziehen suchte. Wenigstens müßte
den *Herkules* auf der Bühne die Raserey befallen; voller Bestürzung müßten Gemahlin und Kinder furchtsam von ihm fliehen, er ihnen nacheilen,
und sie ausser dem Gesichte des Zuschauers tödten. Dieses würde das
Mittel zwischen dem, was der römische und was der griechische Dichter
geschehen lassen, seyn. *Amphitryo* könnte alsdann den folgenden Aufzug
mit der traurigsten und lebhaftesten Beschreibung anfangen; er könnte sich
mit dem *Theseus* berathschlagen, wie sie sich gegen den schlafenden *Herkules* verhalten sollten, und während der Berathschlagung könnte der er-
wachte *Herkules* dazu kommen, und die Rolle, die ihn der Römer spielen
läßt, ausführen. – – Doch, wird man nunmehr fragen, ist denn überhaupt
ein Held, den eine hassende Gottheit, in einer plötzlichen Raserey, Grausamkeiten begehen läßt, ein würdiges Schauspiel? Ist es lehrreich, oder
enthält es nicht vielmehr eben so abscheuliche und die Menschen zur Verzweiflung bringende Grundsätze als der *Oedip?* Dieser ist zu den schrecklichsten Verbrechen bestimmt, und kann ihnen, aller angewandten Mühe
ungeachtet, nicht ent- [54] gehen. Jener thut alles mögliche, ein tugendhafter und der Welt nützlicher Mann zu seyn, und wird mitten unter diesen Bestrebungen, durch die Eifersucht einer obern Macht, der Elendeste.
Soll dies das Schicksal derer seyn, die auf dem sauren Wege zu der Ewig-
keit wandeln? Eine schöne Ermunterung für die, welche als neue *Alciden*
die Laster überwinden, und die Ungeheuer ausrotten wollen; – – Diesen
Einwurf wegzuschaffen, muß ich nothwendig

Die Moral des rasenden Herkules

untersuchen; so wohl die, welche jezt darinne liegt, als die, welche darein
gelegt werden kann. Eigentlich halte ich es eben für keine Nothwendigkeit, daß aus der Fabel eines Trauerspiels eine gute Lehre fliessen müsse,
wenn uns nur einzelne Stellen von nützlichen Wahrheiten unterrichten.
Allein so viel wird doch wenigstens nothwendig seyn, daß man auch keine
böse Lehre daraus folgern könne. Und diese, – – ich mag es so ungern gestehen, als ich will – – liegt allerdings in dem *rasenden Herkules.* Es liegt,
sage ich, eine böse Lehre darinne, oder eine abgeschmackte. Entweder die
Lehre, daß Tugenden und Heldenthaten eine erzürnte Gottheit so wenig
versöhnen, daß sie vielmehr dieselbe noch heftiger aufbringen: oder die
Lehre, daß man sich hüten müsse, von dem *Jupiter* aus verstohlener Ehe
erzeugt zu werden, wenn man [55] allen den grausamen Verfolgungen der
Juno entgehen wolle. Bey dem *Euripides* zwar, dessen Fabel gleichwohl

von dem Wesentlichen der lateinischen Fabel um nichts unterschieden ist, will der Pater *Brumoy* eine ganz andere Moral entdeckt haben. Weil bey dem Griechen *Herkules*, der durch die Freundschaft des *Theseus* gerühret worden, und das ganze Stück mit den Worten schliesset: «Unglücklich ist der, welcher Güter oder Ehre einem wahren Freunde vorzieht»; so setzt der Jesuit hinzu: «Dieser Gedanke ist, wie mich dünkt, die Moral dieses Trauerspiels, weil alles darinnen auf die Entwicklung des *Theseus* abzuzielen scheinet.» – – Doch es ist offenbar, daß *Brumoy* den letzten Sittenspruch für die Hauptlehre genommen hat. Wenn seine Meinung wahr wäre, so hätte *Euripides* wahrhaftig den Werth eines wahren Freundes durch keine weniger passende Fabel, als durch diese, erleutern können. Die ganzen vier ersten Aufzüge würden in dieser Absicht umsonst geschrieben seyn. Alles, was man also zur Entschuldigung dieser beyden alten Muster anführen kann, ist dieses, daß sie es für ganz unnöthig gehalten haben, an die Moral des Ganzen zu denken, und daß sie ihre Tragödien nicht so gemacht haben, wie sie uns eine sogenannte *critische Dichtkunst* zu machen lehret. Erst eine Wahrheit sich vorzustellen, und hernach eine Begebenheit dazu zu suchen, oder zu erdichten, war die Art [56] ihres Verfahrens gar nicht. Sie wußten, daß bey jeder Begebenheit unzählige Wahrheiten anzubringen wären, und überliessen es dem Strome ihrer Gedanken, welche sich besonders darinne ausnehmen würde. Da sie übrigens in gewissen Fällen ziemlich genau bey der hergebrachten Geschichte zu bleiben gezwungen waren, so mußte es ihnen entweder gleichgültig seyn, ob die moralische Folge aus der Begebenheit selbst gut oder böse sey, oder sie mußten überhaupt von der Aufführung gewisser Begebenheiten abstehen. Allein kann ein neuer Dichter eben diese Entschuldigung haben? Und ist seine Freyheit eben so eingeschränkt? Gewiß nicht; er kann ändern was er will, und es liegt nur an ihm, wenn das Ganze bey ihm nicht eben so lehrreich ist, als die besondern Theile. – – Nun kömmt es darauf an, was er in dieser Absicht mit dem *rasenden Herkules* thun müßte. Ohne Zweifel würde es auf eine feinere Bearbeitung dieses Charakters selbst ankommen. Seine Raserey müßte eine *natürliche* Folge aus demselben werden. *Juno* müßte sich daran nur erfreuen, nicht aber sie selbst bewirken. Und dieses ist leicht: denn was ist näher verbunden als Tapferkeit und Uebermuth, als Uebermuth und Wahnwitz. Man schildre also den *Herkules* als einen Helden voll Muth und Tapferkeit; man lasse ihn die größten Thaten glücklich ausgeführt haben; man lasse ihn noch grössere sich vorsetzen. Allein sein allzugros- [57] ses Vertrauen auf eigene Kräfte bringe ihn zu einer stolzen Verachtung der Götter. Man lasse ihn nach und nach sich in seine eigne Anschläge verwickeln; man gebe ihm einen Schmeichler zu, der durch übertriebene Lobsprüche das ohnedem geringe Gefühl seiner Menschheit unterdrückt. Wenn der Dichter alle diese Stafeln glücklich hinan zu gehen weis, so bin ich gewiß, der Zuschauer wird endlich geneigt

seyn, die völlige Raserey des Herkules als einen ganz natürlichen Erfolg
anzusehen. Ich habe schon angemerkt, daß das Gebet, welches ihm der
Römer in den Mund giebt, eine sehr feine Vorbereitung ist; und wenn
man auch das Gebet wieder vorbereitet, so wird sich eines aus dem andern
ungezwungen ergeben. – – Welche schreckliche Lection würde dieses für
unsre wilden Helden; für unsre aufgeblasenen Sieger seyn!

Ehe ich dieses Trauerspiel ganz verlasse, will ich vorher noch einen

Versuch über das in Unordnung gebrachte Stück des lateinischen Dichters,

dessen ich auf der 37ten Seite gedacht habe, wagen. Er gehet von der
1295sten Zeile bis zu der 1315ten. Ich ordne die Personen darinne folgender Gestalt.

> [58] 1295. *Am.* Redde arma. *Her.* Vox est digna genitore Herculis.
> *Am.* Hoc en peremptus spiculo cecidit puer:
> Hoc Juno telum manibus emisit tuis:
> Hoc nunc ego utar. *Th.* Ecce, jam miserum metu
> Cor palpitat, corpusque sollicitum ferit.
> 1300. *Am.* Aptata arundo est: ecce jam facies scelus
> Volens, sciensque. Pande quid fieri jubes?
> *Her.* Nihil rogamus noster in tuto est dolor.
> *Am.* Natum potes servare tu solus mihi,
> Eripere nec tu: maximum evasi metum.
> 1305. Miserum haud potes me facere, felicem potes.
> Sic statue quidquid statuis, ut causam tuam
> Famamque in arcto stare & ancipiti scias.
> Aut vivis aut occidis. Hanc animam levem
> Fessamque senio, nec minus quassam malis
> 1310. In ore primo teneo. Tam tarde patri
> Vitam dat aliquis? Non feram ulterius moram,
> Letale ferro pectus impresso induam.
> Hic, hic jacebit Herculis sani scelus.
> *Her.* Jam parce, genitor &c.

[59] *Herkules* will kurz vor dieser Stelle, wie man gesehen hat, durchaus
sterben. Er verlangt seine Waffen mit Ungestimm zurück. Die gemeinsten
Ausgaben lassen daher ihn selbst redde arma sagen und legen das folgende Vox est &c. dem *Amphitryo* in den Mund. Doch wenn man diesen
letztern Worten weder eine abgeschmackte noch eine zu weit hergehohlte
Erklärung geben will, so muß sie kein andrer als *Herkules* sagen, zu Be-
zeigung nehmlich seiner Zufriedenheit über das redde Arma seines Vaters.
Gronov hat dieses durch Hülfe seiner Handschriften sehr wohl eingesehen, nur daß er das redde in reddo verwandelt. Er glaubt nehmlich,

daß *Amphitryo* hier wirklich dem *Herkules* seine Waffen wiedergebe, und dieser Irrthum hat gemacht, daß er alles das andere unrecht, obgleich scharfsinnig genug erklärt hat. Ich schmeichle mir den rechten Punct getroffen zu haben. Da nehmlich *Amphitryo* sieht, daß *Herkules* unbeweglich ist, so sagt er endlich voller Unwillen zu einem von den Dienern: redde arma. Daß er dieses zu einem Diener sagen könne, beweise ich aus einer vorhergehenden Stelle, in welcher er dem schlafenden *Herkules* die Pfeile wegnehmen läßt:

> Removete *famuli* tela, ne repetet furens.

Wer das Theater ein wenig versteht, wird nunmehr gleich einsehen, daß die Zweydeutigkeit des *redde arma* ein vortrefliches Spiel ausmache. [60] *Herkules* glaubt, der Bedinte werde ihm die Waffen wiedergeben und sagt daher sich und dem *Amphitryo* die Schmeicheley: vox est digna genitore Herculis. Allein der Bediente hat den Befehl entweder genauer verstanden und giebt den Pfeil dem *Amphitryo,* oder indem der Bediente dem *Herkules* den Pfeil geben will, reißt ihn *Amphitryo* denselben weg, und sezt ihn mit den Worten an seine eigne Brust: Hoc en peremptus spiculo &c. «Dieser Pfeil war es, durch den dein Sohn fiel; dieser war es, den Juno selbst durch deine Hände abschoß: dieser soll es seyn, den ich nun gegen mich selbst brauchen will.» Die folgenden Worte ecce jam miserum bis sollicitum ferit, kann weder *Herkules* noch *Amphitryo* sagen. Sie müssen dem *Theseus* zugehören, und ich nehme sie so an, daß sie den erbärmlichen Anblick des sich zu erstechen drohenden Alten schildern, und den *Herkules* zur Barmherzigkeit bewegen sollen. Doch weil dieser schweigt, so fährt der Vater fort: aptata arundo est &c. «Der Pfeil ist angesetzt. Siehe, dieses Verbrechen wirst du mit Wissen und Willen begehen. Sprich; was soll ich thun? Ich schreibe dir nichts vor, antwortet ihm *Herkules*. Mein Schmerz ist gesichert.» Alles das übrige lasse ich nunmehr den *Amphitryo* sagen. Das Eripere nec tu ist eine Verbesserung welche *Gronov* aus seiner Handschrift vorgebracht hat, und ohne Wi- [61] derrede angenommen zu werden verdient. Da *Amphitryo* fest entschlossen ist, sich zu durchstechen, wenn *Herkules* bey dem Vorsatze zu sterben, bleiben sollte, da er sich auf keine Weise von ihm will trennen lassen: so kann man leicht einsehen, was er mit folgenden Worten sagen will: «Den Sohn mir erhalten, das kannst du allein: aber mir ihn rauben, kannst du nicht. Der größten Furcht bin ich entledigt. Elend kannst du mich nicht machen; glücklich machen kanst du mich etc.» D. i. da ich einmal beschlossen habe dir zu folgen, so kannst du dich mir zwar erhalten, aber nicht rauben. Du kannst mich glücklich machen, wenn du leben bleibst; aber nicht elend, wenn du stirbst, weil du ohne mich nicht sterben sollst. – – Die folgenden Zeilen passen in dem Munde des *Amphitryo* eben so wohl. Sollte aber seine Rede ein wenig zu lang scheinen, so könnte man sie durchschneiden, und die Worte Tam tarde patri vitam dat aliquis? den *Theseus* sagen lassen. Auf diese nun müßte *Amphitryo* weiter fortfahren: non feram ulterius moram &c. bis endlich *Herkules* jam parce genitor, saget. Das jam, welches in eben dieser Zeile nochmals wiederhohlt wird, zeigt gnugsam wider *Gronoven, daß Amphitryo* sich nicht erst in den gleich vorhergehenden zwey Zeilen zu erstechen gedroht, sondern daß er es gleich von Anfange dieser Stelle gethan, und daß man also ihm und nicht dem *Herkules* das [62] hoc nunc ego utar, und das aptata arundo est müsse sagen lassen. Leser von Geschmack werden mir gewiß recht geben, wenn sie sich die Mühe nehmen wollen, auch in den übrigen Stücken meine Ordnung der Personen mit der seinigen zu vergleichen. Andere Kunstrichter haben noch weniger zum Ziele getroffen. – – Ich komme zu dem zweyten Trauerspiele.

II. Thyest.

Innhalt.

Atreus und *Thyest,* die Söhne des *Pelops,* regierten beyde zu Argos, ein Jahr um das andre. *Thyest* verliebte sich in die Gemahlin seines Bruders, in die *Aerope,* und entwendete durch deren Hülfe den güldnen Widder, mit dessen Besitze das Schicksal des Reichs verknüpft war. Er flohe davon, und entging auf einige Zeit der Rache des *Atreus.* Doch dieser dachte unaufhörlich auf die Vollziehung derselben, und hielt endlich eine verstellte Versöhnung für das sicherste Mittel. Seine eignen Kinder mußten den *Thyest* bereden, daß er sicher zurückkommen könne, weil sein Bruder alle Feindschaft bey Seite gelegt habe. Er kam. *Atreus* empfing ihn mit aller Freundlichkeit, deren die Bosheit fähig ist, wenn sie eine leichtgläubige Beute in ihr Netz [63] lockt. Allein wie unmenschlich waren die Folgen. *Atreus* ermordete die Kinder seines Bruders am Altare; und machte seinem Bruder ein Mahl daraus, über welches die Welt nicht aufhören wird, sich zu entsetzen – – Mehr braucht man hoffentlich, zur Einleitung in das Stück selbst, nicht zu wissen.

Auszug.

Die Bühnen eröffnen der Schatten des *Tantalus* und die Furie *Megära.* *Tantalus* war der Großvater des *Atreus* und des *Thyest.* Man kennet seine Verbrechen, und seine Strafe in der Hölle. Jezt bringt ihn *Megära* auf die Oberwelt. Er erstaunt und glaubt, daß man eine Veränderung der Quaalen mit ihm vornehmen wolle. Doch *Megära* entdeckt ihm gar bald, daß er seine Familie mit Wuth und Haß anstecken und zu den grausamsten Verbrechen geneigt machen solle. «In diesen werde um den Vorzug

gekämpft, und wechselsweise zücke man den Dolch. Der Zorn kenne
weder Maaß noch Scham, und blinde Raserey reitze die Gemüther. Die
Wuth der Aeltern daure fort, und anhaltende Bosheit pflantze sich von
einem Enkel auf den andern. Ohne jemandem Zeit zu gönnen, sein Verbrechen zu hassen, fehle es nie an einem neuen, und nie sey eines allein
in einem allein. Es wachse, indem es gestraft wird. Den übermüthigen
Brüdern entfalle der [64] Scepter, und ein zweifelhaftes Glück scheine
sich ihrer im Elende anzunehmen. Es wanke betriegrisch zwischen ihnen,
und mache jezt aus dem Mächtigen den Unglücklichen, und jezt aus dem
Unglücklichen den Mächtigen. Ein beständiger Wechsel treibe ihr Reich
umher. Abscheulicher Laster wegen mögen sie vertrieben werden, und in
eben so abscheuliche Laster mögen sie wieder fallen, wenn sie Gott in
ihr Vaterland zurück bringt. Allen müssen sie so verhaßt seyn, als sich
selbst. Nichts halte sich ihr Zorn vor unerlaubt. Der Bruder fürchte den
Bruder, den Sohn der Vater, und den Vater der Sohn. Böse sollen die
Kinder umkommen, und noch böser erzeugt werden. Die feindselige
Gattin laure auf ihren Mann. Man führe den Krieg über das Meer;
vergoßnes Blut überschwemme die Länder, und die siegende Wollust
triumphire über mächtige Führer der Völker. Unzucht sey in dem gott-
losen Hause das geringste etc.» Alle diese Verwünschungen, und noch
mehrere, sind prophetisch und beziehen sich weit auf das zukünftige hinaus; auf das, zum Exempel, was sich mit der *Clytemnästra,* mit dem
Orest, mit dem *Agamemnon* und *Menelaus* und andern Verwandten des
Pelopejischen Hauses zutragen sollte. Endlich kömmt *Megära* auf die
nähern Gräuel mit mehrer Deutlichkeit, und verkündiget dem *Tantalus*
das grausame Mahl, vor welchem sich die [65] Sonne zurück ziehen
werde. «An diesem sollst du deinen Hunger stillen. Vor deinen Augen soll
der mit Blut gemischte Wein getrunken werden. Endlich habe ich die
Speisen gefunden, die du selbst fliehen wirst.» – – Auf diese schrecklichen
Worte, will der Schatten davon eilen, und alle seine höllischen Strafen
scheinen ihm dagegen geringe. Doch die Furie zwingt ihn, mit Streit und
Mordlust vorher das Haus und die Gemüther der Könige zu erfüllen.
Umsonst wendet er ein, es sey zwar billig, daß er Strafe leide, aber nicht,
daß er andern zur Strafe diene. Umsonst beklagt er sich, daß er gleich-
sam, als ein giftiger Dampf aus der geborstenen Erde geschickt werde,
welcher Pest und Seuchen unter die Völker bringen müsse. Umsonst will
er es wagen, nochmals schwazhaft zu seyn, und seine Enkel vor allen Ver-
brechen vielmehr zu warnen. Doch die Furie droht und vermehrt in dem
Schatten das innere Gefühl seiner Quaalen so heftig, daß er ihr in den
Pallast folgen muß, wo er überall Raserey und Blutdurst verbreitet. – –
Man muß sich einbilden, daß dieses sogleich geschicht, sobald er über die
Schwelle getreten. Der Pallast empfindet es, daß er von einem unseligen
Geiste berührt wird, und zittert. Die Furie ruft ihm zu, daß es genug sey,

und befiehlt ihm, in die unterirdischen Höhlen zu seinen Martern zurück-
zukehren, weil die Erde ihn nicht länger tragen wolle, [66] und die ganze
Natur sich über seine Gegenwart entsetze. Sie beschreibt dieses Entsetzen
in ein Dutzend schönen Versen, die sie hier hätte ersparen können, und
macht dem *Chore* Platz. Der Inhalt seines Gesanges ist eine Bitte an
die Götter, alle Verbrechen von dem königlichen Hause abzuhalten, und
nicht zuzugeben, daß auf einen bösen Großvater ein schlimmrer Enkel
folge. Er sagt, es sey bereits genug gesündiget worden; und führt dieses
zu beweisen, die Geschichte des *Myrtilus* und die blutige Mahlzeit an,
welche *Tantalus* den Göttern vorgesetzt. Von der Strafe des letztern
macht er ein sehr künstliches Gemählde, welches aber den Leser kalt
läßt, und beschließt es so abgebrochen, daß einige Kunstrichter zu glauben
bewogen worden, es müsse das eigentliche Ende hier fehlen.

Zweyter Aufzug.

Auch dieser Aufzug besteht nur aus einer einzigen Scene, zwischen dem
Atreus und einem *Vertrauten*. *Atreus* ist gleich Anfangs gegen sich selbst
unwillig, daß er noch bis jezt, wegen den schimpflichen Beleidigungen
seines Bruders, ungerochen sey. Er tadelt sich, daß er nicht schon längst
alles in Blut und Flammen gesetzt. Wie gern hätte er sich wollen unter dem
einstürzenden Pallaste begraben lassen, wenn er nur zugleich auch den
Bruder zerschmettert hätte. «Auf *Atreus*, beginne etwas, was keine Nach-
[67] welt billige, aber auch keine verschweige. Auf! erkühne dich einer
blutigen gräßlichen Schandthat; einer Schandthat, auf die mein Bruder
neidisch werde; die er selbst begangen zu haben wünschen möchte. Du
kannst seine Verbrechen nicht rächen, ohne sie zu übertreffen. Doch durch
welche Abscheulichkeit werde ich ihm überlegen seyn können? Auch in
seinem Elende ruhet er nicht. Das Unglück macht ihn eben so hartnäckig,
als übermüthig ihn das Glück macht. Ich kenne seinen ungelehrigen Geist.
Biegen läßt er sich nicht, aber brechen läßt er sich. Ehe er sich also wieder
erhohlt, ehe er neue Kräfte sammelt, muß ich ihn angreifen: denn bleib
ich ruhig, so greift er mich an. Ich komme durch ihn um, oder er muß
durch mich umkommen. Das Verbrechen ist mitten zwischen uns, gleich
einem Preise, aufgestellt, welcher dem gehört, der es zuerst unternimt.»

Der Vertraute. So kann dich das widrige Urtheil des Volks nicht
schrecken?

Atreus. Das ist eben das beste an einem Reiche, daß das Volck die
Thaten seines Beherrschers eben sowohl dulden als loben muß.

Der Vertraute. Die, welche man aus Furcht loben muß, eben die haßt
man auch aus Furcht. Der aber, welcher nach dem Ruhme einer wahren
Liebe strebt, will sich lieber von den Herzen, als von den Stimmen loben
lassen.

[68] *Atreus.* Ein wahres Lob kann auch oft einem geringen Manne zu Theile werden; aber ein falsches nur dem Mächtigen. Die Unterthanen müssen wohl wollen, was sie nicht wollen.

Der Vertraute. Wenn der König, was recht ist, will, so wird sein Wille gern aller Wille seyn.

Atreus. Derjenige König ist nur halb König, welcher nur das, was recht ist, wollen darf.

Der Vertraute. Wo weder Scham, noch Liebe zum Recht, weder Frömmigkeit noch Treue und Glaube ist, da ruhet das Reich auf schwachem Grunde.

Atreus. Scham, Liebe zum Recht, Frömmigkeit, Treu und Glaube sind kleine Tugenden für Bürger. Ein König thue, was ihm nützt.

Der Vertraute. Auch einem bösen Bruder zu schaden, mußt du für Unrecht halten.

Artreus. Aber ist gegen *ihn* billig, was gegen einen Bruder unbillig ist. Denn welcher Verbrechen hat er sich enthalten? Von welcher Schandthat ist er abgestanden? Durch Schändung hat er mir die Gemahlin, und durch List das Reich entrissen. – – Mit diesem letztern zielet *Atreus* auf die schon erwehnte Raubung des goldnen Widders, mit dessen Besitze das Reich verbunden war. Es gehen verschiedene Zeilen auf die Beschreibung desselben, bis er end- [69] lich wieder schließt: «Meine Gemahlin ist verführt; die Sicherheit des Reichs ist untergraben; das Haus ist beschimpft; das Blut ist ungewiß worden. Und nichts ist gewiß, als daß mein Bruder mein Feind ist. Du zitterst? – – fährt er zu dem Vertrauten fort. – – Sieh auf den *Tantalus* und *Pelops.* Dieser ihren Beyspielen zu folgen, werden meine Hände aufgebothen. Sprich, wie soll ich das verhaßte Haupt verderben?»

Der Vertraute. Ein tödlicher Stahl vergiesse sein feindseliges Blut.

Atreus. Du redest von dem Ende der Strafe, und ich will von der Strafe selbst hören. Ein sanftmüthiger Tyrann mag umbringen lassen. In meinem Reiche wird der Tod als eine Gnade erlangt.

Der Vertraute. So ist alle Frömmigkeit bey dir hin?

Atreus. Fort, Frömmigkeit! wenn du anders jemals in unserm Hause gewesen bist. Das wüthende Heer der Furien, die zwistliebende *Erynnis,* und sie, die in beyden Händen schreckliche Fackeln schüttelt, *Megära,* ziehe dafür ein. Ich brenne vor Wuth, und dürste nach unerhörten unglaublichen Verbrechen. – – Der *Vertraute* fragt ihn, worinne diese Verbrechen bestehen sollen, und ob er sich des Schwerds oder des Feuers zu seiner Rache bedienen werde. Doch beydes ist ihm zu geringe; *Thyest* selbst [70] soll das Werkzeug seiner Rache seyn. Er entdeckt hierauf sein unmenschliches Vorhaben, und ermuntert sich von Zeit zu Zeit selbst, den Muth darüber nicht sinken zu lassen, sondern es, so gräßlich es auch sey, unerschrocken auszuführen. Auf den Einwurf, welchen ihm der Vertraute macht, daß es sehr schwer halten werde, seinen Bruder in das Netz zu locken, antwortet er, daß er ihn schon durch das anzukörnen wissen werde, was ihm wichtig genug scheine, sich der äussersten Gefahr deswegen auszusetzen. Nehmlich durch die Hofnung zu regieren. «Voll von dieser Hofnung, wird er dem Blitze des drohenden Jupiters entgegen zu eilen kein Bedenken tragen. Voll von dieser Hofnung, wird er, was er für das größte Ubel hält, selbst den Bruder zu sehen, nicht anstehen.» – – Und diese Hofnung will er ihm durch seine eignen Söhne machen lassen, durch den *Agamemnon* und *Menelaus* nehmlich, die er mit der *Aerope* noch vor ihrer Untreue erzeugt hatte. Der Vertraute räth ihm, andre Mittelspersonen darzu zu erwehlen, damit die Kinder nicht einmal das an dem Vater thun möchten, was er sie jezt an dem Vetter zu thun lehre. Doch *Atreus* ist von der Ruchlosigkeit seines Bluts schon so überzeugt, daß er zur Antwort giebt: «Wenn sie auch niemand die Wege des Betrugs und der Verbrechen lehret, so wird sie doch das Reich dieselben lehren. Du fürchtest, sie möchten [71] böse werden? Sie werden böse gebohren.» – – Der *Vertraute* macht ihm noch eine Einwendung, und giebt ihm zu überlegen, ob er sich auch wohl auf die Verschwiegenheit so junger Leute verlassen dürfe? «Oder, spricht er, willst du sie etwa selbst hintergehen, und ihnen deine wahre Absicht nicht entdecken? Ja, antwortet *Atreus*; sie sollen keinen Antheil an meinem Verbrechen haben. Und was ist es auch nöthig, daß ich sie zu Mitschuldigen machen will?» – – Doch den Augenblick besinnt er sich, daß dieses für ihn zu gut gedacht sey. Er schilt sich selbst feig, und vermuthet, daß wenn er seiner Kinder hierinne schonen wolle, er auch seines Bruders schonen werde. *Agamemnon* und *Menelaus* sollen es wissen, wozu er sie brauche, und eben daran will er es zugleich erkennen, ob sie auch wirklich seine Kinder sind. «Wenn sie ihn nicht verfolgen, wenn sie ihn nicht hassen wollen; wenn sie ihn Vetter nennen: so ist er ihr Vater.» – – Er will eben fortgehen, als er sich gleichwohl noch plötzlich anders besinnet. «Ein schüchtern Gesicht, sagt er, pflegt manches zu entdecken, und grosse Anschläge verrathen sich wider Willen. Nein; sie sollen es nicht wissen, zu welcher That sie die Werkzeuge werden. Und du – – *(zum Vertrauten)* halte unser Vorhaben geheim!» – – Dieser versichert, daß er sowohl aus Furcht, als [72] aus Treue verschwiegen seyn werde, und geht mit dem *Atreus* ab.

Der *Chor*, welcher zu diesem Aufzuge gehöret, nimmt von der Herrschsucht der zwey Brüder Gelegenheit, eine Menge Sittensprüche über den falschen Ehrgeitz anzubringen, und mehr spitzig als gründlich zu bestimmen, worinne das wahre Königreich bestehe. «Ihr wißt es nicht, die ihr nach Schlössern geitzet! Nicht der Reichthum, nicht der Glanz des Tyrischen Purpurs, nicht das strahlende Diadem macht den König. Nur der ist König, welcher alle Furcht abgelegt, und alles Böse aus der wilden Brust vertrieben hat. Nur der, welchen nicht der ohnmächtige Ehrgeitz,

welchen nicht die immer wankende Gunst des Pöbels bewegt. – – Nur
der, welcher von seiner sichern Höhe alles weit unter sich sieht. Nur der,
welcher seinem Schicksale willig entgegen eilt, und ohne zu klagen
stirbt. – – Es ersteige, wer da will, die schlüpfrige Spitze des Hofes; mich
soll die süsse Ruhe sättigen, und verborgen will ich in sanfter Stille dahin
leben. Allen Quiriten unbekannt, sollen meine Jahre sachte vorüber fliessen. Und wenn meine Tage ohne Geräusche verschwunden sind, will ich
Lebens satt und ohne Titel erblassen. Auf den wartet ein harter Tod, der,
wenn er sterben muß, allen viel zu bekannt ist, sich selbst aber nicht
kennet.»

[73]   *Dritter Aufzug.*

Diesen eröfnet *Thyest* mit seinen Söhnen, und unter diesen führet *Plisthenes* das Wort. Sie langen auf die betriegerische Einladung des *Atreus,* an.
Thyest erfreuet sich Anfangs, daß er endlich seine Vaterstadt, und die
Götter seiner Väter, wenn anders, setzt er hinzu, Götter sind, wieder
siehet. «Bald, spricht er, wird mir nun das Volk aus *Argos* fröhlig entgegen kommen. Doch auch *Atreus* wird mit kommen. O fliehe *Thyest,*
und suche die dunkeln Wälder wieder, wo du unter dem Wilde ein ihm
ähnliches Leben führtest. Laß dich nicht den falschen Glanz des Reiches
blenden. Wenn du auf das siehest, was dir angebothen wird, so siehe auch
auf den, der dir es anbietet. Unter den härtesten Beschwerlichkeiten bin
ich bisher muthig und frölich gewesen. Doch nun falle ich in marternde
Furcht zurück; der Geist ist in banger Erwartung, und möchte den Körper
nur allzugern zurück bewegen. Jeder Schritt stockt, den ich thun will.» – –
Plisthenes erstaunt über die Unentschlossenheit seines Vaters, doch *Thyest*
fährt fort: «Warum stehe ich noch an? Warum quäle ich mich noch über
einen so leichten Entschluß? Da ich niemanden trauen darf, soll ich
meinem Bruder, soll ich der Hofnung zu regieren trauen? Was fürchte
ich schon überwundene, von mir schon gebändigte Uebel? [74] Warum
fliehe ich Trübsalen, in die ich mich bereits geschickt? Ich will, ich will
elend seyn. Zurück also, *Thyest,* zurück, und rette dich, da es dir noch
vergönnt ist.»
Plisthenes. Was bewegt dich, o Vater, deinen Schritt von der nun wieder erblickten väterlichen Burg zurück zu wenden? Warum willst du dich
selbst so grossen angebothenen Gütern entziehen? Dein Bruder hat seinen
Zorn abgelegt, und wird aufs neue dein Bruder. Er giebt dir deinen
Antheil an dem Reiche zurück, sammelt die Glieder des zerrütteten Hauses, und setzt dich wieder in den Besitz deiner selbst.
Thyest. Du willst die Ursache der Furcht wissen, die ich selbst nicht
weis. Ich sehe nichts, wovor ich mich fürchten sollte, und fürchte mich
dennoch. Ich will gern gehen, aber die Knie sinken unter mir zusammen,

und ich werde mit Gewalt von dem Orte zurück getrieben, zu dem ich
doch will. – –

Plisth. O schlage alles nieder, was dein Gemüth so unentschlüßig macht,
und betrachte, was für Belohnungen deiner warten. Du kannst regieren,
Vater – –

Thyest. Unter beständiger Furcht des Todes.

Plisth. Du sollst die höchste Gewalt erlangen. – –

Thyest. Die höchste Gewalt ist die, nichts zu begehren.

[75] *Plisth.* Du kannst nun deinen Kindern ein Reich lassen.

Thyest. Kein Reich fasset zwey Regenten.

Plisth. Wer will wohl elend seyn, wenn er glücklich seyn kann?

Thyest. Glaube mir; das Grosse gefällt nur durch die falschen Namen,
die wir ihm beylegen. Mit Unrecht fürchtet man ein geringes und hartes
Schicksal. So lange ich auf der Spitze der Ehren stand, habe ich nicht einen
Augenblick zu zittern aufgehört, und mich selbst für mein eignes Schwerd
an meinen Lenden gefürchtet. O welch ein Glück ist es, niemanden im
Wege zu stehen, und auf dem Boden hingestreckt, sichre Speisen zu ge-
niessen! Kein Verbrechen schleicht sich in schlechte Hütten, wo man sich
an einem geringen Tische sorglos sättigen kann. Das Gift wird aus
Golde getrunken; und ich weis es aus der Erfahrung, wie weit das schlechte
Glück dem guten vorzuziehen ist. – – Hier verirrt sich Thyest in eine
poetische Beschreibung der ausschweifenden Pracht und Ueppigkeit der
Grossen. Sie ist schön und paßt sehr wohl auf die damaligen Zeiten der
Römer; aber auch deswegen verliert sie in dem Munde des *Thyest* sehr
vieles von ihrer Schönheit. Endlich schließt er mit den Worten: «Es ist ein
Reich über alle Reiche, das Reich entbehren zu können.»

Plisth. Man muß das Reich nicht ausschlagen, wenn es Gott giebt.

[76] *Thyest.* Noch weniger muß man darnach trachten.

Plisth. Dein Bruder bittet dich ja, zu regieren.

Thyest. Er bittet und das ist schrecklich. Hier muß eine List verborgen liegen.

Plisth. Die brüderliche Liebe kann ja wohl das Herz, woraus sie vertrieben worden, wieder einnehmen, und neue Kräfte, anstatt der verlohr-
nen, sammeln.

Thyest. Wie? *Atreus* sollte seinen Bruder lieben? – – Eher wird die
Nacht die Erde erleuchten; eher wird das Feuer mit dem Wasser, der Tod
mit dem Leben, der Wind mit der See Bündniß und Friede schliessen.

Plisth. Vor welchem Betruge fürchtest du dich denn aber?

Thyest. Vor allem? Und was kann ich meiner Furcht für Grenzen
setzen, da seine Macht so groß ist, als sein Haß?

Plisth. Was kann er gegen dich vermögen?

Thyest. Für mich fürchte ich auch nichts, sondern ihr allein, meine
Kinder, macht, daß ich den *Atreus* fürchte.

Plisth. Aber du bist schon gefangen, und fürchtest dich, gefangen zu werden? Mitten in der Noth ist es zu spät, sich dafür zu hüten.

Thyest. So kommt denn. Nur dieses einzige will ich, euer Vater, noch betheuern: Ich folge euch, nicht ihr mir.

[77] *Plisth.* Gott wird unsere gute Absicht gnädig ansehen. Setze den zweifelhaften Fuß nur weiter.

Hier kommt *Atreus* darzu und macht durch seine Erscheinung die zweyte Scene dieses Aufzuges. In den ersten Zeilen, welche er in der Entfernung vor sich sagt, freut er sich, daß er seinen Bruder nunmehr im Netze habe; und zwar ganz, mit allen seinen drey Söhnen. Der zweyte dieser Söhne hieß *Tantalus,* wie wir weiter unten hören werden; der Name des dritten aber kömmt in dem Stücke nicht vor. «Kaum, sagt *Atreus,* daß ich mich mäßigen, und die ausbrechende Wuth zurücke halten kann. So wie ein Spierhund, der an dem langen Leitbande das Wild ausspärt, und mit gebückter Schnautze die Wege beschnaubert. So lange er noch durch den schwachen Geruch sich weit von dem Eber merkt, ist er folgsam, und durchirret schweigend die Spur. Doch kaum fühlt er sich der Beute näher, so stemmt er sich, kämpfet mit dem unbändigen Nacken, und ruft winselnd seinen säumenden Führer, bis er sich ihm entreißt. Wenn der Zorn Blut wittert, wer kann ihn verbergen? Und doch muß ich ihn verbergen.» – – In dem Munde des Dichters würde dieses Gleichniß sehr schön seyn, aber in dem Munde der Person selbst, welche diese schwer zu zähmende Wuth fühlet, ist es ohne Zweifel zu gesucht und zu unnatürlich. – [78] Je näher *Atreus* seinem Bruder kömmt; desto mehr verändert er seine Rede. Jetzt, da er ungefehr von ihm gehört werden kann, beklagt er ihn schon, und erstaunt über seinen armseligen Aufzug. «Ich will mein Wort halten, fährt er fort. Und wo ist er denn, mein Bruder?» – – Hier geht er endlich auf ihn los: «Umarme mich, sehnlichst gewünschter Bruder! Aller Zorn sey nunmehr zwischen uns vorbey. An diesem Tage feyre man den Sieg des Bluts und der Liebe. Weg mit allem Hasse aus unsern Gemüthern.»

Thyest. Ach, *Atreus,* ich könnte alles rechtfertigen, wenn du dich jezt nicht so erzeigtest! Ja, Bruder, ich gestehe es; ich gestehe es, ich habe alles verbrochen, dessen du mich schuldig gehalten. Deine heutige Liebe macht meine Sache zur schlimmsten Sache. Der muß ganz schuldig seyn, den ein so guter Bruder hat für schuldig halten können. Zu den Thränen muß ich nunmehr meine Zuflucht nehmen. Siehe mich hier zu deinen Füssen! Laß diese Hände, die noch keines Knie umfaßt haben, die deinigen umfassen. Laß uns allen Zorn bey Seite legen; laß uns allen Unwillen aus den Gemüthern verbannen. Empfange diese Unschuldigen als die Unterpfänder meiner Treue.

Atreus. Verlaß diese erniedrigende Stellung, und umarme mich, mein Bruder. Und auch ihr, ihr Stützen unsers Alters, edeln Jünglinge [79] laßt euch an meine Brust drücken. Lege das schmutzige Kleid ab; verschone meine Augen mit einem solchen Anblicke; laß dir einen Schmuck reichen, der dem meinen gleich ist; und tritt freudig in den Besitz deines Antheils an dem brüderlichen Reiche. Ich will mich des grössern Lobes erfreuen, meinen Bruder unverletzt der väterlichen Würde wieder hergestellt zu haben. Ein Reich besitzen, ist Zufall; ein Reich schenken, ist Tugend.

Thyest. Möchten dir doch, Bruder, diese deine Wohlthaten die Götter würdig vergelten. Meine Armseligkeit schlägt es aus, die königliche Binde anzunehmen, und die unglückliche Hand scheuet sich vor dem Scepter. Erlaube mir, daß ich mitten unter dem Volke verborgen leben darf.

Atreus. Unser Reich leidet zwey Regenten.

Thyest. Was du hast, soll mir so gut seyn, als ob ich es selbst hätte.

Atreus. Wer wollte die freywillig zufliessenden Güter des Glücks verschmähen?

Thyest. Der, welcher es erfahren hat, wie schnell sie wieder dahin sind.

Atreus. So willst du deinen Bruder die unschätzbarste Ehre nicht erlangen lassen?

Thyest. Deine Ehre hat bereits die erhabenste Staffel erreicht, und nun ist es nur noch um meine zu thun. Ja, ich habe es fest beschlossen, das Reich auszuschlagen.

[80] *Atreus.* Wenn du deinen Antheil nicht wieder nimmst, so will ich meinen verlassen.

Thyest. Wohl ich nehme ihn. Ich will den Namen der mir aufgelegten Herrschaft führen; dir aber allein sollen Gesetze und Waffen mit mir dienen.

Atreus. So laß dir denn um die ehrwürdige Stirne das Diadem binden. Ich will gehen, und den Göttern die versprochnen Opfer bringen.

Hiermit gehen beyde Theile ab, und der zu diesem Aufzuge gehörende Chor erhebt die brüderliche Liebe des *Atreus,* dem man kaum einen Funken derselben hätte zutrauen sollen. Er vergleicht diese nach langen Verfolgungen wieder hergestellte Freundschaft, einer angenehmen Meerstille, welche auf einen schrecklichen Sturm folgt. Er macht dabey Schilderungen über Schilderungen, welche keinen andern Fehler haben, als daß sie die Aufmerksamkeit des Zuschauers zerstreuen. Vielleicht zwar, daß sie diesen Fehler nicht geäussert haben, wenn die Alten anders die Kunst, etwas so zierlich herzusingen, daß man kein Wort davon errathen kann, eben so gut verstanden haben, als wir Neuern sie verstehen. – – Der Schluß dieses Chors sind abermals einige moralische Anwendungen über das veränderliche Glück, besonders der Grossen. «O ihr, welchen der Herrscher über Erd und Meer, das grosse Recht des Lebens und des Todes anvertrauet hat, entsaget den stolzen [81] aufgeblasenen Gebehrden. Was der Geringere von euch fürchtet, eben das drohet euch ein größrer Herr. Jedes Reich stehet unter einem noch mächtigern Reiche. Oft sahe einen, den der anbrechende Tag im Glanze fand, der untergehende im Staube. Niemand traue dem ihn anlachenden Glücke; niemand verzweifle, wenn es ihm den Rücken zukehret. *Clotho* mischt gutes und böses, und treibt unaufhörlich das Rad des Schicksals um etc.»

Vierter Aufzug.

In dem Zwischenraum dieses und des vorhergehenden Aufzuges, muß man sich vorstellen, daß *Atreus* seine Grausamkeiten begangen habe. Sie waren zu schrecklich, als daß sie der Dichter, der sich der Regel des Horaz ohne Zweifel erinnerte:

Nec pueros coram populo Medea trucidet:
Aut humana palam coquat exta nefarius Atreus.

dem Zuschauer hätte zeigen sollen. Er läßt sie also blos erzehlen; und giebt sich, diese Erzehlung mit dem Ganzen auf eine kunstmäßige Art zu verbinden, so wenig Mühe, daß er weiter nichts thut, als einen Mann, den er Nuncius nennt, herauskommen und dem *Chore* von dem, was er gesehen hat, Nachricht geben läßt. Der Chor wird also hier zu einer spielenden Person, welches in den alten Trauerspielen nichts ungewöhnliches ist. Gemeiniglich führte alsdann der *Coryphäus* [82] das Wort, der entweder mit dem ganzen Chore, oder nur mit einem Theile desselben zurück blieb, nachdem es die Umstände erforderten. Wir werden unten sehen, warum man annehmen müße, daß er hier nur mit einem Theile zurück geblieben sey. Seine Reden sind sehr kurz, und geben blos dem *Erzehler* Gelegenheit, so umständlich, als es nöthig ist, zu seyn. Dieser nun tritt voller Schrecken und Entsetzen hervor, und wünscht von einem Wirbelwinde durch die Lüfte gerissen und in eine finstre Wolke gehüllet zu werden, damit er dem Anblicke eines so gräßlichen Verbrechens entkommen möge. «O Haus, dessen sich selbst *Pelops* und *Tantalus* schämen müssen.»

Der Chor. Was bringst du neues?

Der Erzehler. Wo bin ich? Ist dieses das Land, in welchem *Argos*, *Corinth* und das durch die frommen Brüder berühmte *Sparta* liegt? Oder bin ich an dem Ister unter den wilden Alanen? Oder bin ich unter dem ewigen Schnee des rauen Hircaniens? Oder unter den schweifenden Scythen? Was ist es für eine Gegend, die zur Mitschuldigen so abscheulicher Verbrechen gemacht wird?

Der Chor. Welcher Verbrechen? Entdecke doch – –

Der Erzehler. Noch staunet meine ganze Seele, noch ist der vor Furcht starrende Körper seiner Glieder nicht mächtig. Noch schwebt das Bild der gräßlichen That vor meinen Augen etc.

[83] *Der Chor.* Du marterst uns durch die Ungewißheit noch mehr. Sage, wovor du dich entsetzest, und nenne den Urheber. Einer von den

Brüdern muß es seyn, aber welcher? Rede doch − − Nunmehr wäre es ohne Zweifel billig, daß der *Erzehler* sogleich zur Sache käme, und diese geschwind in wenig kurzen und affectvollen Worten entdeckte, ehe er sich mit Beschreibung kleiner Umstände, die vielleicht ganz und gar unnöthig sind, beschäftige. Allein was glaubt man wohl, daß er vorher thut? Er beschreibet in mehr als vierzig Zeilen vor allen Dingen den heiligen Hayn, hinter der mitternächtlichen Seite des Pelopeischen Pallasts, in welchem *Atreus* die blutigen Opfer geschlacht hatte, ohne dieser mit einer Sylbe zu gedenken. Er sagt uns, aus was für Bäumen dieser Wald bestehe, zu welchen Handlungen ihn die Nachkommen des *Tantalus* geweihet; mit was für gelobten Geschenken und Denkmählern er ausgeziert und behangen sey. Er meldet, daß es darinne umgehe, und mahlt fast jede Art von Erscheinungen, die den Tag sowohl als die Nacht darinne schrecklich machten. − − Ich begreife nicht, was der Dichter hierbey muß gedacht haben; noch vielweniger begreife ich, wie sich die Zuschauer eine solche Verzögerung können gefallen lassen. Eine kleine Vorbereitung, wenn etwas sehr wichtiges zu erzehlen ist, wird gar wohl erlaubt; sie reitzt die Zuhörer, ihre Aufmerk- [84] samkeit auf das, was folgen soll, gefaßt zu halten. Allein sie muß diese Aufmerksamkeit nicht vorweg ermüden; sie muß das, was in einer Zeile eine sehr gute Wirkung thun würde, nicht in vierzig ausdehnen. − − Doch damit ich auch meinen Tadel nicht zu weit ausdehne, so will ich das Gemählde des Hayns an seinen Ort gestellt seyn lassen, und mit dem Dichter wieder weiter gehen. «Als nun, läßt er den Erzehler fortfahren, der rasende *Atreus* in Begleitung der Kinder seines Bruders in den Hayn gekommen war, wurden die Altäre sogleich geschmückt. Aber nun, wo werde ich Worte finden? − Die Hände werden den edlen Jünglingen auf den Rücken gebunden, und um ihre Stirne wird die traurige Opferbinde geschlagen. Da fehlt kein Weihrauch, kein geheiligter Wein; das Opfer wird mit Saltzmehl bestreuet, ehe es das Schlachtmesser berühren darf. Alle Ordnung wird beybehalten, damit ja eine solche Lasterthat nicht anders als auf die beste Weise geschehe.»

Der Chor. Und wessen Hand führte das Eisen?

Der Erzehler. Er selbst ist Priester; er selbst hält das blutige Gebeth, und läßt aus schrecklichem Munde das Sterbelied tönen. Er selbst stehet am Altare, befühlt die dem Tode Geweihten, legt sie zurechte, und ergreift den Stahl. Er selbst giebt Acht, und kein einziger [85] Opfergebrauch wird übergangen. Der Hayn erzittert; der ganze Pallast schwankt auf dem durchschütterten Boden, und drohet bald hier bald dahin zu stürzen. Oben zur Linken schießt ein Stern durch den Himmel, und ein schwarzer Schweif bemerkt seine Bahn. Der in das Feuer gespritzte Wein wird Blut; dreymal entfällt dem Haupte das Diadem; die Bildsäulen weinen, und ein jeder wird von diesen Vorbedeutungen gerührt. Nur

Atreus allein bleibt unbeweglich und sich selbst gleich, und hört nicht auf die drohenden Götter zu schrecken. Länger will er nicht verweilen, er springt wieder zu dem Altare, und schielet mit grimmigen Blicken um sich. So irret ein hungriges Tiegerthier in den Gangetischen Wäldern zwischen zwey jungen Stieren. Es ist auf den einen Raub so begierig, wie auf den andern, und nur ungewiß, welchen es zuerst zerreissen solle. Jezt bleckt es den Rachen auf diesen; jezt bleckt es ihn auf jenen zurück, und hält seinen Hunger in Zweifel. Nicht anders betrachtet der ruchlose *Atreus* die Schlachtopfer seines verfluchten Zornes, und steht bey sich an, welches er zuerst, und welches er hernach abthun wolle. Es wäre gleichviel, aber doch steht er bey sich an, und freuet sich, über seine verruchte That zu künsteln.

Der Chor. Aber gegen wen braucht er endlich den Stahl zuerst?

[86] *Der Erzehler.* Das erste Opfer – – damit man, ohne Zweifel, die kindliche Ehrfurcht nicht vermissen möge – – wird dem Großvater geweihet. *Tantalus* ist dieses erste Opfer.

Der Chor. Mit welchem Muthe, mit welchem Gesichte duldete der Jüngling den Tod?

Der Erzehler. Unbesorgt für sich selbst stand er da, und verschwendete keine Bitte vergebens. Aber der Wütrich stieß und drückte so lange nach, bis sich der Stahl in der Wunde verlohr, und die Hand an die Gurgel traf. Da er das Eisen zurückzog, stand der Leichnam; und als er lange gezweifelt hatte, ob er auf diese oder jene Seite fallen sollte, fiel er endlich auf den Vetter. Voller Wuth riß dieser hierauf den *Plisthenes* zum Altare, und schickte ihn dem Bruder nach. Er hieb ihm den Hals ab; der Rumpf fiel vor sich nieder, und der Kopf rollte mit einem unverständlichen kläglichen Murmeln auf den Boden hin.

Der Chor. Nachdem er diesen doppelten Mord vollbracht, was that er alsdann? Schonte er des Knabens? Oder häufte er Verbrechen auf Verbrechen?

Der Erzehler. So wie ein Löwe in Armenischen Wäldern mit siegender Wuth unter den Rindern tobet, und mit blutigem Rachen, auch nach gestilltem Hunger, seinen Grimm nicht ableget; sondern noch hier einen Stier und noch [87] da einen anfällt, bis er mit müden Zähnen endlich auch den Kälbern drohet: eben so wüthet *Atreus* und schwellet vor Zorn. Er hält das vom doppelten Morde blutige Eisen, vergißt was für ein schwaches Kind er zu durchstossen habe, und hohlt weit von dem Körper aus.(*) Der Stahl drang in der Brust ein, und fuhr durch den Rücken her-

(*) Die Worte heissen in dem Originale:
Ferrumque gemina caede perfusum tenens,
Oblitus in quem rueret, infesta manu
Exegit ultra corpus – – –
Alle Ausleger übergehen diese Stelle, und gleichwohl zweifle ich, ob sie von

aus. Das Kind fiel, löschte mit seinem Blute das Feuer auf dem Altar, und starb an der zwiefachen Wunde.

Der Chor. Abscheuliche Lasterthat!

Der Erzehler. Ihr entsetzet euch? Wenn er hier inne gehalten hätte; so wäre er noch fromm.

[88] *Der Chor*. Was kann noch verruchters in der Natur gefunden werden?

Der Erzehler. Ihr glaubt, es sey das Ende seines Verbrechens? Es ist nur eine Staffel desselben.

Der Chor. Aber was hat er weiter thun können? Er hat vielleicht die Leichname den wilden Thieren zu zerreissen vorgeworfen, und ihnen den Holtzstoß versagt.

Der Erzehler. Wäre es doch nichts als das! – – – Nunmehr folgt eine sehr gräßliche Beschreibung, die aber so eckel ist, daß ich meine Lesern damit verschonen will. Man sieht darinne, wie *Atreus* die todten Körper in Stücken zerhackt; wie er einen Theil derselben an die Spiesse gesteckt, und den andern in Kessel geworfen, um jene zu braten und diese zu kochen; wie das Feuer diesen grausamen Dienst verweigert, und wie traurig der fette Rauch davon in die Höhe gestiegen. Der *Erzehler* fügt endlich hinzu, daß *Thyest* in der Trunkenheit wirklich von diesen abscheulichen Gerichten gegessen; daß ihm oft die Bissen in dem Schlunde stecken geblieben; daß sich die Sonne, obgleich zu spät, darüber zurück gezogen; daß *Thyest* sein Unglück zwar noch nicht kenne, daß es ihm aber schwerlich lange verborgen bleiben werde.

Mehr hat der *Erzehler* nicht zu sagen. Er geht also wieder fort und die vorhin abgegangene Helfte des Chors tritt herein, ihren Gesang an- [89] zustimmen. Er enthält lauter Verwunderung und Entsetzen über das Zurückfliehen der Sonne. Sie wissen gar nicht, welcher Ursache sie dasselbe zuschreiben sollen, und vermuthen nichts geringers, als daß die Riesen einen neuen Sturm auf den Himmel müßten gewagt haben, oder daß gar der Untergang der Welt nahe sey. Hieraus also, daß sie nicht wissen, daß die Sonne aus Abscheu über die Verbrechen des *Atreus* zurückgeflohen, ist es klar, daß sie bey der vorhergehenden Unterredung nicht können

---

allen gehörig ist verstanden worden. Das exigere corpus ist mir ungemein verdächtig. Ich weis wohl, was bey dem Virgil exigere ensem per corpus heißt; allein ob schlechtweg exigere corpus eben dieses heissen könne, daran zweifle ich, und glaube nicht, daß man bey irgend einem Schriftsteller ein ähnliches Exempel finden werde. Ich erkühne mich daher, eine kleine Veränderung zu machen, und anstatt infesta manu zu lesen infestam manum; so daß ultra, welches man vorher adverbialiter nehmen mußte, nunmehr zur Präposition wird, die zu corpus gehöret. Was aber manum exigere heisse, und daß es gar wohl *aushohlen* heissen könne, wird man leicht einsehen. Vielleicht könnte auch die Bedeutung, da exigere *versuchen, probiren* heißt, hier zu Statten kommen.

gegenwärtig gewesen seyn. Da aber doch allerdings der Chor eine unter-
redende Person dabey ist, so muß man entweder einen doppelten Chor
annehmen, oder, wie ich gethan habe, ihn theilen. Es ist erstaunend, daß
die Kunstrichter solcher Schwierigkeiten durchaus nicht mit einem Worte
gedencken, und alles gethan zu haben glauben, wenn sie hier ein Wörtchen und da einen Umstand, mit Auskrahmung aller ihrer Gelehrsamkeit,
erklären – – Vielleicht könte man auch sagen, daß der einzige *Coryphäus*
nur mit dem *Erzehler* gesprochen, und daß ausser ihm der gantze Chor
abgegangen seye. Vielleicht könnte man sich dieserwegen unter andern
darauf berufen, daß der *Erzehler* selbst ihn als eine einzelne Person betrachtet und in der einfachen Zahl mit ihm spricht; als Zeile 746.

– – – Sceleris hunc finem putas?

Kurz vorher redet er ihn zwar in der vielfachen [90] Zahl an, wenn er ihn
in der 744. Zeile fragt: exhorruistis? Allein dieses exhorruistis wäre sehr
leicht in exhorruisti zu verwandeln, welches ohnedem der Gleichförmigkeit
wegen höchst nöthig ist. – – Von dem Chore selbst will ich nicht viel sagen,
weil er fast aus nichts, als aus poetischen Blümchen bestehet, die der be-
fürchtete Untergang der Welt, wie man leicht vermuthen kann, reichlich
genug darbiethet. Unter andern geht der Dichter den ganzen Thierkreiß
durch, und betauert gleichsam ein jedes Zeichen, das nunmehr herabstürzen
und in das alte Chaos zurück fallen würde. Zum Schlusse kömmt er wieder auf einige moralische Sprüche. «So sind wir denn, nach einer unzehli-
gen Menge von Sterblichen, die, welche man für würdig erkannt hat, von
den Trümmern der Welt zerschmettert zu werden? So sind wir es, die auf
die lezten Zeiten verspart wurden? Ach, wie hart ist unser Schicksal; es
sey nun, daß wir die Sonne verlohren, oder sie vertrieben haben! Doch,
weg ihr Klagen! weg Furcht! Der ist auf das Leben zu begierig der nicht
einmahl sterben will, wenn die Welt mit ihm untergeht.»

Fünfter Aufzug.

Die grausame Mahlzeit ist vorbey. *Atreus* kann seine ruchlose Freude
länger nicht mäßigen, sondern kömmt heraus, sich seinen abscheuligen
Frolockungen zu überlassen. [91] Diese sind der vornehmste Inhalt des
ersten Auftritts in diesem Aufzuge. Aber doch ist er noch nicht zufrieden;
er will dem *Thyest,* zum Schlusse der Mahlzeit, auch noch das Blut seiner
Kinder zu trincken geben. Er befiehlt daher seinen Dienern, die Thore
des Pallasts zu eröfnen, und man sieht in der Entfernung den *Thyest*
am Tische liegen. *Atreus* hatte bey Zermetzlung der Kinder, ihre Köpfe
zurücke gelegt, um sie dem Vater, bey Eröfnung seines Unglücks, zu
zeigen. Er freuet sich schon im voraus über die Entferbung des Gesichts,
mit welcher sie *Thyest* erblicken werde. «Das, spricht er, muß ich mit

ansehen. Ich muß es mit anhören, welche Worte sein Schmerz zuerst ausstossen wird. Ich muß dabey seyn, wenn er starr und für Entsetzen
wie entseelt da stehen wird. Das ist die Frucht meiner That! Ich mag ihm
nicht sowohl elend seyn, als elend werden sehn.» – – Er wird mit Vergnügen gewahr, daß *Thyest* schon fast truncken sey, und hoft daher,
daß ihm seine List mit dem Blute, welches er unter alten Wein von einer
starcken Farbe mischen wolle, desto eher gelingen werde. – – «Ein solches Mahl muß mit einem solchen Truncke beschlossen werden. Er, der
lieber mein Blut getruncken hätte, soll das Blut der Seinen trincken. Hört,
schon stimmt er festliche Gesänge an, und ist seines Verstandes kaum
mehr mächtig.»

[92] Hier nun kömmt *Thyest* langsam hervor, und sein Gesang ist eine
Ermunterung seiner selbst, alle traurige Vorstellungen fahren zu lassen.
«Heitere deine Blicke zur gegenwärtigen Freude auf, und verjage den
alten *Thyest* aus deinem Gemüthe! Aber so sind die Elenden! Sie trauen
dem Glücke nie, wenn es sie gleich wieder anlacht, und freuen sich mit
Widerwillen. Welcher ohne Ursache erregter Schmerz verbeuth mir diesen
festlichen Tag zu feyern, und befiehlt mir, zu weinen? Was ist es, das mir
mein Haupt mit frischen Blumen zu kränzen nicht erlauben will? Es will
nicht; es will nicht! – Unerwartete Thränen rollen die Wangen herab,
und mitten unter meine Worte mischen sich Seufzer – – Ach, der sein
Unglück ahndende Geist verkündiget mit diesen Zeichen ein nahes Leiden! – – Doch mit was für traurigen Erwartungen quälst du dich, Unsinniger? Ueberlaß dich deinem Bruder voll leichtgläubiger Liebe! Es sey nun
was es sey, so fürchtest du dich entweder ohne Grund, oder zu spät.
Gern wollt ich Unglücklicher mich nicht fürchten, aber mein Innerstes
bebet vor Schrecken. Schnell strömet aus den Augen eine Fluth von
Zehren, und strömet ohne Ursache. Ist es Schmerz, oder ist es Furcht?
Oder hat auch eine heftige Freude ihre Thränen?»

Nunmehr redet ihn *Atreus* an: «Laß uns, Bruder, unsere Freude verbinden, diesen [93] glücklichen Tag würdig zu begehen. Heute wird mein
Thron befestiget; heute wird ein Friede gestiftet, wie er unserer brüderlichen Treue geziemet.»

Thyest. Die reiche Tafel hat mich genung gesättiget; ich glühe vom
Weine. Aber wie unendlich könnte meine Freude vermehret werden, wenn
ich mich mit den Meinigen freuen dürfte.

Atreus. Glaube, daß sie so gut verwahrt sind, als ob du sie in deinen
Armen hieltest. Sie sind hier, und werden hier bleiben. Von deinen Kindern soll dir nichts verlohren gehen. Ich will dich ihre Gesichter, die du
so sehnlich verlangst, sehen lassen; ich will sie dich alle geniessen lassen.
Deine Begierde soll gesättiget werden; fürchte nichts. Sie liegen noch jetzt,
mit meinen Kindern zugleich, an dem frohen Tische; aber man soll sie
gleich herhohlen. Nimm nur unterdessen diesen unsern Geschlechts-

becher, mit Bachus Gaben erfüllet, aus meiner Hand – *Thyest* vermuthet
bey diesen zweydeutigen Reden, noch nichts arges. Er greift mit Danck-
sagung nach dem Becher, ihn vor dem Angesichte der väterlichen Götter
auf eine ewige Liebe auszuleeren, und ist eben in der Stellung, ihn an den
Mund zu führen; als seine fürchterliche Ahndungen zunehmen. «Was ist
das? die Hand will nicht gehorchen? die Schwere des Bechers wächst
und ziehet die Rechte mit nieder? Ich bringe ihn dem Munde näher, und
ver- [94] giesse zitternd den Wein, ohne die betrogenen Lippen zu netzen.
Sieh! selbst der Tisch springt von dem erschütterten Boden in die Höh!
Kaum leuchtet das Feuer! Die schwere öde Luft erstarret schrecklich zwischen Tag und Nacht! Das krachende Gewölbe des Himmels drohet zu
stürzen! Schwartze Schatten verdicken die Finsterniß, und die Nacht ver-
birgt sich in Nacht! Alles Gestirne flieht! Es drohe, was uns auch drohe;
nur daß es meinen Bruder, nur daß es meine Kinder verschone! Auf mein
unwürdiges Haupt allein breche das Wetter los. Ach, jezt, jezt gieb mir
meine Kinder wieder.»

Atreus. Ich will sie dir geben, und kein Tag soll sie dir jemahls wieder
rauben. – – Hier muß man sich vorstellen, daß *Atreus* einen Winck giebt,
und die zurück gelegten Häupter und Hände der Kinder herbey bringen
läßt, unterdessen daß *Thyest* in dem vorigen Tone fortfährt: «Welch ein
Aufruhr durchwühlet mein Eingeweide? Was zittert in meinem Innern?
Ich fühle eine ungeduldige Last, und aus meiner Brust steigen Seufzer auf,
die nicht meine sind. Kommt doch, meine Söhne! Euer unglücklicher Vater
ruft euch. Kommt doch! Euer Anblick wird diesen Schmerz verjagen. Hörte
ich sie nicht? Wo sprachen sie?» – – Nunmehr sind ihre traurigen [95]
Ueberbleibsel hier, und *Atreus* siehet sich an seinem erwünschten Augenblicke.

Atreus. Halte deine väterlichen Umarmungen bereit! Hier sind sie! *(indem er sie ihm zeigt,)* Erkennst du deine Söhne?

Thyest. Ich erkenne den Bruder! Erde! und so eine Schandthat konntest
du auf dir dulden? – – Dieses ist der Anfang von den gräßlichsten Verwünschungen seines Bruders und seiner selbst. Das *ich erkenne den Bruder* ist ohne Zweifel ein Meisterzug, der alles auf einmal dencken läßt,
was *Thyest* hier kann empfunden haben. Er scheinet zwar etwas von einer
spitzigen Gegenrede an sich zu haben, aber gleichwohl muß seine Würk-
kung in dem Munde des Schauspielers vortreflich gewesen seyn, wenn er
das dazu gehörige starrende Erstaunen mit gnug Bitterkeit und Abscheu
hat ausdrucken können. – – Es fehlt so viel, daß *Atreus* von den Verwünschungen seines Bruders sollte gerührt werden, daß er ihn vielmehr auf
die spöttischste Art unterbricht:

Atreus. Nimm sie doch lieber hin, die so lange begehrten Kinder. Dein
Bruder verwehrt es dir nicht länger. Geniesse sie; küsse sie; theile unter
alle drey die Zeichen deiner Liebe.

Thyest. War das der Bund? War das die Aussöhnung? Ist das die brüderliche Treue? So legst du deinen Haß ab? Ich kann dich nun nicht bitten, mir meine Kinder unverlezt zu las- [96] sen; aber das muß ich dich
bitten, ein Bruder den Bruder, was du mir, deinem Verbrechen, deinem
Hasse unbeschadet, verstatten kanst. Erlaube mir, ihnen die lezte Pflicht
zu erweisen. Gieb mir ihre Körper wieder, und du sollst sie sogleich auf
dem Scheiterhaufen brennen sehen. Ich bitte dich um nichts, was ich besitzen, sondern um etwas, was ich verlieren will.

Atreus. Was von deinen Söhnen übrig ist, sollst du haben; was von
ihnen nicht mehr übrig ist, das hast du schon.

Thyest. Hast du sie den Vögeln zur Speise hinwerfen lassen? Oder werden sie zum Frasse für wilde Thiere gespart?

Atreus. Du selbst hast deine Söhne in ruchlosen Gerichten genossen.

Thyest. Das war es, wovor sich die Götter entsezten! Das trieb den Tag
in sein östliches Thor zurück! In welche Klagen soll ich Elender aus-
brechen? Welche Worte soll mein Schmerz wählen? Hier seh ich sie, die
abgehauene Köpfe und die vom zerschmetterten Arme getrennten Hände!
Das war es, was dem hungrigen Vater nicht herab wollte! Wie welzet sich
das Eingeweide in mir! Der verschlossene Greuel tobet und suchet einen
Ausgang. Gib mir, Bruder, das von meinem Blute schon trunckene
Schwerd, um mit dem Eisen meinen Kindern den Weg zu öfnen. Man versagt mir das Schwerd? So mag denn die hohle Brust von [97] traurigen
Schlägen ertönen. Halt ein, Unglücklicher! Verschone die Schatten. Wer
hat dergleichen Abscheulichkeit gesehen? Welcher *Henioche* auf den rau-
hen Felsen des unwirthbaren Caucasus? Welcher *Procrustes,* das Schrecken
der attischen Gegenden? Ich Vater drücke die Söhne, und die Söhne den
Vater. So kanntest du denn bey deinem Verbrechen keine Maaß?

Atreus. Maaß muß man in den Verbrechen halten, wenn man sie be-
gehet, nicht aber wenn man sie rächet. Auch das ist mir noch zu geringe.
Aus den Wunden selbst hätte ich das warme Blut in deinen Mund sollen
fliessen lassen, damit es aus ihren lebendigen Leibern in deinen gekommen
wäre. Mein Zorn hat mich hintergangen. Ich war zu schnell; ich that
nichts, als daß ich sie mit dem Stahle am Altare niederstieß, und die Haus-
götter mit diesem ihnen gelobten Opfer versöhnete. Ich trennte die Glieder von den todten Körpern und hieb sie in kleine Stücken. Diese warf
ich in siedende Kessel, und jene ließ ich am langsamen Feuer braten. Ich
hörte sie an dem Spiesse zischen; ich wartete mit eigener Hand das Feuer.
Alles dieses hätte ihr Vater weit besser thun können. Meine Rache ist
falsch ausgeschlagen. Er hat mit ruchlosem Munde seine Kinder zermalmt; aber er wußte es nicht; aber sie wußten es nicht. – – *Thyest* hebt
hierauf neue Verwünschungen an, und alles was er von dem Beherrscher
des Himmels bittet, ist dieses, [98] daß er ihn mit dem Feuer seines Blitzes
verzehren möge. Auf diese einzige Art könne seinen Kindern der lezte

Dienst, sie zu verbrennen, erwiesen werden. Oder wenn keine Gottheit die Ruchlosen zerschmettern wolle, so wünscht er, daß wenigstens die Sonne niemals wieder zurückkehren, sondern eine ewige Nacht diese unmenschlichen Verbrechen bedecken möge.

Atreus. Nun preise ich meine Hände! Nun habe ich die Palme errungen! Meine Laster wären umsonst, wenn es dich nicht so schmerzte. Nun düncket mich, werden mir Kinder gebohren. Nun düncket mich, dem keuschen Ehebette die verletzte Treue wiedergegeben zu haben.

Thyest. Was hatten aber die Kinder verbrochen?

Atreus. Daß sie deine Kinder waren.

Thyest. Dem Vater seine Söhne – –

Atreus. Ja, und was mich freuet, seine gewissen Söhne.

Thyest. Euch ruf ich an, ihr Schutzgötter der Frommen – –

Atreus. Warum nicht lieber die Schutzgötter der Ehen?

Thyest. Wer vergilt Verbrechen mit Verbrechen?

Atreus. Ich weiß, worüber du klagst. Es schmertzt dich, daß ich dir mit dem Verbrechen zuvorgekommen bin. Nicht das geht dir nahe, daß du diese gräßliche Mahlzeit genossen, sondern [99] daß du sie nicht zubereitet. Du hattest im Sinne, deinem unwissenden Bruder gleiche Gerichte vorzusetzen, und mit Hülfe der Mutter, meine Kinder eines ähnlichen Todes sterben zu lassen; wenn du sie nur nicht für deine gehalten hättest.

Thyest. Die Götter werden Rächer seyn; und diesen übergeben dich meine Wünsche zur Strafe.

Atreus. Und dich zu strafen, will ich deinen Kindern überlassen.

Beurtheilung des Thyest.

So schließt sich dieses schreckliche Trauerspiel, dessen blosser Inhalt, wenn er auch noch so trocken erzehlt wird, schon Entsetzen erwecken muß. Die Fabel ist einfach, und ohne alle Episoden, von welchen die alten tragischen Dichter überhaupt keine Freunde waren. Sie führten den Faden ihrer Handlung gerade aus, und verliessen sich auf ihre Kunst, ohne viele Verwicklung, fünf Acte mit nichts zu füllen, als was nothwendig zu ihrem Zwecke gehörte.

Atreus will sich an seinem Bruder rächen; er macht einen Anschlag; der Anschlag gelingt, und *Atreus* rächet sich. Das ist es alle; aber bleibt deswegen irgendwo unsere Aufmercksamkeit müßig? Es ist wahr, der Alte macht wenig Scenen; allein wer hat es uns denn befohlen, derselben in jedem Aufzuge so eine Menge zu machen? Wir strengen das Gedächtniß unserer Zuhörer oft auf eine übermäßige Art an; wir [100] häufen Verwirrung auf Verwirrung, Erzehlung auf Erzehlung, und vergessen es, so zu reden mit Fleiß, daß man nicht viel dencken muß, wenn man viel empfinden soll. Wenn der Verstand arbeitet, so ruhet das Herz; und wenn sich das Herz zu zeigen hat, so muß der Verstand ruhen können. – – Die Rache des *Atreus* ist so unmenschlich, daß der Dichter eine Art von Vorbereitung nöthig befunden hat, sie glaubwürdig genug zu machen. Aus diesem Gesichtspuncte muß man den ganzen ersten Aufzug betrachten, in welchem er den Schatten des *Tantalus* und die Furie nur deswegen einführet, damit *Atreus* von etwas mehr, als von der Wuth und Rachsucht seines Herzens, getrieben zu werden scheine. Ein Theil der Hölle und das Schicksal des Pelopeischen Hauses muß ihn zu den Verbrechen gleichsam zwingen, die alle Natur auf eine so gewaltige Art überschreiten. Zu der Handlung selbst trägt dieser Aufzug sonst gar nichts bey, und das Trauerspiel würde eben so vollständig seyn, wenn es auch erst bey dem zweyten Aufzuge seinen Anfang nähme. Ich werde weiter unten noch eine andere Anmerckung hierüber machen – – Die Einheit des Orts hat der Dichter glücklich beobachtet. Er läßt alles vor dem königlichen Pallaste vor sich gehen, und nur in dem letzten Aufzuge wird dieser Ort gleichsam erweitert, indem sich der Pallast selbst öfnet, und den *Thyest* an der Tafel zeiget. Es [101] muß dieses ein ganz anderer Anblick gewesen seyn, als wenn ein jetziger Dichter in gleichen Fällen den hintern Vorhang muß aufziehen lassen. Nur wolte ich, daß der Römer bey dieser prächtigen Aussicht in einen starck erleuchteten Speisesaal des Pallasts, ein wenig mehr Kunst angebracht hätte. *Atreus* ist draussen vor dem Pallaste, und giebt selbst den Befehl ihn zu öfnen: (Z. 901.)

> turba famularis fores
> Templi relaxa; festa patefiat domus.

Warum befiehlt er aber dieses? Der Zuschauer wegen, ohne Zweifel, und wenn keine Zuschauer da wären, so würde er vielleicht ohne diese weite Eröfnung zu seinem Bruder hinein gegangen seyn. Ich würde es viel lieber sehen, wenn der Pallast gleich vom Anfange des Aufzuges geöfnet wäre; *Atreus* könte in der Entfernung doch wohl noch sagen, was er wollte, ohne von dem *Thyest* gehört zu werden. So gut sich dieses bey der letzten Helfte seiner Rede thun ließ, eben so gut hätte es auch bey der ersten geschehen können. – – Es wäre gut, wenn ich bey der Einheit der Zeit, weiter nichts als nur eben so eine Kleinigkeit zu erinnern hätte. Allein hier wird man mit dem Dichter weniger zufrieden seyn können. Er setzt den Anfang seines Stücks noch vor den Anbruch des Tages, und mußte nothwendig einen Theil der Nacht zu Hülfe nehmen, weil er Geister wollte erscheinen lassen, [102] und diese, nach der Meinung der Heiden, am Tage nicht erscheinen durften. Die letzten Worte, welche die Furie zu den Schatten des *Tantalus* sagt, zeigen es deutlich genug:

> En ipse Titan dubitat, an jubeat sequi,
> Cogatque habenis ire periturum diem.

Die Sonne also geht eben auf, als die Geister von der Bühne verschwinden, und die Berathschlagungen des *Atreus* in dem zweyten Aufzuge fallen am frühesten Morgen vor. Alles dieses hat seine Richtigkeit. Aber nunmehr kömmt ein Punct, bey welchem es mehr wird zu bedencken geben.
Am Ende des zweyten Aufzuges beschließt *Atreus* seine Söhne, den *Menelaus* und *Agamemnon*, an den *Thyest* abzuschicken; und zu Anfange des
dritten Aufzuges erscheinet *Thyest* bereits mit seinen Söhnen. Was muß
also in dem Zwischenraume vorgefallen seyn? *Atreus* hat seinen Söhnen
das Geschäfte aufgetragen; sie haben es über sich genommen; sie haben
den *Thyest* aufgesucht; sie haben ihn gefunden; sie haben ihn überredet;
er macht sich auf den Weg; er ist da. Und wie viel Zeit kan man auf dieses
alles rechnen? Wir wollen es gleich sehen. Im vierten Aufzuge, nachdem
Atreus den *Thyest* empfangen, nachdem er ihm alle Schmeicheleyen einer
verstellten Aussöhnung gemacht, nachdem er ihm den königlichen Purpur
umlegen lassen, nachdem er sein grausames Opfer vollzogen, nachdem er
das [103] unmenschliche Mahl zubereitet, nach allem diesen, sage ich, ist
es, wenn die Sonne vor Entsetzen zurücke flieht, eben Mittag. Der Dichter
giebt diesen Zeitpunct in der 777ten Zeile:

O Phoebe patiens, fugeris retro licet,
Medioque ruptum merseris *coelo* diem &c.

und in der 792ten

– – quo vertis iter
Medioque diem perdis Olympo?

selbst an. Ist es nun aber da Mittag, so muß *Thyest* noch einige Stunden
vor Mittage angekommen seyn. Einige Stunden nach Sonnen-Aufgang
ward er gehohlt; und nun urtheile man selbst, wie viel Stunden zu obigem
Zwischen-Raume übrig bleiben. Die natürlichste Entschuldigung, die einem
hiebey einfallen kann, ist diese, daß man sagte, *Thyest* müsse sich ganz in
der Nähe aufgehalten haben; aber auch mit dieser Nähe wird nicht alles
gehoben seyn. Und wie nahe ist er denn würcklich gewesen? Ich finde in
dem ganzen Stücke zwey Stellen, aus welchen sich dieser Umstand einigermassen bestimmen läßt. Die erste sind die Worte des *Atreus*, Z. 297.

– – relictis exul hospitiis vagus
Regno ut miserias mutet &c.

Wenn hier hospitia einen Aufenthalt in ganz fremden Ländern, und exul
einen, der sich ausser seinem Vaterlande aufhält, bedeuten soll, so wird
die vorgebrachte Schwierigkeit nicht ver- [104] ringert, sondern unendlich
vergrössert. Nicht *Argos* allein; der ganze *Peloponnesus* gehörte dem
Atreus, und hatte dem *Thyest* gehört, so lange er mit seinem Bruder zugleich regierte. Soll sich dieser also ausserhalb demselben befunden haben,

so konnte er nicht in einigen Stunden, sondern kaum in einigen Tagen
herbey geschaft werden. Doch die andere Stelle (Z. 412. u. f.) wird zeigen,
daß man die erste in einem engern Verstande nehmen müsse. *Thyest* sagt
zu sich selbst:

> – – – repete sylvestres fugas,
> Saltusque densos potius, & mixtam feris,
> Similemque vitam. – –

Er hielt sich also nur in Wäldern verborgen, die freylich nicht allzuweit,
aber auch nicht allzunahe seyn durften. Und in diesen mögen ihn die Söhne
des *Atreus* gesucht und auch sogleich gefunden haben, so unwahrschein-
lich es auch ist, daß sich ein Mann, der sich einmal verbergen muß, nicht
besser verbergen werde. Dennoch wird man schwerlich die schleunige An-
kunft desselben so leicht begreifen können, als man sie, ohne anstößig zu
seyn, begreifen sollte. Ich will mich hierbey nicht länger aufhalten, sondern nur noch ein Wort von den Charakteren sagen. – – Sie sind ohne
Zweifel so vollkommen ausgedruckt, daß man wegen keines eintzigen in
Ungewißheit bleiben kann. Die Abstechungen, in welche übrigens der
Dichter die beyden Brüder gesetzt [105] hat, ist unvergleichlich. In dem
Atreus sieht man einen Unmenschen, der auf nichts als Rache denckt,
und in dem *Thyest* eines von den rechtschaffenen Herzen, die sich durch
den geringsten Anschein von Güte hintergehen lassen, auch wenn ihnen
die Vernunft noch so viel Ursachen, nicht allzuleichtgläubig zu seyn,
darbiethet. Was für zärtliche und edele Gedancken äussert er, da er sich
auf einmal blos deswegen für schuldig erkennet, weil sein Bruder sich
jetzt so gütig gegen ihm erzeige. Und was für eine besorgte Liebe für diesen ruchlosen Bruder verräth die einzige Wendung, da er eben sein Unglück erfahren soll, welches durch die ganze Natur ein schreckliches Entsetzen verbreitet, und noch sagt:

> – – quicquid est, fratri precor
> Gnatisque parcat; omnis in vile hoc caput
> Abeat procella – –

Aber nun möchte ich wissen, warum der Dichter diesen vortreflichen Charakter durch einen Zug hat schänden müssen, der den *Thyest* zu nichts
geringern, als zu einen Gottesleugner macht?

> – – & patrios deos
> (Si sunt tamen dii) cerno – –

Dieses sind fast seine ersten Worte, und ich gestehe es ganz gern, daß, als
ich sie zuerst las, ich mir einen sehr abscheulichen *Thyest* versprach.

[106]   *Von andern alten Trauerspielen dieses Inhalts.*

Das Alterthum hat mehr als eine Tragödie von der abscheulichen Rache des *Atreus* gehabt, ob gleich nicht mehr als diese eintzige auf uns gekommen ist. Unter den Griechen hatten *Agathon, Nikomachus* von Athen, *Theognis,* (nicht aber der Sittendichter,) *Kleophon,* und andere diesen Stof bearbeitet; vornehmlich aber *Euripides,* welchen ich zuerst hätte nennen sollen. Wenn uns das Stück dieses Meisters übrig geblieben wäre, so würden wir vielleicht sehen, daß ihm der Römer verschiedenes abgeborgt habe. Doch auch in seiner eigenen Sprache hat es ihm hier nicht an Mustern, wenigstens nicht an Vorgängern gefehlet, deren vielleicht jeder einen von den Griechen nachgeahmet hatte. *Nonius* und *Festus* führen einen Thyest des *Ennius* an; *Fulgentius,* einen Thyest des *Pacuvius; Censorinus* einen Thyest des *Junius Gracchus*; und *Quintilian* einen von dem *L. Varius.* Wenn man dem *Donat* und *Servius* glauben darf, so ist der eigentliche Verfasser dieses letztern *Virgil* gewesen. Er soll mit der Frau des *L. Varius* ein wenig vertraut gelebt, und ihr sein Stück gegeben haben. Von der Frau habe es der Mann bekommen, und dieser habe es alsdann unter seinem eigenen Namen öffentlich abgelesen. *Virgil* selbst soll auf diese [107] Begebenheit mit folgender Zeile in seinen Hirtengedichten zielen:

Quem mea carminibus meruisset fistula caprum.

Wenn aber die Begebenheit eben so ungewiß ist, als die Anspielung, so kann man sie ganz sicher unter diejenigen Mährchen rechnen, welche der Neid so gar gern auf die Rechnung grosser Geister schreibet. – – Doch nicht diejenigen Stücke allein, welche den Namen *Thyest* führen, gehören hieher, sondern auch diejenigen, welche man unter der Benennung *Atreus* angezogen findet, und vielleicht auch wohl die, welche *die Pelopiden* überschrieben waren. Unter dem erstern Titel hat unter andern *L. Attius* ein Trauerspiel verfertiget, dessen *Nonius* und *Priscian* gedencken. Aus den wenigen Zeilen, die sie daraus anführen, kann man nicht undeutlich schliessen, daß es mit unserm *Thyest* viel Gleichheit gehabt haben müsse. Ueber eine Stelle aber daraus kann ich nicht unterlassen, hier eine Anmerckung zu machen. Sie kömmt bey dem Nonius unter dem Worte *vesci* vor, und ist diese:

Ne cum Tyranno quisquam epulandi gratia
Accumbat mensam, aut eandem vescatur dapem.

Ich weiß nicht, ob ich der einzige seyn werde, dem es ein wenig wunderbar vorgekommen, daß *Thyest* bey einem öffentlichen Mahle ganz allein [108] von den abscheulichen Gerichten habe essen können. Haben andere mit ihm zu Tische gelegen, und sie sind ihm nur allein vorgesetzt worden, so hat er ja natürlicher Weise müssen Verdacht fassen. Hat ihm aber nie-

mand an der Tafel Gesellschaft geleistet, wie es in unserm obigen Stücke
zu seyn scheinet, wo nicht einmal *Atreus* mit ihm speiset, so hat ja diese
Absonderung nothwendig auch Gedancken erregen müssen. Diese Schwierigkeit also hatte der alte *Attius* vielleicht, wer weiß durch welchen glücklichen Einfall, gehoben. Wenigstens sind die angeführten Worte ein aus-
drücklicher Befehl, daß sich niemand mit dem *Thyest* zu Tische legen,
noch mit ihm von eben denselben Gerichten essen solle. Eine Ursache
dieses Befehls wird er ohne Zweifel auch angeführet haben, und zwar eine
solche, die allem Argwohne wegen der wahren Ursache vorzubeugen fähig
war. Denn ohne diese wäre der blosse Befehl noch weit schlimmer, als
das völlige Stillschweigen über den bedencklichen Umstand gewesen; wie
ein jeder auch ohne mein Erinnern leicht einsehen wird.

Wahrscheinlicher Beweis, daß der rasende Herkules und der Thyest einen
Verfasser haben.

Es ist hier noch nicht der Ort, zu zeigen, wem eigentlich das eine und das
andere dieser zwey Trauerspiele von alten Schriftstellern bey- [109] gelegt
worden. Ich will thun als ob man gar keine Zeugnisse hätte, und bloß aus
ihren innern Kennzeichen so viel zu schliessen suchen, als in der Folge
nöthig seyn wird, ein jedes von den zehn Stücken kenntlich genug zu
machen, um es mit Einsicht diesem oder jenem beylegen zu können. Drey
Stücke sind es, welche im *Thyest* eben denselben Verfasser verrathen, den
man im *rasenden Herkules* hat kennen lernen; die Schreibart, die Kunst,
die Fehler. Die Schreibart ist in beyden Stücken gleich kurz, gleich starck,
gleich kühn, gleich gesucht. Es herrscht durchaus einerley tragischer Pomp
darinne; einerley Wohlklang und einerley Art der Fügung. Alles dieses
läßt sich ohne Mühe entdecken, und will man diese Untersuchung ins
Kleine treiben, so wird man auch gar leicht gewisse Worte antreffen, die
dem Verfasser so eigenthümlich sind, daß man sie schwerlich anderwärts
wiederhohlt finden kann, ohne sich zu überreden, daß sie wohl das einemal
wie das andere aus eben derselben Feder könnten geflossen seyn. Ich will
eine einzige Probe von solchen Worten anführen. Man halte den 1193ten
Vers des *Herkules*:

Quid hoc? manus refugit: hic *errat* scelus.

gegen den 473ten des *Thyest*:

Rogat? timendum est: *errat* hic aliquis dolus.

[110] Findet man nicht in beyden Stellen ein sehr gewöhnliches Wort in
einer sehr ungewöhnlichen Bedeutung gebraucht? Errare ist hier beydes-
mal so viel als subesse, und ich wenigstens kann mich nicht erinnern, es
bey irgend einem andern Schriftsteller in eben diesem Verstande gelesen
zu haben. Jedoch ich will dergleichen grammatische Anmerckungen den-

jenigen überlassen, welchen sie eigentlich zugehören, und mich zu dem zweyten Puncte wenden. Ueberhaupt zwar wird man die Anmerckung schon oben mit mir gemacht haben, daß sich in der Oekonomie des *Thyest* weniger Kunst zeigt, als in dem *rasenden Herkules*; gleichwohl aber ist in beyden ein gewisser Kunstgrif angebracht, an welchem man die Hand ihres Meisters erkennet. Ich finde diesen Kunstgrif in dem ersten Aufzuge sowohl des einen, als des andern, und hier ist es, wo ich die oben versprochene Anmerckung darüber beybringen will. Die *Juno*, welche in dem *Herkules* die Bühne eröfnet, hat ungemein viel ähnliches mit dem *Tantalus* und der *Megära,* welche es im *Thyest* thun. Beyde sind als eine Art von Prologen anzusehen; ich sage als eine Art, um sie von den gewöhnlichen Prologen bey den Alten zu unterscheiden, die zu nichts als zur Erklärung des Inhalts bestimmt waren, und mehr den Mangel der Kunst, als die Kunst verrathen. Der römische Dichter hatte seine Stücke so eingerichtet, daß sie aus sich selbst sattsam verständ- [111] lich waren, und jener einleitenden Vorerinnerungen gar wohl entbehren konnten; wie es denn offenbar ist, daß das eine wie das andre auch ohne die ersten Aufzüge ganz seyn würde. Nur gewisse Wahrscheinlichkeiten würden beyden ohne dieselben fehlen, die ihnen zwey verschiedene Schriftsteller wohl schwerlich auf eine und eben dieselbe Art möchten gegeben haben. In dem *Herkules* würde, wie wir schon gesehen, ohne die vorläufige Einführung der *Juno* die Einheit der Handlung gelitten haben; und im *Thyest*, ohne die Vorbereitung der Furie, die innere Wahrscheinlichkeit der Handlung, so sehr auch die Wahrheit derselben durch die Geschichte ausser allem Zweifel gesetzt seyn konnte. Diese Gleichheit nun, die ersten Aufzüge zu etwasmehr als zu blossen trocknen historischen Einleitungen, welches sie in den meisten alten Trauerspielen sind, zu machen, und durch sie einem etwanigen Tadel zuvorzukommen, beweiset, sollte ich meinen, so ziemlich einerley Denkungsart, die sich in besondern Vergleichungen noch deutlicher zeigen muß. Zum Exempel, in Schilderung der Charaktere ist der Verfasser des *Herkules* vollkommen der Verfasser des *Thyest.* Man erinnere sich aus jenem des *Lycus* und aus diesem des *Atreus.* Es sind nicht nur beydes Tyrannen, sondern auch beydes Tyrannen von einerley Grundsätzen, welches sie schwerlich seyn würden, wenn es [112] nicht die wiederholten Einfälle eben desselben Dichters wären. *Lycus* sagt:

> Qui morte cunctos luere supplicium jubet
> Nescit Tyrannus esse. Diversa irroga,
> Miserum veta perire, felicem jube.

Und *Atreus* sagt:

> De fine poenae loqueris, ego poenam volo.
> Perimat tyrannus lenis: in regno meo
> Mors impetratur.

Diese Gedanken könnten, ohne Zweifel, einander nicht gleicher seyn, und nur der Verfasser selbst kann das Recht haben, sich auf eine solche Art auszuschreiben. Ein Nachahmer aber läßt sich hier, auch um deswillen, nicht vermuthen, weil ausserdem weder der Dichter des *Herkules* noch der Dichter des *Thyest*, als zwey verschiedene Dichter betrachtet, an Sinnsprüchen und schönen Gedanken so arm sind, daß einer dem andern ein solches Blümchen hätte stehlen dürfen – – Der dritte Punct, in welchem ich beyde Stücke sehr ähnlich finde, sind ihre Fehler. Als einen der grössten hat man die häufigen Beschreibungen bereits angemerkt. Man vergleiche aber nur die Beschreibung des unterirdischen Reichs und der Thaten des Herkules, in dem dritten Aufzuge dieses Trauerspiels, etwas umständlicher mit der Beschreibung des geheiligten Hayns, im vierten Aufzuge des Thyest, so wird man ohne Schwierigkeit in beyden Schildereyen eben denselben Pinsel, eben dieselben Farben ent- [113] decken. Beyde übrigens stehen auch vollkommen, die eine so wohl als die andre, ganz an der unrechten Stelle, und die Begierde zu mahlen muß bey dem Dichter ausserordentlich groß gewesen seyn, daß er sie wenigstens nicht bis zur gelegenen Zeit hat mäßigen können. Ein andrer Fehler in unsern zwey Trauerspielen, ist die öftere Auskrahmung einer zimlich gesuchten geographischen und astronomischen Gelehrsamkeit. An einem Orte in dem Herkules habe ich den Dichter zwar dieserwegen gegen den *P. Brumoy* vertheidiget; (*siehe oben S. 46. 47.*) allein man muß nicht glauben, daß ich das, was einmal sehr wohl zu entschuldigen war, auch an allen andern Orten gut heissen wolle. Ich brauche dieses hier nicht weitläuftiger auszuführen, weil ich mich, in einer so deutlichen Sache, sicher auf die Unterscheidungskraft der Leser verlassen kann, und weil es überhaupt hier bloß auf die Gleichheit der Stellen, nicht aber auf ihren innern Werth ankömmt. Man halte also folgendes aus dem *Herkules:*

> Quis Tanais, aut quis Nilus, aut quis Persica
> Violentis unda Tigris, aut Rhenus ferox
> Tagusve Ibera turbidus gaza fluens
> Abluere dextram poterit?

gegen folgende aus dem *Thyest:*

> Quaenam ista regio est, Argos & Sparte pios
> Sortita fratres? & maris gemini premens
> Fauces Corinthus? an feris Ister fugam
> [114] Praebens Alanis? an sub aeterna nive
> Hyrcana tellus? an vagi passim Scythae?

besonders aber den Chor des vierten Aufzuges im *Thyest* gegen den Anfang des *Herkules*; und man wird sich hoffentlich, alle angeführte Umstände zusammen genommen, kein Bedenken machen, beyde Trauerspiele einem Verfasser zuzuschreiben.

Von neuern Trauerspielen, welche die Aufschrift Thyest führen.

Auf dem italiänischen Theater stößt uns hier abermal *Lud. Dolce* auf, welcher den lateinischen *Thyest* nach seiner Art in Versen übersetzt hat. *Delrio* sagt von ihm: italice tragoediam Thyestem non ineleganter Ludovicus Dulcis composuit; und scheint also die Arbeit des Italiäners mehr für etwas ihm eignes, als für eine Ubersetzung zu halten. Als eine solche mag sie auch wohl sehr untreu gerathen seyn, indem ihm, wie *Brumoy* anmerkt, so gar das oben gerühmte agnosco fratrem entwischt ist; dessen Nachdruck er entweder nicht eingesehen, oder in seine Sprache nicht überzutragen gewust hat. – – Von der französischen Bühne haben wir schon bey Gelegenheit des Herkules, auch den Thyest des *Roland Brisset* angeführet; er ist mit Chören, und wird also schwerlich etwas anders seyn, als eine schlechte Ubersetzung, wie sie es zu seiner Zeit alle waren. Außer diesem hat [115] auch ein gewisser *Montleon* 1633 einen *Thyest* drucken lassen. Deßgleichen will man von einem *Thyest* des *Pousset de Montauban* wissen, der sich aber nicht in der Sammlung seiner Schauspiele (von 1654 in 12mo) befindet. Man kennt diesen *Montauban* als einen Freund des *Racine*, des *Despreaux* und *Chapelle*, und behauptet so gar, daß er mit an des erstern Lustspiele les Plaideurs arbeiten helfen. Doch alle diese drey französischen Schriftsteller haben des Ruhms verfehlt, den ein neuer Dichter aus ihrem Volke in diesen Schranken erwerben sollte. Ich würde mir daher einen grossen Fehler der Unterlassung vorzuwerfen haben, wenn ich nicht

Von dem Atreus und Thyest des ältern Hrn. von Crebillon

etwas umständlicher handelte. Dieser schöne Geist, welcher, so zureden, mit dem Hr. von *Fontenelle* um die Wette lebt, kann, wenn er will, auf den 29ten December dieses Jahres, sein theatralisches Jubiläum feyern. An diesem Tage nehmlich, vor funfzig Jahren, ward sein erstes Trauerspiel in Paris zum erstenmale aufgeführt. Es war dieses sein *Idomeneus,* mit welchem er Beyfall genug erhielt, um sich aufmuntern zu lassen, der Tragödie, die damals in einer Art von Entkräftung ganz darnieder lag, in seiner Person einen neuen würdigen Dichter zu verschaffen. Die unnachahmlichen Wercke des [116] *Corneille* und des *Racine* brachten alle, welche eben diese Bahn durchlaufen wollen, zur Bewunderung nicht minder, als zur Verzweiflung. Sie waren unfähig diesen grossen Meistern zu folgen, und gaben sich also nur mit den kleinen Theilen dieser Dichtungsart ab. Einige mehr schimmernde als natürliche Stellungen, einige ziemlich wohl ausgedrückte Verse, machten den ganzen Werth ihrer Gedichte aus. Uebrigens war weder glückliche Wahl des Stofs, noch kunstreiche Einrichtung darinnen zu spüren; die Charaktere waren entweder falsch, oder verfehlt; die Versification war hart und prosaisch. Das ist der wahre Abriß der Stücke, welche eine Mademoiselle *Barbier*, ein *la Grange-Chancel,* ein *Belin*, ein *Pellegrin*, ein *Nadal*, und andere von diesem Schlage, lieferten. Unter diesen war also *Crebillon* gleich Anfangs eine sehr wichtige Erscheinung, und man muß es ihm zugestehen, daß er die Erwartung, die man von ihm hatte, nicht täuschte. Man will sogar behaupten, daß er sich auf dem neuen Wege, welchen er erwehlte, kühnlich zwischen den *Corneille* und *Racine* zu setzen gewußt habe. Es ist mein Vorsaz nicht, diesen Lobspruch hier zu untersuchen, wo ich mich allein mit seinem *Atreus* und *Thyest* beschäftigen will. Diesem Trauerspiele hat er zum Theil dasjenige Beywort zu dancken, durch welches ihn seine Landsleute vorzüglich zu charakterisiren [117] pflegen. So wie ihnen *Corneille* der *grosse, Racine* der *zärtliche; Voltaire* der *prächtige* heißt: so heißt ihnen *Crebillon* der *schreckliche.* Wer sollte also nicht vermuthen, daß er ein sehr starcker und kühner Copiste des lateinischen *Thyest* seyn werde? Unter seiner Nation wenigstens mangelt es an Schriftstellern nicht, (z. E. der Verfasser des Dictionaire portatif des Theatres,) welche mit ausdrücklichen Worten sagen: Ce cruel sujet, traité par *Seneque*, n'a pas été adouci par Mr. de *Crebillon*. Wie sehr sich diese Herren aber betriegen, werden wir bald sehen. Es ist wahrscheinlich genug, daß sie das lateinische Original gar nicht mögen gelesen haben; aber auch alsdenn hätten sie nicht nöthig gehabt, die Wahrheit so weit zu verfehlen, wenn sie nur bey dem eignen Geständnisse des Hrn. *Crebillon* geblieben wären. Er ist mit dem ganzen Stoffe auf eine sehr eigenmächtige Art umgegangen, und hat so viel Veränderungen damit vorgenommen, daß ich sie nothwendig vorher anzeigen muß, ehe man einen kleinen Auszug aus seinem Stücke wird verstehen können. Die Zeit der Handlung setzt er zwanzig Jahr nach dem Verbrechen des *Thyest,* welcher die *Aerope* seinem Bruder, vor dem Altare weg, muß geraubt haben. Er nimt an, *Atreus* habe zwar seine entwandte Gemahlin durch Gewalt wieder bekommen, und sey entschlossen gewesen, sie dem ohngeachtet seiner Liebe zu würdigen. Allein diese habe sich [118] mit dem *Thyest* schon zu weit eingelassen gehabt und einen Sohn zur Welt gebracht, den sich jener nicht zueignen können. Der erzürnte *Atreus* habe ihr darauf Gift beybringen lassen, und es selbst aus einem ihrer Briefe ersehen, daß *Thyest* der Vater ihres Sohnes sey, welchen der Dichter, nach Maßgebung der Geschichte, *Plisthenes* nennet. Gleichwohl habe *Atreus* diesen Prinz als sein eignes Kind auferziehen lassen, in dem festen Vorsatze, ihn künftig zu dem Werckzeuge seiner Rache zu machen. *Thyest* sey unterdessen nach *Athen* geflohen, wo er Schutz gefunden und eine andre Gemahlin genommen habe, mit welcher er eine Tochter, Namens *Theodamia*, gezeugt. *Atreus*, der nunmehr geglaubet, daß *Plisthenes*, als ein

Jüngling von zwanzig Jahren, der sich in verschiedenen Feldzügen schon rühmlich hervor gethan, reif genug sey, der Mörder seines Vaters zu werden, habe mit dem Könige von *Athen* heimliche Unterhandlung gepflogen, und das Versprechen von ihm erhalten, daß er seinen Bruder ausgeliefert bekommen solle, nur müsse er selbst vor *Athen* kommen, und mit Gewalt darauf zu dringen scheinen. *Atreus* geht also sogleich mit einer Flotte von *Argos* aus, die er den Lauf auf die Insel *Euböa* nehmen läßt, damit *Thyest* nicht zu zeitig von seinem Vorhaben Nachricht bekommen, und sich aus dem Staube machen möge. Von *Euböa* aus will [119] er alsdenn plötzlich wieder zurücksegeln und vor *Athen* seyn, ehe es sich jemand versehen könne. Doch dieser Vorsicht ungeachtet, erfährt *Thyest* das ihm drohende Unglück; flüchtet nebst seiner Tochter auf einem Schiffe aus *Athen* fort, und will sich während der Abwesenheit seines Bruders, wieder in *Argos* fest setzen, um den *Atreus* durch diese Diversion wenigstens zu nöthigen, von der Belagerung *Athens* abzustehen. Allein das Unglück verfolgt ihn, und wirft ihn durch Sturm zu eben der Zeit gegen die Insel *Euboea*, als *Atreus* wegen wiedrigen Windes mit seiner Flotte noch vor derselben liegen muß. Hier wird er und *Theodamie* von dem *Plisthenes* selbst, unerkannter Weise, aus dem Wasser gerettet; und nun müßte man die französische Tragödie ganz und gar nicht kennen, wenn man etwas anders vermuthen könnte, als daß sich der Bruder in seine Stiefschwester werde verliebt haben. Richtig! Unter diesen Umständen fängt das *Trauerspiel* an, welches, Danck sey unter andern dem Schiffbruche, nunmehr zu *Chalcis*, einer Stadt in *Euboea* vorgehen kann, da man doch ganz gewiß vermuthen sollte, es werde entweder in *Argos*, oder doch in *Mycen* vorgehen. Von dieser Erzehlung, sieht man also wohl, stimmt das allerwenigste mit der Geschichte überein. Doch da man dem tragischen Dichter nie ein Verbrechen daraus gemacht hat, diese zu verändern; so [120] würde es mir sehr übel stehen, wenn ich den Herrn *Crebillon* deswegen tadeln wollte. Aber einer andern Kleinigkeit wegen könnte ich ihn vielleicht mit mehrerm Rechte tadeln; deswegen nehmlich, daß er die geographische Wahrscheinlichkeit hin und wieder gar mercklich verletzt habe. Denn man darf nur die Charte von Griechenland vor sich nehmen, so wird man sich gar bald wundern, was *Thyest*, der von *Athen* nach *Argos* schiffen wollte, in dem *Euripus* zu suchen gehabt? und wie ihn ein Sturm bis nach *Chalcis* habe verschlagen können? Man kann wohl die Geschichte ändern; aber die Erdbeschreibung muß man ungeändert lassen. Zwar wie hat Herr *Crebillon* wohl vermuthen können, daß ein ängstlicher Deutscher seine Wercke so genau betrachten werde? Kein Wort also mehr davon. Man wirft denen, die sich an solche Schwierigkeiten stossen, nur allzuoft vor, daß sie unfähig wären, wesentlichere Schönheiten zu empfinden. Diesen Vorwurf möchte ich nicht gern zu verdienen scheinen. Ich komme auf den Auszug des Stückes selbst:

Erster Aufzug. Atreus giebt Befehl, daß sich die Flotte fertig halten solle, wieder unter Segel zu gehen. Er bleibt hierauf mit seinem Vertrauten, dem *Euristhenes*, allein, und entdeckt ihm sein Vorhaben; daß *Plisthenes* sein Sohn nicht sey, sondern daß er ihn nur deswegen so lange dafür ausgegeben, um sich [121] an den *Thyest*, durch die eigne Frucht seiner lasterhaften Liebe, rächen zu können. Diese Scene ist zum Theil eine Nachahmung des zweiten Acts des lateinischen Dichters. In der folgenden erscheint *Plisthenes*, welchen sein vermeinter Vater vor sich kommen lassen, um einen Eid von ihm zu nehmen, daß er ihn nach Gefallen an seinem Feinde rächen wollen. *Plisthenes* ist so unvorsichtig, diesen Eid zu thun, ehe er es noch weis, wer der Feind des *Atreus* sey. Er hört endlich, daß es *Thyest* sey, auf welchen diese ganze Zurüstung ziele; er erschrikt und will sein Wort wieder zurük nehmen. Er verspricht zwar, allenfalls der Sieger seines Vetters zu seyn; aber nicht sein Henker. Doch *Atreus* hält ihn bey seinem Eide, und geht ab. *Plisthenes* beklagt sich gegen seinen Vertrauten den *Thessander*, und tröstet sich einzig damit, daß er vor *Athen* schon den Tod wolle zu finden wissen. Endlich erkläret er ihm auch seine Liebe gegen die unglückliche Unbekannte, die er nebst ihrem Vater aus den Wellen errettet habe. Sie ist es selbst die diesen Auftritt unterbricht. *Theodamia* kömmt mit ihrer Vertrauten der *Lonide*, und bittet den Prinzen um ein Schif für ihren Vater, weil sie gehört habe, daß die Flotte noch heut von *Euboea* abstossen solle. Der Prinz betauert, daß er für sich nichts thun dürfe, und verweiset sie an den *Atreus*, von dem sie die Erfüllung ihres Wunsches um so viel eher er- [122] warten könne, da er sie schon bereits den ersten Tag sehr gnädig empfangen, und ihr allen Beystand versprochen habe. Er spricht ihr hierauf von seiner Liebe, und will verzweifeln, weil er sie vielleicht nie wieder werde zu sehen bekommen. Er erkundiget sich nach ihrem Vaterlande, nach der Ursache ihrer Reise, und fragt sehr galant, ob ihre Reize nur das einzige seyn sollten, was er von ihr kennen dürfe? *Theodamie* giebt ihm eine kurze Antwort; er sieht, daß sie ihm ein Geheimniß daraus machen wolle; verspricht aber dennoch bey seinem Vater für sie zu sprechen, so nachtheilig es auch seiner Liebe seyn möge. Er geht ab und läßt die beyden Frauenzimmer allein. In dieser Scene nun erfährt es der Zuhörer wer *Theodamie* und ihr Vater sind, und erfährt auch zugleich, daß die erstere gegen die Liebe des *Plisthenes* nicht eben unempfindlich sey. Sie bittet die Götter, den *Thyest* vor dem *Atreus* zu verbergen, und hält es schon für Unglük genug, daß die Tochter des *Thyest* den Sohn des *Atreus* liebe, für welchen sie ihren Prinzen nicht anders als noch halten kann. Sie begiebt sich weg, ihrem Vater von der Wirkung ihrer gethanen Bitte, Nachricht zu geben. *Zweyter Aufzug. Thyest* und *Theodamie* eröfnen ihn. Der Vater dringt in seine Tochter, daß sie bey dem *Atreus* um ein Schiff bitten soll, und alle ihre Einwendungen von der Gefahr, die dabey zu besorgen sey, sind umsonst. [123] Er will auf dem Schiffe, wenn er es bekommen sollte, nach *Athen* wieder zurük gehen, damit ihn die feindliche Flotte nicht verhindere, diesem seinen einzigen Zufluchtsorte mit Rath und Hülfe beyzuspringen. Er sieht seinen Bruder kommen und entfernt sich. Ehe *Atreus* noch die *Theodamie* anredet, meldet ihm *Alcimedon,* einer von den Officieren der Flotte, daß ein von Athen kommendes Schif die Nachricht mitgebracht, daß sich *Thyest* schon seit einem Monate nicht mehr daselbst aufhalte. Er will den Patron des Schiffes selbst sprechen, und nachdem er Befehl gegeben, ihn herbey zu bringen, fragt er die *Theodamie,* was ihr Begehren sey? Sie trägt ihre Bitte vor, und antwortet ihm auf verschiedene Fragen, die er ihr wegen ihres Unglüks, wegen ihrer Reise, wegen ihres Vaters vorlegt. Endlich erinnert er sich, daß er diesen leztern noch nicht gesehen, und will wissen, warum er sich vor ihm verborgen halte? Die Tochter entschuldiget ihn, mit seinen kränklichen Umständen; doch dieser Entschuldigung ohngeachtet schickt er einen von seiner Wache ab, und will den unglücklichen Fremdling mit aller Gewalt sehen. Die Wache bringt ihn. Er thut eben die Frage an ihn, die er an seine Tochter gethan hatte; bekömmt aber ganz widersprechende Antworten darauf. Endlich erkennt er den *Thyest* an der Stimme, und noch mehr, wie er sagt, an den plötzlichen Aufwallungen seines Zornes. *Thyest* verleugnet [124] sich nicht lange, und *Atreus* will ihn sogleich durch seine Trabanten ermorden lassen, als er sich noch besinnt, daß er dem *Plisthenes* diesen Mord vorbehalten müßte. *Plisthenes* erscheint; erfährt, daß der Vater seiner Geliebten *Thyest* sey, und nimmt sich desselben mit solchem Nachdrucke an, daß *Atreus* genöthigt ist, seinen Zorn zu verbergen, und sich versöhnt zu stellen. Auf diese erfreuliche Veränderung gehen alle ab; im Abgehen aber giebt *Atreus* dem *Euristhenes* noch Befehl, diejenigen von den Soldaten bey Seite zu bringen, welche dem *Plisthenes* etwa am meisten ergeben seyn könnten, und sich selbst an diesem Orte wieder bald bey ihm einzufinden. *Dritter Aufzug. Atreus* freuet sich, daß er den *Thyest* nunmehr in seiner Gewalt habe. Er hat es gemerkt, daß *Plisthenes* die *Theodamie* liebe, und ist entschlossen beyde dieser Liebe zu überlassen, von der er es fast nur allein wußte, wie lasterhaft sie sey. Ja diese lasterhafte Liebe soll ihm so gar das Mittel werden, wodurch er den *Plisthenes* desto eher zur Ermordung des *Thyest* zu bringen denkt. Er hatte ihn durch den *Euristhenes* vor sich fordern lassen; er führt ihm seinen gethanen Eid zu Gemüthe und läßt ihm die Wahl, ob er den *Thyest* sogleich selbst ermorden oder seine Geliebte vor seinen Augen sterben sehen wolle. Vergebens beruft sich der Prinz auf die geschehene Aussöhnung, und will lieber selbst sterben, als das [125] Werkzeug zu einer so unmenschlichen That seyn: *Atreus* sieht den *Thyest* kommen, wiederhohlt seinen drohenden Befehl nochmals, und läßt ihn mit ihm allein. Dieser dankt dem *Plisthenes* für seine ihm erwiesene Freundschaft, und versichert ihn einer Liebe, die seiner väterlichen Liebe gegen seine Tochter gleich komme. *Plisthenes* thut desgleichen, und gesteht, gegen den *Thyest* eine Zuneigung zu fühlen, die sein Herz mit ganz unbekannten Regungen erfülle. Er giebt ihm von weiten alle das Unglück zu verstehen, das über seinem Haupte hänge, und giebt ihm eben den Rath zu fliehen, als *Atreus* wieder herein tritt. Er sagt ihm mit wenig Worten, daß er seinen Ungehorsam schon zu bestrafen wissen wolle, und schickt ihn fort. *Thyest* erstaunt über diese Drohungen, wird aber auf eine gebietherische Art von seinem Bruder erinnert, daß er sich deswegen zufrieden stellen solle, weil sie nichts beträffen, was ihn angehen könne. Sobald *Atreus* allein ist, läßt er seinen Verdruß über die verzögerte Rache aus, und entschließt sich, den *Thyest* zwar leben zu lassen, aber ihn sonst auf eine weit schreklichere Art zu strafen. *Vierter Aufzug. Plisthenes* erscheint, mit seinem Vertrauten, voller Wuth, nachdem er alle Anstalten zu einer plötzlichen Flucht nehmen lassen. Er kann weder den *Thyest* noch die *Theodamie* finden, und ist besonders wegen der letztern in der grausamsten Unruhe, als er sie zitternd und weinend auf sich [126] zu kommen sieht. Sie sagt ihm, daß sie wegen ihres Vaters in den äussersten Sorgen sey, welcher wie rasend in dem Pallaste herum irre, u. dem *Atreus* den Dolch in das Herz stossen wolle, weil er gewiß glaube, daß der Tyrann sowohl seinen als des *Plisthenes* Tod geschworen habe. Der Printz will ihn aufsuchen, aber *Thyest* erscheinet selbst, und erfreut sich, daß seine Furcht vergebens gewesen, in der er den *Plisthenes* schon für ermordet gehalten. Dieser dringt mit aller Gewalt in ihn, sich sogleich auf die Flucht zu machen, und will ihm seinen Vertrauten mitgeben, welcher ihn bis in den Hafen bringen solle. Doch *Thyest* hält es für seiner Ehre unanständig, sich zu retten, und denjenigen, dem er diese Rettung würde zu danken haben, der größten Gefahr seinetwegen ausgesetzt zu wissen. Während diesem großmüthigen Weigern kömmt *Atreus* dazu. Er sieht ihre Bestürzung, und nimt von derselben Gelegenheit, auf einmal sich als eine ganz veränderte Person zu zeigen. Er sagt, der Himmel habe sein Herz verändert, und alle Rache daraus vertilget; und damit er seinen Bruder von der Aufrichtigkeit dieses Bekenntnisses überzeugen möge, entdeckt er, wer *Plisthenes* sey, und zu was für einer grausamen That er ihn bestimmt gehabt habe. Die Erkennung ist rührend, und *Plisthenes* sieht mit Entsetzen auf die Laster zurück, in die ihn sein grausames Schicksal beynahe gestürzt hätte. Fast wäre er ein Vater- [127] mörder und ein Blutschänder geworden! Doch *Atreus* will dieses, daß er dem *Thyest* seinen Sohn wiederschenkt, nicht die einzige Versicherung seiner völligen Aussöhnung seyn lassen; sondern erbietet sich auch, mit seinem Bruder aus dem väterlichen Becher zu trinken, welcher für die Söhne des *Tantalus* eben das sey, was den Göttern der Schwur bey dem Styx zu seyn pflege. *Thyest* nimmt dieses Erbieten an, und es gehen alle mit einem Scheine von Zufriedenheit ab; nur *Plisthenes* behält Verdacht, und giebt seinem Vertrauten Befehl, die Schiffe im Hafen noch immer in Bereitschafft zu halten. *Fünfter Aufzug.* Auch zu Anfange dieses Aufzuges kämpfet er noch mit schrecklichen Ahndungen. *Thessander* will ihn beruhigen, und räth ihm, nicht zu entfliehen, weil diese Flucht den *Atreus* aufs neue aufbringen möchte, welcher sich jezt gegen den *Thyest* ganz ausnehmend freundschaftlich bezeige, und ein prächtiges Fest ihm zu Ehren anstellen lasse. Doch dem ohngeachtet hört *Plisthenes* nicht auf, zu fürchten, und schickt den *Thessander* fort, die *Theodamie* abzuholen, und sich mit ihr nach den Hafen zu begeben. Er selbst will den *Thyest* in gleicher Absicht aufsuchen, und eben fortgehen, als *Atreus* mit seiner Wache herein tritt, und ihm aus der vorgesetzten Flucht, die er erfahren habe, ein Verbrechen macht, unter dessen Vorwande er ihn zum Tode verdammt. [128] *Plisthenes* entschuldiget sich nur wenig, und ist bloß für seinen Vater und seine Schwester besorgt, von welchen er versichert, daß sie keinen Antheil an seiner Veranstaltung zur Flucht gehabt hätten. Er bittet für sie; doch der Tyrann läßt ihn von der Wache fortschleppen, um ihn in der schmerzlichsten Ungewißheit von dem Schicksale dieser geliebten Person hinrichten zu lassen. Nunmehr frohlocket *Atreus* vor sich selbst, und kitzelt sich im voraus mit der Rache, die er durch das Blut des Sohnes gegen den Vater ausüben wolle. Beynahe erschrickt er zwar selbst, über seinen grausamen Anschlag; doch er erinnert sich gar bald wieder, daß er *Atreus* sey, und den *Thyest*, wenn er ihn strafen wolle, nicht anders als auf eine unerhörte Art strafen müsse. Der unglückliche Bruder erscheint mit einem Gesichte, auf welchem sich Furcht und Traurigkeit zeigen. Er bittet, um wieder ruhig zu werden, daß man seine Kinder zu ihm lasse, und *Atreus* hält ihn so lange mit zweydeutigen Tröstungen auf, bis der väterliche Becher herbey gebracht wird. *Thyest* ergreift ihn, und will ihn an den Mund bringen, als er das Blut darinne gewahr wird. Er erschrickt; seine Tochter kommt dazu und meldet den Tod ihres Bruders; er merkt, daß es das Blut seines Sohnes sey, und bricht gegen den *Atreus* in Vorwürfe und Verwünschungen aus. Er verlangt nicht länger zu leben; doch eben darum, [129] weil ihm das Leben nunmehr zur Last sey, will es ihm der Tyrann lassen. Doch *Thyest* verschmähet diese grausame Gnade, und ersticht sich selbst. Sterbend beruhiget er noch seine Tochter, und läßt sie auf die Rache des Himmels hoffen. *Atreus* geht mit seiner Bosheit zufrieden ab, und das Stück schließt – – – Ich habe diesen troknen Auszug nicht in der Absicht vorgelegt, den Werth des Dichters daraus zu bestimmen; ich würde sonst eben so thörigt seyn, als derjenige, welcher nach einem Skelet die völlige Schönheit beurtheilen wollte, welche der ganze Körper könne gehabt haben. Wie man aber doch aus dem Skelet wenigstens auf etwas schliessen kann, nehmlich auf den regelmässigen Bau der Glieder; so wird auch mein Auszug wenigstens darzu nützen können, daß man ohngefehr die Art und Weise sieht, mit welcher ein neuer Dichter einen so alten und von den Sitten unsrer Zeit so abweichenden Stof, habe bearbeiten können. Nach meinem Ur-

theile kann man dem Hrn. *Crebillon* wohl weiter nichts vorwerfen, als
daß er seinen *Atreus* und *Thyest* ein wenig gar zu neumodisch gemacht;
daß er die Haupthandlung mit einer unnöthigen Episode, und zwar mit
einer verliebten Episode, geschwächt, und das Ganze durch die Einführung
so vieler Vertrauten, welches immer nichts anders als sehr frostige Personen sind, die bloß die Monologen müssen vermeiden helfen, matt gemacht habe. [130] Wie weit er aber überhaupt unter dem Schrecklichen
des lateinischen Dichters geblieben sey, wird man schon von sich selbst
abgenommen haben. Er hat die stärksten Züge in seinem Muster unberührt gelassen, und ausser dem so gelinderten Hauptinhalte, kaum hier
und da einige glänzende Gedanken von demselben erborgt. Doch auch diese
hat er oft ziemlich gewässert, und die Stärcke gar nicht gezeigt, mit welcher der ältere *Corneille* die schönsten und prächtigsten Gedanken der
römischen Trauerspiele in seine überzutragen wußte. Einigemal ist es ihm
so ziemlich gelungen; besonders bey dem agnosco fratrem, welches er
durch folgende Zeile ausgedrückt hat:

> A. Meconnois-tu ce sang?
> Th. Je reconnois mon frere.

Auch noch eine Stelle hat er sehr wohl anzuwenden gewußt, und zwar
eine solche, welche manchem Ausleger des alten Dichters selbst nicht recht
verständlich gewesen ist. Ich meine die 1052te Zeile:

> Sceleri modus debetur, ubi facias scelus,
> Non ubi reponas – –

welche er sehr kurz und schön so übersezt hat:

> Il faut un terme au crime, & non à la vengeance.

Ich will zum Schlusse noch das mittheilen, was Herr *Crebillon* selbst von
diesem seinem Stücke sagt. Es ist ein Theil der Vorrede, [131] in welchem
man verschiedene hieher gehörige Gedanken finden wird. «Fast ein jeder,
sagt er, hat sich wieder den Inhalt dieses Trauerspiels empört. Ich kann
weiter nichts darauf antworten, als dieses, daß ich nicht der Erfinder davon bin. Ich sehe wohl, daß ich Unrecht gethan habe, mir die Tragödie
allzusehr als eine schrekliche Handlung vorzustellen, die den Zuschauern
unter rührenden Bildern müsse gezeigt werden, und die sie zum Mitleiden
und Schrecken bewegen solle, doch ohne Züge, welche den Wohlstand und
die Zärtlichkeit beleidigen könnten. Es kömmt also nur darauf an, ob ich
diesen so nöthigen Wohlstand beobachtet habe. Ich glaube mich dessen
schmeicheln zu dürfen. Ich habe nichts vergessen, was meinen Stof lindern
und unsern Sitten gemäß einrichten könne. Um den *Atreus* unter keiner
unangenehmen Gestalt zu zeigen, lasse ich die *Aerope* von dem Altare
selbst entführet werden, und setze diesen Prinz, (wenn ich hier diese Ver-

gleichung brauchen darf,) gerade in eben den Fall des bezauberten Bechers
bey dem *la Fontaine.*

L'etoit-il? ne l'etoit-il point?

Ich habe durchaus die Fabel verändert, um seine Rache weniger schrecklich zu machen, und mein *Atreus* ist bey weiten nicht so grausam, als der
Atreus des Seneca. Ich habe mich begnügt, für den *Thyest* alle den Greuel
[132] des von seinem Bruder ihm bestimmten Bechers, fürchten zu lassen,
und er bringt nicht einmal seine Lippen daran. Ich gestehe es zwar, daß
mir diese Scene selbst schrecklich schien. Es überfiel mich ein Schauder;
aber nichts destoweniger glaubte ich, daß sie sich in ein Trauerspiel sehr
wohl schicke. Ich sehe nicht, warum man sie mehr davon ausschliessen
solle, als die Scene in der *Rodogune,* wo *Cleopatra,* nachdem sie einen von
ihren Söhnen schon ermordet, den andern vor den Augen der Zuschauer
vergiften will. So unwillig man auch gegen die Grausamkeit des *Atreus*
gewesen, so glaube ich doch nicht, daß man ein vollkommener Bild auf
die tragische Scene bringen könne, als das Bild von der Stellung des unglücklichen *Thyest,* welcher sich ohne Hülfe der Wuth des barbarischsten
unter allen Menschen ausgesetzt sieht. Ob man sich nun aber schon von
seinen Thränen und seinem Jammer erweichen ließ; so blieb man mir
dennoch deswegen aufsätzig. Man hatte die Güte, mir alle Abscheulichkeit der Erfindung zu lassen, und rechnete mir alle die Lasterthaten des
Atreus an. An einigen Orten betrachtet man mich auch noch als einen
fürchterlichen Menschen, bey welchem man nicht recht sicher sey; gleich
als ob alles, was der Witz erdenket, seine Quelle in dem Herzen haben
müsse. Eine schöne Lection für die Schriftsteller, welche sie [133] nicht
nachdrücklich genug wird lehren können, mit wie vieler Behutsamkeit sie
vor dem Publico erscheinen müssen. Ein artiges Frauenzimmer, welches
sich in Gesellschaft mit ehrbaren Scheinspröden befindet, darf sich lange
nicht mit so vieler Sorgfalt beobachten. Und endlich hätte ich mir es nimmermehr vorgestellt, daß in einem Lande, in welchem es so viel gemiß-
handelte Ehemänner giebt, *Atreus* so wenig Vertheidiger finden sollte.
Was die doppelte Aussöhnung, die man mir vorwirft, anbelangt, so erkläre
ich gleich voraus, daß ich mich in diesem Puncte niemals für schuldig erkennen werde. *Atreus* erziehet den *Plisthenes,* um einmal den *Thyest*
durch die Hände seines eigenen Sohnes umbringen zu lassen; er erschleicht
von diesem jungen Prinzen einen Eid, welcher aber gleichwohl bey Er-
blickung des *Thyest* nicht gehorchet. *Atreus* kann also zu nichts andern
seine Zuflucht nehmen, als zur Verstellung; er erdichtet ein Mitleiden,
welches er nicht fähig ist, zu empfinden; er bedient sich hierauf der aller-
gewaltsamsten Mittel, den *Plisthenes* zur Vollziehung seines Eides zu vermögen, von welcher dieser aber durchaus nichts wissen will. *Atreus,* welcher sich an dem *Thyest* auf eine seiner würdige Art rächen will, muß also

nothwendig zu einer zweyten Versöhnung schreiten. Ich getraue mir zu sagen, daß [134] dieser grausame Prinz alle Geschicklichkeit anwendet, die ein Betrieger nur immer anwenden kann. Es ist unmöglich, daß *Thyest* dieser Falle entgehen sollte, wenn er auch schon selbst ein eben so grosser Betrieger wäre, als sein Bruder. Man darf das Stück nur ohne Vorurtheil lesen, so wird man finden, daß ich nicht Unrecht habe. Je betriegerischer aber *Atreus* ist, desto besser habe ich seinen Charakter ausgedrückt; weil Verrätherey und Verstellung fast immer von der Grausamkeit unzertrennlich sind etc.»

Von den übrigen lateinischen Trauerspielen in den folgenden Stücken.

Buchanzeigen

Untersuchungen und Einführungen

Peter Dronke
Die Lyrik des Mittelalters

Eine Einführung. Aus dem Englischen übersetzt von Peter Hasler. 1973.
304 Seiten. Paperback DM 28,–

Walther Killy
Elemente der Lyrik

2. Auflage. 1972. IX, 190 Seiten mit einer Textabbildung. Paperback DM 16,80

Werner Kraft
Carl Gustav Jochmann und sein Kreis

Zur deutschen Geistesgeschichte zwischen Aufklärung und Vormärz. 1972.
XII, 413 Seiten. Leinen DM 68,–

Albrecht Schöne
Emblematik und Drama im Zeitalter des Barock

2., überarbeitete und ergänzte Auflage. 1967. VIII, 240 Seiten. Mit 63
Textabbildungen und 2 Tafeln. Paperback DM 19,80

Texte und Varianten

Probleme ihrer Edition und Interpretation. Herausgegeben von Gunter Martens
und Hans Zeller. 1971. X, 441 Seiten mit 11 Textabbildungen. Leinen DM 29,50

Christian Wagenknecht
Weckherlin und Opitz

Zur Metrik der deutschen Renaissancepoesie. Mit einem Anhang: Quellen-
schriften zur Versgeschichte des 16. und 17. Jahrhunderts. 1971. VI, 126 Seiten.
Paperback DM 19,80

Verlag C. H. Beck München